生活·讀書·新知 三联书店

出版者说

关于书刊出版的理解与随想

聂震宁 著

图书在版编目（CIP）数据

出版者说 ：关于书刊出版的理解与随想 / 聂震宁著 .
－ 北京 ：生活·读书·新知三联书店，2013.11
ISBN 978-7-108-04439-6

Ⅰ. ①出… Ⅱ. ①聂… Ⅲ. ①随笔－作品集－中国－当代 Ⅳ. ①I267.1

中国版本图书馆 CIP 数据核字 (2013) 第 027340 号

责任编辑 唐明星
装帧设计 康 健
责任印制 徐 方
出版发行 生活·讀書·新知 三联书店
（北京市东城区美术馆东街 22 号）
邮 编 100010
网 址 www.sdxjpc.com
经 销 新华书店
印 刷 北京隆昌伟业印刷有限公司
版 次 2013 年 11 月北京第 1 版
2013 年 11 月北京第 1 次印刷
开 本 635 毫米 × 965 毫米 1/16 印张 18.75
字 数 248 千字
印 数 0,001－3,000 册
定 价 48.00 元
（印装查询：01064002715；邮购查询：01084010542）

目　录

出版群星闪耀时

明朝胜今天

我记住：是我写！

自 序

我为书刊作序，较少采取说明性的写法，常常在序言中有所展开，发表自己的感想、见解，显得颇有心得，颇有思想，又颇有情绪，有时甚至是颇有激情。我知道这是不大好的，因为显得不够内敛老到。但没有办法，也许这就是所谓的文如其人吧。人还没有修养到老到的地步，文章也就不会真正老到起来。或者，本来就是这样的本性，本性难移，也许一辈子就是这个样子。

但这样一来，倒也记录了我作为出版者若干对书刊出版的理解和随想。三十年积攒下来，竟然可以编成一本小书，也算是做出版这种“替人做嫁衣裳”工作的额外收获。

这回为自己的书作序，就不再表心得、出思想、上情绪了。心得、思想、情绪在收入书中的序言里已有过多之嫌，添一份都属多余，让人读了厌烦。

这回自序，只做关于本书编选的说明。

收入本书的文章，分别编成五辑。说明如下：

第一辑以“心灵上的思想”为题。辑中收选了一组丛书编选时对一些相关问题的思考。丛书是一个统称，其中包括文库、丛书、套书、系列书等。

第二辑以“一枝一叶总关情”为题。这里都是“为作者”而不是“为作品”作序，乃是这里的序都是应编著者邀约而作，否则我是不会去做这种有可能“佛头着粪”的事情的。因为是为作者作序，所以文中常常涉及人与人、人与事、人与文。因为序言总要与书的内容相关联，所以不免对书中内容说三道四。又因为人一旦说三道四就会生发开去，故这些文章不少是一有机会就生发开去，生发出与书的实际内容几无关系的随想与感言。因而读者诸君可把这些序言当作随笔、评论来读。

第三辑以“出版群星闪耀时”为题。我为报刊撰写过一些刊首语，有的是为自己编辑的刊物所撰，更多的是应邀替别人主编的刊物所写。它们作为刊首语又确实摆在刊物的首要位置，把它们看成是报刊当期的序言并无不当。但它们更可以看作是编辑出版研究的随笔。

第四辑以“明朝胜今天”为题。此辑收入的文章都是历年的开年之际，应报刊之邀写下的随笔感言。这些文字与我所从事的编辑出版工作相关，有点儿像新年的序曲，表达的是对行业、对事业的一些感慨和展望。从事编辑出版工作三十年，也只在第十二个年头开始之际写过感想。写这些东西，是有感而发，也有应景之作，但应景之作中也在“顽强地表现自己”。读者从当中可以看到我作为一个出版者的点滴历程，曾经有过的激情与焦虑，努力与反省，还有真诚与肤浅。

第五辑是“我记住：是我写！”，亦即“自序”。更是一些自说自话的文字。

书名拟定为“出版者说”，主要想表明，我作这些文章时的身份主要是出版人，书中大多数文字与编辑出版工作相关，有的干脆就是直接讨论编辑出版专业问题的，故称为“出版者说”。出版是我的专业，其他都是业余。可我又不甘心被当成一个出版商（尽管已经很像），一直要求自己对出版物的内容具有专业把握能力，对出版学专业有些理论研究成果，为此才有书里这些文字生成。

真心感谢生活·读书·新知三联书店各位同仁的好意。在我担任中国出版集团公司总裁期间，他们给了我许多理解和支持；在我卸掉总裁职务后，他们又主动提议出版我的这本小书。能够在这家被誉为“知识分子的精神家园”的著名出版机构出书，是我莫大的荣幸。

聂震宁

2012年6月于北京民旺园

心灵上的思想

重倡中国传统评点方法*

评点，是我国古代文学批评中一种特有的方法。这种在作家的作品中配以批评家简短批评的方法，最早使用者当为唐代丹阳进士殷璠。此人生卒、字号不详，他编选的一部唐代诗集《河岳英灵集》颇受重视，影响久远，诗集中对入选各家诗歌均配有简括精辟的评点。虽然，该书的评点与后来成风于明代的评点存在着一定的区别，前者大体属于对诗人创作艺术风格的鉴赏，后者则着力于对文学作品具体的阐释批评，但是，《河岳英灵集》这种作品配评点的体例实属创举，为后来诸多评点本诗文集的滥觞。作为一种成熟的批评方法，即把总批、眉批、夹批及圈点与作品结合起来，则是南宋时代的文学批评家们使之完善并熟练使用。宋人吕祖谦评点《古文关键》，刘辰翁评点诗歌及小说《世说新语》，便是这一时期评点方法的代表作。

评点方法至明代成风。这一方面与文学的世俗化和批评的繁荣有关，另一方面可能与选家将此当成图书商品的促销手段有关。这一时期，最为美观的评点本是明代著名散文家归有光的《史记》五色圈点本，该书对于“若者为全篇结构，若者为逐段精彩，若者为意度波澜，若者为精神气魄”，各有义例；影响最广泛的则是以明代著名思想家、文学评论家李贽（李卓吾）署名评点的《水浒传》评点本，先后有两部，一为万历三十八年容与堂刻一百回本《李卓吾先生批评忠义

---

* 该篇为“古典文学名著评点系列”总序。“古典文学名著评点系列”，王蒙、李国文等著，漓江出版社，1994 年 5 月。

水浒传》，一为万历三十九年袁无涯刻一百二十回本《出像评点忠义水浒全传》。当时人称："若无卓老揭出一段精神，则作者与读者千古俱成梦境。"竟然将原作的成功与他的评点紧密联系起来，李贽不仅是评点方法的实践者，还是这一方法的理论倡导者。他于《忠义水浒全书发凡》中指出："书尚评点，以能通作者之意，开览者之心得，则如着毛点睛，毕露神采；失，则如批颊涂面，污辱本来，非可苟而已也。今于一部之旨趣，一回之警策，一字一句之精神，无不拈出，使人知此为稗家史笔，有关于世道，有益于文章，与向来坊刻，琼乎不同。如按曲谱而中节，针铜人而中穴，笔头有舌有眼，使人可见可闻，斯评点最贵者耳。"不仅阐明了评点与创作、欣赏的关系，还分析了评点的得失，强调了评点的严肃性。

时至清代，产生了《水浒传》金圣叹评本、《西厢记》金圣叹评本、《金瓶梅》张竹坡评本、《三国演义》毛宗岗评本和《石头记》(《红楼梦》)脂砚斋评本等一大批影响较大的评点本。其中尤以金圣叹对《水浒传》的评点为成就最高者。他的评点很注重作品思想内涵的阐发，机智敏感，左右逢源，借题发挥，议论政事，其社会观和人生观灼然可见。精彩之处更在于他对作品艺术性的感悟和分析，对作家之"文心"、作品之"神理"努力探索。在我国古代小说创作方法上，他第一次明确指出小说成功之处在于人物性格的塑造，而塑造性格成功的关键是揭示人物独特的个性，"人有其性情，人有其气质，人有其形状，人有其声口"，告诉读者要善于辨析同类性格的人的同中之异，以及一人性格的多面性、复杂性和统一性。在小说的结构、情节、细节、语言以及作家创作途径等方面，他都在评点中充分涉及。在所有古代评点家中，金圣叹评点时所显示的感悟天分和分析能力、理论深度及理论的系统性，都是出类拔萃的。可以说，从金圣叹的评点，我们较充分地看到了评点方法最为成功的范例。这里有灵活自如的批评，这里有箴言警句式的见解，这里有以意逆志的探幽，那无所不在的妙悟，那细大不捐的推敲，那与作品相映成辉的结合，等等，以及作为这一切的基础的细读，都是其他批评方法所不可替代的。在学术领域里，当一种方法的诸多长处为其他方法所不可替代时，当这种方法既不是宗教而又能成为传统时，我们可以说，这种方法一定具有某种程度的解释事物、影响事物的能力，同时便具有了存在的理由。

考察传统评点方法，我以为，它体现了中国传统文化中的两大性格特色。特色之一便是强调对事物所具有的感应性。对天——宇宙过程有天人感应，对事物有物化之境，这是感应说得极端的描述。具体到认识理解事物，十分强调人对事物的感悟，强调情与悟的统一，“人心之动，物使之然也”，偏重于感性、情感、想象、具象，主张对物而感，由感而悟，由悟而觉，这种思维方式当可称为形象思维，这样性格的文化乃属于主情文化。这当然也是接近事物本体的途径之一。评点方法正是要求批评家充分地在作品中随感而应，作流动体验而非静止的抽象思辨，这种感应和体验与事物（作品）保持了相当稳定的联系。特色之二则是偏重实用理性。中国古代非常重视四大实用文化，即兵、农、医、艺，但重视的是它们的实际操作，而不是完整理论体系的建立。学人术中，学术不分，且重术轻学，一旦论学说理推演，必定论到神乎其神，诡秘不可理论，于实际无甚大补。譬如，中国古代兵书成熟，成熟的是战法，而非战争理论；中国古代医书沿用至今，但医学理论玄虚而不可捉摸；中国农事精细，农业理论却不脱“诸葛神算”之类。那么，文学艺术的理论基本上属于对具体作品的鉴赏，偶有程度有限的理论升华，大都也还是文章作法、创作方法之类，讲求的仍是实用。评点方法与实际作品最为紧密相连，所评所点正好有利于创作者具体地总结创作的经验，便于创作者实际的借鉴和操作，非常典型地体现了中国传统文化所具有的实用理性的特色。

考察传统评点方法，我以为，它显然建立在中国古代哲学的基础之上。中国的古代哲学，在认识论上，倾向于直觉主义，推崇格物致知的严谨精神。在认识事物的过程中，首先强调的是儒家的“天命之谓性，率性之谓道”，认为通过性——内心感觉即可认知世界的本原、本体和规律，认为人能获得不虑而知的良知，不学而能的良能，而且这种良知和良能，是普遍存在的，人人都有的，所谓“恻隐之心人皆有之，羞恶之心人皆有之，恭敬之心人皆有之，是非之心人皆有之”，这便是直觉主义。传统评点方法对文学作品所采取的批评，便具有很大程度的直觉主义。它追求对作品意义的总体感觉而不是逻辑推断，追求字里行间的突然把握，而不是科学式的条分缕析，通常以喻释义，取譬说理，惚兮恍兮，惊奇顿悟。中国古代哲学认识论中的直觉主义并不等同于认识过程中的笼统粗疏，古代哲人们同时也十分推崇严谨的格物致知。格物，指就物而穷其理，从具体事物中去获得知识。朱熹认为格物上至无极、太极，下至微小的一草一木一虫，都有理，都要去格，一事不穷，便阙了一事的道理，一物不格，便阙了一物的道理。传统评点方法正是典型的格文学作品之物，致作品内容及文学创作、原理方法、作家意图之知，一字一句一段一回一人一事一言一行无不在批评家所“格”之下，以此来达到对具体作品各种因素的全面把握。如果说直觉是古人认识事物的一种哲学方法，那么，格物致知则体现了中国古代哲学的一种精神，它们在传统评点方法中都得到了显明的体现。

最具有文学本体意义因而最为重要的是，传统评点方法体现了中国文学的重要特点以及由此而产生的审美的兴趣和方法。

中国文学具有鲜明的重写意的特点。按照将艺术分为表现和再现两大类型的分类方法，中国文学主要倾向于表现，表达作家对外部世界的感知。并且为了这种表达，常常将现实表象的固有常态拆碎，按照表达的需要重组。因而主张形神兼备以神为要，主张虚实结合而尤尚空灵，以精练求深广，于一瞬求永恒，努力创造“大音希声，大象无形”，言有尽而意无穷乃至“无声胜有声”的艺术境界。这样的文学作品，“极数十年之力，仅得其好者以示人。而我乃欲一览而尽，可乎?”当然不可。“涵咏工夫之味长”，“莫将言语坏天长”，需要“沉潜讽诵，玩味义理，咀嚼滋味”，获取“希声”之“大音”，“无形”

之“大象”，获取“一部之旨趣，一回之警策，一句一字之精神”，同时，还要将金圣叹所说的“书中所有得意处，不得意处，转笔处，难转笔处，趁水生波处，翻空出奇处，不得不补处，不得不省处，顺添在后处，倒插在前处，无数方法，无数筋节”一一理解指出。评点方法细读细研作品，当然就比较易于达到“深观其意”的要求。

中国文学的重写意的特点，不仅表现在创作上，同时还体现在古代的文学批评甚至文学理论上。理论上的“气”、“风骨”、“韵味”、“神”之类概念，颇为多义，不便于诠释，因而需要意会；批评时所谓“隽永”、“清丽”、“雄浑”、“沉郁”之类的判语，微妙而近玄虚，还是需要意会。意会之后的表达，通常采取拟象取譬之法，从具象到具象，那么，理解时还是不能不靠意会。因此，中国古代文论中到处可以看见意会而来的观点，文学批评中更是到处碰上批评家感受式的文字，理论和批评大体是由鉴赏始，以鉴赏终，鉴赏贯穿全过程。传统评点方法于作品中逐字逐句逐段逐回鉴赏，鉴赏中提出法则，鉴赏中阐释意义，鉴赏中表达感情，甚至还可以在鉴赏中来点意识流，上挂下联，心骛八极，神游四方，尤其体现了中国文学重写意的审美的兴趣和方法。

我感到有点奇怪的是，为什么传统评点方法竟然在现代文学里消失，而且消失得非常突然。原因复杂多样，需要请有关文学史专家们立一个专题来研究。在此我斗胆猜度，20世纪初西风东渐，正值国人因新奇而趋骛于西方式抽象思维方法的时候，传统评点方法在中国历史的“百慕大三角”时期神秘失踪，或许一定程度上是民族虚无主义的结果？不得而知。时至今日，中华学子日趋成熟，心有定数，大体看到了民族虚无主义的不足，在此不论。事实上，西方式的文学批评建立在抽象思维的基础之上，归纳演绎固然长人见识，接近于现代科学；而中国传统评点方法建立在具象思维的基础之上，直觉体会，以意逆志，追求顿悟，却也十分启人心智，接近于文学本体。西方式的文学批评惯于从作品中提出问题，然后抛开作品，抽象出世界的大小道理，作自己的千古文章，文章可能深刻完整，但不一定与原来的作品紧密相关；而中国传统评点方法紧扣本文，从作品中来到作品中去，为作品作阐释，作褒贬，作升华，批评未必完整深刻，但肯定与作品紧密相连。西方式的文学批评可以吸引文学以外的学者从各自专业的角度对作品的各种内涵进行批评，可能丰富深致，但也可能抓住一点而不及文学；中国传统评点方法则非文学中人不可，因为它十分具体，局外之人在作品的通幽曲径前必定茫茫然手足失措。这么说丝毫没有扬此抑彼的意思。人类认识解释世界的方法是多种多样的，非墨即杨实在是画地为牢，自我窒息。如果确系西学的影响才导致了传统评点方法的消失，那么，我们只是想说，西学的影响固然很好，西式批评方法完全可以请进中国，而中国的传统评点方法却也可以沿用并使之完善，二者完全可以各行其是。岂有非此即彼之理！

当然，提出在现代文学批评中使用传统的批评方法，人们有理由要求这一方法能得到现代文学批评理论的支持。我也曾粗浅地做过这类考察。可以认为，中国传统评点方法与现代盛行的新批评派在原则上甚至方法主张上十分相似。新批评派的一个重要原则是研究文本，要求把作品作为客观存在来研究，解读作品时强调忽然的、偶然的感知，认为这样的批评是合理的“无深度概念”。这个流派的创始人英国的瑞查兹主张字义分析和细读法，认为应当对作品逐字进行分析。诗人艾略特也持新批评派的观点，认为“批评的任务就是对作品的文字进行分析，探究各部分的相互作用和隐秘关系”。20 世纪二三十年代形成的以朱自清、李健吾等人为代表的中国现代解诗学，也主张对作品从宏观的把握进入微观的分析，认为理解是欣赏的前提，阐释是批评的基础，意象之间的组织是主要的切入口，批评家把推论和依据之间的距离缩得尽可能地短。这些原则和方法与传统评点方法真可谓所见略同。通过这样的比较考察，我们可以认识到传统评点方法所具有的合理内核和世界性意义。当然，我们的传统评点方法还具有更为灵活自由的形式，这种形式在世界文学批评中是独具其美的，令人赏心悦目，有可爱之感，有生动之感，有机智之感，有亲切之感，是别的论著式的批评所无法替代的。

阐述了中国传统评点方法的诸种意义，也就阐明了再倡中国传统评点方法的理由。如果我们扬弃掉传统评点方法中的一些弱点和弊病，诸如缺乏全局观念，缺乏完整的参照系，以及穿凿附会、耽于训诂、夸大感觉、故弄玄虚，等等，那么，传统评点方法获得历史上的再度辉煌，将是完全可能的。我甚至有一个强烈的希望，希望将来能在世界文学批评格局中，人们承认有一种流派，它的名称便是“中国评点派”，它的原则、手法以及形式都明显区别于其他流派，它将在世界范围内被批评家们广泛使用。

作为重新提倡中国传统评点方法的实践，我们设计了这套《古典文学名著评点系列》，约请今人评点古典文学名著。这一设计得到了许多当代著名作家的热情支持，他们欣然应允所请，相继对《红楼梦》、《三国演义》、《三言精华》等古典名著展开评点，一时传为佳话。国家新闻出版署遂将本系列列为“八五”期间国家重点图书出版项目。经过评点者、古本校注者和编辑者三年多的苦心经营，图书即从1994年起陆续面世。中国传统评点方法消失于20世纪初，终于在20世纪末重现风采。看当代著名作家们对古典文学名著的评点，仿佛旧雨重逢，其实已是新桃新符。他们对社会多有真知，于人生深有历练，在文学是圆熟通透，自成一家，对古典文学名著见解独到，充满现代智慧，所评所点，堪称古典文学名著的现代读法，相信会在国内外文学界、学术界产生良好影响。倘若由于这一影响，使得中国传统评点方法得到再倡，从而在文学批评界得以广泛应用，形成一代风气，引起读者兴趣，丰富文学智慧，壮大民族精神，那么，作为首倡此事的出版社，无论在这一出版业务中赔赚如何，都将会引以为快乐之事的。

致青少年读者*

以趣味性知识导引青少年的求知欲望，以广博的知识拓展青少年的求知视野，并以此配合中小学文科课程的教学，弥补青少年读物“理盛文衰”的缺陷——这是我们编撰、出版这套《文科知识百万个为什么》的宗旨。

选材力求新颖丰富，设问务必通俗有趣，知识注意深浅适度，语言尽量生动活泼——这是我们编撰者和出版者的共同主张。

冠之以“文科知识”，目的是区别于理科读物，当然不能说是一种严格的科学划分。有些学科（如心理学、军事、体育、生活知识等）既包含文科知识，又有许多理科知识，那么，介绍其中的文科知识则是我们的主要任务。而在文科知识中，有些问题可以同属几个门类，我们则以其主要的归属和通常的划分方式将它们划归其中一类。这是我们基于客观需要大致确定的编撰体例。

本套丛书 22 种 26 册，号称“百万个为什么”。从确定选题到编撰成稿，只有不到 5 个月的白天黑夜；从开始筹划到成书上市，也只有 10 个月的短暂光阴。我们深切感谢众多学者、专家、作家、艺术家的通力合作，他们以满腔热情为文科知识的普及倾注了大量的心血。我们同样也要感谢印刷厂和新华书店的大力协作，他们为这套丛书的印制和发行付出了辛勤的劳动。

---

* 该篇为《文科知识百万个为什么》前言，篇名为本书编选时所加。《文科知识百万个为什么》，冰心总主编，漓江出版社，1990 年 12 月。

最后，还要感谢广大读者，你们强烈的求知欲望和殷切期待，给予我们以信心和力量。愿大家能喜爱上这套丛书。望所有喜爱和关心这套丛书的朋友提出宝贵意见。

一项文科知识的普及工作*

大型知识普及丛书《文科知识百万个为什么》第一版于1990年岁末问世，曾被国内的不少新闻媒体称之为出版界一件重要的事情。其重要性大约在三个方面：首先是编纂者重要。享有崇高声望的著名作家冰心老人头一回担任一套面向青少年的知识普及丛书的总主编，萧乾、叶至善、袁行霈、黄宗江等著名作家、艺术家、学者、专家分任各分册主编，三百多位各学科专家参加撰稿，《人民日报》（海外版）和《文汇读书周报》分别发文称之为“我国出版业的一次‘百团大战’”，《光明日报》则发表书评，称“大学者写小文章”是一件十分难能可贵之事。再就是选题重要。新中国成立以来，面向广大青少年的较为大型的知识普及读物，均以介绍自然科学为主，现在终于有了一套比较全面地介绍文科知识的规模较大的普及读物，堪称创举，当时中央电视台的《新闻联播》就明确指出，丛书的出版“弥补了青少年读物‘理盛文衰’的缺陷”。其三则是丛书编纂、出版的速度以及自身的质量受到了广泛的好评。全套丛书22种26册近500万字，从延请作者、组织编写到成书上市，只用了10个月的时间，编纂者和编辑出版者高效率的工作，无疑具有相当强大的冲击力。从书的总体质量也得到了广大读者和专家们的认可，首版首次印刷两万套，定价108元，一年售罄；在《中国青年报》上举行的《文科知识百万个为什么》

---

* 该篇为《文科知识百万个为什么》（汇编本）前言，篇名为本书编选时所加。《文科知识百万个为什么》（汇编本），冰心总主编，漓江出版社，1996年3月。

读书知识大奖赛，参赛者近 3 万人，可以看出读者的反映是相当良好的；同时，丛书荣获了第五届中国图书奖（当时的国内图书最高奖）一等奖，评奖委员会的专家们显然对丛书的质量是持肯定态度的。

丛书第一版共印刷两次，当时市场仍有相当大的需求量，但是，我们经过慎重考虑，决定暂不重印。因为，从 1992 年起，国内外经济、政治发生了许多重大变化，我国的经济工作从传统的计划经济向社会主义市场经济实行根本转变的速度加快，这些内容应当在我们的书中有所反映。此外，我们认识到，第一版中有些部分的文稿质量仍有待提高，凡出书均应当严谨，而出版知识普及读物尤其应当精益求精，要坚持有错必纠的原则，断然不可因销售看好有利可图便塞责将就，否则，哪怕只是一处微小的错讹也会误人子弟。我们决定组织专人对原书进行全面的修订，考虑到读者阅读和收藏的便利，修订后丛书以汇编本的形式出版。

修订工作进行了大约一年多，编辑、审校工作前后也历时近一年，直至 1996 年 3 月校毕付印。修订后的汇编本《文科知识百万个为什么》，其宗旨仍然是以趣味性知识导引青少年的求知欲望，以广博的知识拓展青少年的求知视野，并以此配合中小学文科课程的教学。编纂的要求仍然是选材力求新颖丰富，设问务必通俗有趣，知识注意深浅适度，语言尽量活泼生动。修订工作的重点是力求知识更准确，选材更精当，时效性更强，尽可能将原丛书中过于浅显的、深奥的、浮泛的、枯燥的、意义不大以及过时的一些内容删削掉，增补了一些更为有意义的、更为精彩的、目前应当涉及的内容。充实内容较多的门类主要是政治、经济、哲学等。这里需要声明的是，凡汇编本中增添的内容，文责应由修订者担负，出版社为汇编本整体质量负最后责任。

在这里，还应当就文科知识的内涵的确定及知识分类的原则向读者说明。冠之以“文科知识”，目的是区别于理科读物，当然不能说是一种严格的科学划分。有些学科（如心理学、军事、体育、生活知识等）既包含文科知识，又有许多理科知识，那么，介绍其中的文科知识则是我们的主要任务。在文科知识里，有些内容可以同属几个门类，我们则以其主要的归属和约定俗成的划分方式将它们划归其中一类，以不重复出现为要。

“科教兴国”是中华民族在世纪之交发出的最强音。文科知识的普及无疑是“科教兴国”中的一项基础性的重大任务。文科类中的许多知识，是一切学科知识中最具有基础性的知识，它们直接影响着青少年对其他学科知识的学习，影响着青少年的全面健康成长。文科知识的普及，直接关系到社会主义精神文明的建设，关系到国民整体素质的提高，关系到我们民族和社会的健康发展。编纂委员会的全体成员、编写人和出版社的编辑出版人员充分意识到这项工作的重大意义，并愿意为此作出自己的贡献。

最后，我们要感谢广大读者，你们强烈的求知欲望和殷切的期待，给予了我们完成这项出版工作的信心和力量；我们也要感谢对原丛书提出过各种改进意见的所有朋友，诸位认真的治学精神和真知灼见，增强了我们的责任感，赐予了我们有益的帮助。希望大家继续喜爱和关心这套读物，继续提出宝贵的意见。

中国文学的百年盛宴*

评选“百年百种优秀中国文学图书”，是1999年中国文学界、出版界的一件盛事。评选的发起者、组织者系人民文学出版社和北京图书大厦。评选的创意堪称知机趁势，卓越宏大。评选以完全的公开性杜绝暗箱操作，数轮评选均邀记者监票，程序谨严、无可挑剔。评审委员会之构成坚持了学术的权威性、广泛性、代表性诸原则，果有群言一堂、和而不同之胜状。评选标准固然是以思想情趣健康、艺术特点突出为主，兼顾作品的开拓价值、代表地位及影响面，而评委们更是用历史的、发展的、整体的眼光来把握20世纪的中国文学，共斟共酌中国社会百年之沧桑，重读重温中国文学百年之佳作，用理性和激情去擦亮一块块文学丰碑。评选出来的一百种优秀书目，其涵盖面远至世纪之初，广至中国台湾、香港、澳门，遍及一百年里各个重要历史时期，精当、丰富、全面、系统而且可信，得到了比较普遍的认同，一时享有“中国文学的百年盛宴”之美誉。

中国文学的百年盛宴自是入选作家的荣耀，同时也是广大读者的幸事。一百年来中国文学图书汗牛充栋，当今数十位文学专家倾其心智，披沙拣金，平心切磋，优中选优，以集体的智慧开列出百优书目，受益者最终还是广大的读者。对于许多对中国文学怀有美好情感的读者，百优书目就像是布置了一座中国百年文学的画廊，供他们流

* 该篇为“百年百种优秀中国文学图书”前言，篇名为本书编选时所加。“百年百种优秀中国文学图书”丛书，人民文学出版社、作家出版社、中国青年出版社、生活·读书·新知三联书店、南海出版社于2000年7月联袂出版。

连观赏；对于那些在中国文学的密林里寻幽探胜的读者，百优书目就像在为他们披荆斩棘、指路导航，自然也节省了他们宝贵的光阴；至于对那些需要深究文学意义、把握文学规律的文学中人，百优书目则更像是在同他们坦诚地交换意见交流心得，于学术的精进将不无裨益——据我们所知，这份书目已经成为一些文学教授向学生推介作品的重要参考资料。诚然，正如任何文学评选结果都不可能让所有人完全满意一样，百优书目也难免会引来仁者智者之见；我们只能说，入选者堪称优秀，而百种所限，肯定有优秀者未入其列。选择永远有缺憾伴随其后，遗珠之憾在所难免，这是毋庸讳言的。

然而，一批有激情、有责任感、值得信赖的文学专家毕竟开列出了“中国文学的百年盛宴”的菜单，这总是激动人心、令人神往的。于是，把菜单变成美味可餐的盛宴，直接奉献给最广大的读者，又顺理成章地成了一批同样有激情、有责任感、值得信赖的文学出版人的宏愿。鉴于许多读者以各种方式表达了置齐百种图书的愿望，人民文学出版社、中国青年出版社、解放军文艺出版社、作家出版社、生活·读书·新知三联书店、南海出版公司以及北京图书大厦，决定协同行动，将百年百种优秀中国文学图书重新出版。由于技术上的原因，《射雕英雄传》、《家变》及《北岛诗选》未能列入重版，经几家出版单位协商，遂将终评排名紧随百种之后的《可爱的中国》、《尘埃落定》和《酒徒》补入。这样，百种图书中有小说 51 种，诗歌 23 种，散文 17 种，报告文学 2 种，戏剧 7 种。 丛书书目按初版时间先后排序，附在每种书中；同时还附有复评委员和终评委员名单，让我们对评委们辛勤的工作保持长久的敬意。

丛书的每一种图书对所使用的版本做了精心选择，选择的原则是在尊重初版本的基础上从优择用，重版时仅对所用版本中明显的编校错讹进行修订；由于有些原版本篇幅较小，此次重版时适当地将作家的一些其他重要作品补录其后，当可满足当今读者的阅读需求。丛书统一装帧，典雅考究，成套配装，蔚为大观。可以肯定，这是一套图书馆必藏、藏书人必备、文学爱好者必读的大型丛书。

20 世纪的中国社会，开始了真正意义上的现代化进程。20 世纪的中国文学，从内容到范式也都堪称现代意义上的新的文学。20 世纪的中国文学将永远以其划时代的意义和业绩彪炳千秋，烛照后世。那么，出版这样一套代表整个世纪中国文学最高成就的丛书，不仅是作家们的荣耀、读者们的幸事，也是我们文学出版人光荣而神圣的世纪使命。愿我们的工作与20 世纪中国文学同在，于中国文学圣殿中占有光荣的一席。

近百年来的中国名著*

《中国文库》主要收选20世纪以来我国出版的哲学社会科学研究、文学艺术创作、科学文化普及等方面的优秀著作和译著。这些书籍，对我国百余年来的政治、经济、文化和社会的发展产生过重大的积极的影响，至今仍具有重要价值，是中国读者必读、必备的经典性、工具性名著。

大凡名著，均是每一时代震撼智慧的学论、启迪民智的典籍、打动心灵的作品，是时代和民族文化的瑰宝，均应功在当时、利在千秋、传之久远。《中国文库》收集百余年来的名著分类出版，便是以新世纪的历史视野和现实视角，对20世纪出版业绩的宏观回顾，对未来出版事业的积极开拓，为中国先进文化的建设，为实现中华民族的伟大复兴作出贡献。

大凡名著，总是生命不老，且历久弥新、常温常新的好书。中国人有"万卷藏书宜子弟"的优良传统，更有当前建设学习型社会的时代要求，中华大地读书热潮空前高涨。《中国文库》选辑名著奉献广大读者，便是以新世纪出版人的社会责任心和历史使命感，帮助更多读者坐拥书城，与睿智的专家学者对话，以此获得丰富学养，实现人的全面发展。

为此，我们坚持以"三个代表"重要思想为统领，坚持贯彻"百

---

* 该篇为《中国文库》出版前言，篇名为本书编选时所加。《中国文库》由中国出版集团主持出版，全国共有近80家出版社参与。自2004年起，每年出版一辑约100种图书，现已出版5辑。

花齐放、百家争鸣”的方针，坚持按照“贴近实际、贴近生活、贴近群众”的要求，以登高望远、海纳百川的广阔视野，披沙拣金、露抄雪纂的刻苦精神，精益求精、探赜索隐的严谨态度，投入到这项规模宏大的出版工程中来。

《中国文库》所选书籍分列于8个类别，即：(1) 哲学社会科学类（哲学社会科学各门类学术著作）；(2) 史学类（通史及专史）；(3) 文学类（文学作品及文学理论著作）；(4) 艺术类（艺术作品及艺术理论著作）；(5) 科学技术类（科技史、科技人物传记、科普读物等）；(6) 综合·普及类（教育、大众文化、少儿读物和工具书等）；(7) 汉译学术名著类（著名的外国学术著作汉译本）；(8) 汉译文学名著类（著名的外国文学作品汉译本）。计划出版1000种，自2004年起出版，每年出版1至2辑，每辑约100种。

《中国文库》所收书籍，有少量品种因技术原因需要重新排版，版式有所调整，大多数品种则保留了原有版式。一套文库，千种书籍，庄谐雅俗有异，版式整齐划一未必合适。况且，版式设计也是书籍形态的审美对象之一，读者在摄取知识、欣赏作品的同时，还能看到各个出版机构不同时期版式设计的风格特色，也是留给读者们的一点乐趣。

《中国文库》由中国出版集团发起并组织实施。收选书目以中国出版集团所属出版机构出版的书籍为主要基础，逐步邀约其他出版机构参与，共襄盛举。书目由“中国文库”编辑委员会审定，中国出版集团与各有关出版机构按照集约化的原则集中出版经营。编辑委员会特别邀请了我国出版界德高望重的老专家、领导同志担任顾问，以确保我们的事业继往开来，高质量地进行下去。

《中国文库》，顾名思义，所选书籍应当是能够代表中国出版业水平的精品。我们希望将所有可以代表中国出版业水平的精品尽收其中，但这需要全国出版业同行们的鼎力支持和编辑委员会自身的努力。这是中国出版人一项共同的事业。我们相信，只要我们志存高远且持之以恒，这项事业就一定能持续地进行下去，并将不断地发展壮大。

外国文学研究出版中的中国视角*

评选并出版“21世纪年度最佳外国小说”，是一项新创的国际文学作品评选活动和出版活动。在世界文学格局中，由中国文学研究机构和文学出版机构为外国当代作家作品评奖、颁奖，并将一年一度进行下去，这是一个首创。因而，当2001年度的评选揭晓，6部当选作品中译本面世时，引起了广泛的关注和兴趣。

“21世纪年度最佳外国小说”评选活动由人民文学出版社和中国外国文学学会及各语种文学研究会联合举办，人民文学出版社主办。评选委员会由分评选委员会和总评选委员会构成。各语种文学研究会（学会）遴选专家，组成分评选委员会，负责语种对象国作品的初评工作；再由人民文学出版社、中国外国文学学会及上述各语种文学研究会（学会）委派专家组成总评委会，负责终评工作。每一年度入选作品不得超过8部。入选作品的作者将获得总评委会颁发的证书、奖杯，作品由人民文学出版社组成丛书出版，丛书名即为：“21世纪年度最佳外国小说”。

总评委会认为，入选“21世纪年度最佳外国小说”的作品，应当是：世界各国每一年度首次出版的长篇小说，具有深厚的社会、历史、文化内涵，有益于人类的进步，能够体现突出的艺术特色和独特的美学追求，并在一定范围内已经产生较大的影响。

---

* 该篇为“21世纪年度最佳外国小说”丛书出版说明，篇名为本书编选时所加。“21世纪年度最佳外国小说”丛书由人民文学出版社2002年起每年出版一辑，迄今已出版11辑。

总评委会希望这项活动能够产生这样的意义，即：以中国学者的文学立场和美学视角，对当代外国小说作品进行评价和选择，体现世界文学研究中中国学者的态度，并以科学、谨严和积极进取的精神推进优秀外国小说的译介出版工作，为中外文化的交流作出贡献。

2001年度的评选活动和入选的6部作品的出版，深得文学界、出版界的好评和众多读者的欢迎，在国际上也引起了关注。一项新创的事业有了一个良好的开端，令我们感到十分欣慰，信心倍增。我们相信，2002年度的评选活动和6部作品的出版，也一定会获得成功。而只要我们持之以恒并恪守评选的原则，在整个21世纪的进程中，这项“世纪工程”必将获得持续的成功。

连理的文学*

一个作者的作品可以有多种选编出版的方法。“连理文丛”的编辑出版者，将几对夫妇作家、学者的作品，循着尽可能与生活内容相关的编辑意图，梳理，选取，分列出个人若干篇目，又使得夫妇彼此有所呼应，编选在同一部书里，算得上一种别裁。文学研究者可以此作为作者和作品流别研究的一种文本，从中或清晰或模糊地辨认他们的异同，无论是为人还是治学、为文，也无论是“和而不同”还是“和而且同”。从中或隐或现地感悟他们相互的影响，无论是人品、格调，还是情感、趣味、性情，甚至问学之义理，为文之风骨，作文之辞章。夫妇朝夕相处，人生相濡以沫，相互间自然要有所影响。如此，为我们理解作家、学者，知人论世，解读作品，探询学问，烛幽发微，通其辞意，无疑是有所裨益的。

一个作者的作品自然有多种读法。既可以通览、选读，也可以精读、闲读，还可以将其置于某些同类或者相对立的作品中来解读，放在某些同类或者相抵触的作者中来细读。有的是为了领悟、理解作品的需要，有的是为了认识作者主体的需要，有的是为了拿来作为知溯流别、比较才调的镜鉴，有的则纯粹是为了阅读索引的方便。读者的需求便是编辑出版者的时务，于是数千年来各种作品类选书籍层出不穷。文选、观止、别裁、杂钞，横岭侧峰，视角不同，有的有理，有

---

* 该篇为“连理文丛”序，篇名为本书编选时所加。“连理文丛”，乐黛云、汤一介等箸，太白文艺出版社，2005 年 1 月。

的少理甚至无理，有的有趣，有的少趣甚至无趣，有的有关联，有的则是生拉硬拽，有的独具慧眼，有的则编次无法，更有的割裂经典、自相矛盾，一如我们所熟悉的出版行当，难免鱼龙混杂、五花八门。然而，类选之工总是要做下去的。“连理文丛”这套别出心裁的类选丛书，倒也有理有趣而无生拉硬拽之嫌。所选作品以散文随笔为主，帮助读者品评作品韵味，感受人生经验，领悟生活内涵，不能不说是颇具匠心的。

选录汇编夫妇作家、学者的作品，其编辑出版的理念自然是成立的。不过，窃以为，并非只要是作家、学者做成了夫妇，便当仁不让一律收选。收选的标准不能停留在纯文学、纯文本的鉴赏上。这里似乎有两重标准，一是为文的，一是为人的，总得互为表里、相得益彰、相映成趣才是。“连理文丛”目前所选，还都是广大读者所敬重的夫妇作家，莘莘学子们所爱戴的夫妇学者。他们最好的作品，首先还在于他们自己的人生故事。譬如胡风、梅志夫妇，二十余年厄运连连，多少次死去活来，长时间孤独无援，然而，夫妇总能相互搀扶着前行，道义、文心并不曾泯灭，做成了动人心魄的人生绝唱。我们从“文丛”所读到的，将不仅是从各位作家、学者著作之树撷取下来的几片绿叶，更为有意义的是，我们将领悟到各各不同的人生，那值得人们表示敬意的人生。这是我对丛书特别寄予的希望。

遵丛书主编者之嘱，写下以上文字，以为序。

关于国别史出版*

在全球化时代，关注世界各国各地区文明发展的源流、现实和未来，不仅仅是新世纪人文学科的一个重点课题，也是许多当代中国知识分子强烈兴趣所在。甚至，关注别国热点，不亚于关注自身状况，也已经成为心态开放、视野开阔的许许多多当代中国人的一种精神生活方式。然而，至今我国尚未出版过一套相对完备的世界国别史及地区史丛书，这不能不说是一个很大的缺憾。改革开放以来，我国出版业虽然陆续推出过一些国别史、地区史，但既无规划，也很分散，而且主要集中在英、法、美、俄、日、德等大国，覆盖面过于狭小，更遑论完备与权威了。为此，中国出版集团公司通过深入调研，邀约史学界专家进行多方论证，精心策划组织出版这套《世界历史文库》。

《世界历史文库》主要选收国别史、地区史的通史性著作，以国别史为主体，适当辅以地区史。计划共出版80种，两年内出齐。文库编辑委员会特邀我国世界史学界著名学者专家担任学术顾问，精心遴选著作。编选者和学术顾问一致认为，每个国家、地区的历史只选一种著作，因而要求此一种应是在学界已获得广泛定评的上乘之作，且最好是最新成果，作者应为著名史学专家，原出版者也应是知名的出版机构。原著使用的语种主要是英语、德语、法语、俄语、日语等，中文译者应基本上是史学专业人士或具有较高史学修养的翻译家。总

* 该篇为《世界历史文库》出版前言，篇名为本书编选时所加。《世界历史文库》由东方出版中心、中国大百科全书出版社、商务印书馆于2009年6月起联袂出版。

之，学术性、权威性、完备性、可资借鉴性以及可读性，是《世界历史文库》编选出版工作所追求的目标。

显而易见，入选《世界历史文库》的著作，只是给读者们提供了关于一个国家一个地区历史一种具有较高学术价值并可资借鉴的优秀文本。在史学领域里，治史者所拥有的材料、眼光、立场以及才学识见的不同，必然导致历史研究结论与叙述状态的迥异，相信读者们会在阅读研究时注意加以辨别。上下数千年，人类一直在探寻自己的历史，寻找“信史”，追求“良史”，以期获得历史的真相和启悟。正如清代著名思想家龚自珍所说：“出乎史，如乎道，欲知大道，必先为史。”治史、读史的目的是为了发现并把握历史发展的规律，这是人类认识自身与寻求发展的需要。因而，寻找“信史”——要求史家叙述历史时具有很高的可信度，是其正当的要求。而追求“良史”——希望史家叙述历史时，在可信的基础上能正确揭示历史的内在真相与内在规律，达到“知兴替”而经世致用的目的，则是其最高的要求。宋代曾巩在《南齐书目录序》中曾提出“良史”的标准：“古之所谓良史者，其明必足以周万事之理，其道必足以适天下之用，其智必足以通难知之意，其文必足以发难显之情，然后其任可得而称也。”《世界历史文库》编选出版工作就是要坚持提供“信史”的原则，努力追求“良史”的境界，竭诚为我国史学研究者提供具有较高学术价值并可资借鉴的优秀文本，并满足各界读者了解世界各国各地区历史的需要，增进国际文化交流，为我国文化的繁荣发展作出贡献。这是编辑委员会和各位学术顾问的共同心愿和追求。

编辑出版工作不周之处在所难免，恳请批评指正！

阅读的创意*

山东文艺出版社计划编选一部解读中外文学名著的新书评，做成经典的盛宴，以飨读者，为当前开展阅读活动提供帮助。显然这是一个很好的主意。出版业内外，特别是广大读者，对书评质量普遍表示不满和失望，已经是很长一个时期的事了。不满的焦点主要集中在虚假、夸大、空洞等问题上。不少劣质书评，说它“无实事求是之心，有哗众取宠之意”，已经不能切中要害了。书评“假大空”，倘若那是友情赞助、托大自慰倒也罢了，问题是它有坑蒙拐骗之心、商业欺诈之意、欺世盗名之阴谋，它欺骗舆论、混淆视听、搞乱市场、污染世风，故而为正直人士所不齿，为读者所愤恨。相较之下，在名著的书评方面似乎情况要好一些。毕竟名著的作者大都已经作古，书评者不可能与之合谋，人情关系的顾忌也不大可能存在。在这样的情形下作评论，虽然如果评家个人的才情学识不足或固守学术偏见，还会作出不够符合作品实际的歪评来，但起码在职业道德立场上要公正一些，在出发点上要超然一些。故而，出版社路英勇社长邀请我担任本书主编，我没有不应承的理由。他们决定先编外国的，后编中国的。外国作者远在天边，更无人际裙带的关系牵连，如此周全的思虑，简直像法庭判案一样。做具体工作的是李凤魁副社长。他们有求真务实的精神。

书名最初拟定为《经典的盛宴》。临到定稿时我对书名稍稍有些踌

---

* 该篇为《创意阅读：外国文学名著新书评》序言，篇名为本书编选时所加。《创意阅读：外国文学名著新书评》，聂震宁主编，山东文艺出版社，2007 年 5 月。

踌。被评价的作品是否称得上经典，我一时还没有弄明白。没有弄明白的事一般不要去做。经典身份还没有确认，盛宴就摆上了，我怕也弄出一个大言欺世的嫌疑。称得上经典的书，是可以作为标准的书，是具有权威价值的传统著作。有些名著，名闻天下，响遏行云，名噪一时乃至一代，然则未必就称得上经典。经典与否需要经历的时间和覆盖的面积说话。事实上，一部文学作品，能以名著冠之，就已经值得更多的读者一读了，何必经典得紧！我提议书名另拟，作品则按原定宗旨编选。提议得到路社长首肯。他们有实事求是之心。

书名现在拟定为《创意阅读》，副题是“外国文学名著新书评”。创意和阅读，都是近一个时期社会的高频词语。媒体上常常看到“创意时代”的提法，有识之士有构建“阅读社会”的倡议，把创意与阅读两个宏大叙事概念联结在一起，交相辉映，想不熠熠生辉都难。如此看来，还是有托大媚俗之嫌。

然而，这里绝没有故作惊人之语的意思。创意阅读，乃是我对阅读的意义方面有所思而提出，也是拜读了诸位评家大作之后有所感而发。

有人说阅读是一种文化，有人说阅读是一种宗教，可是我愿意说，阅读是一种生活。刘勰《文心雕龙》说欣赏作品“视之则锦绘，听之则丝簧，味之则甘腴，佩之则芬芳”，当然这是一种生活体验；英国人培根说“读史使人明智，读诗使人灵秀”，表达了读书对生活的影响；法国人笛卡尔说的“读好书无异同品德高尚的古人谈心”，当然更是一种让精神升华的生活。中国古人对阅读有很多生活化的说法：“读万卷书，行万里路”，是终身的生活追求；“读书之乐”是把阅读生活化的价值取向；“坐则读经史，卧则看小说，上厕则阅小词”则是对生活阅读化的生动描摹。读书既然是一种生活，很自然，生活也就以记忆和想象的方式延伸到读书之中。所谓“以意逆志”，所谓“我注六经，六经注我”，所谓“同阅一卷书，各自领其奥”，说的正是读书与生活相互延伸和作用的意思。这种相互延伸、作用的过程，就是一种创意性的阅读。

所谓创意阅读，不是什么了不起的创意，更不是什么独得之秘。创意阅读，说的就是凡阅读总有读者个人的创意在作用，凡书评更要有评论家的创意在生产，所谓“有一千个观众就有一千个哈姆雷特”，评论家也不能例外。文学评论界曾经一度有过“创造性误会”的说法，我是赞同的。鲁迅那个关于《红楼梦》在不同读者眼里发生多种意义的名言，可以做成创意阅读的注释，尽管那段名言含着嘲讽的意思，但说的是事实。我不以为阅读或书评时产生主观创意有什么不好，恰恰相反，我主张多一点创意，少一点穿凿，多一点想象，少一点刻板，多一点快乐，少一点苦读，特别是文学阅读与评论。

我们提倡创意阅读，故而收入这部书中的书评，多有一些出自以创作为主业的作家之手。作家们能从紫式部的《源氏物语》里读出“无为而有为”与“有为而无为”的文学作品价值的悖论，在早已被世人读遍了的《哈姆雷特》中发现险恶的新生之路，读《神曲》而有精神与肉体的较量，读《白鲸》而有“白色的寓言”的感慨，在人人称道的写实主义典范之作《包法利夫人》里指出“残酷的写实”，在《白夜》里体验出自己人生的边缘之光，翻开阿斯塔菲耶夫的《鱼王》，就能听到他沉重的叹息，而读罢巴别尔的《骑兵军》，竟能联系出来莎乐美和潘金莲……如此这般，天上人间，神驰四方，心骛八极，不是创意地阅读，哪里能在书评文章中如此痛快淋漓！

至于文学教授、学者们的书评文章，自然是要稍稍恪守学理、保持体系的。不过，我说的只是稍稍，绝非株守，更非墨守！他们大都也是作家，或者可以称为学者作家。学术只是他们的职业，创意乃是他们的生命。因而生命与职业同在，创意与阅读共享，这是很自然的。舒芜从法布尔《昆虫记》中获得了远亲的消息，曹文轩对着马尔克斯的《百年孤独》叹息无望的马贡多，吴晓东在普鲁斯特的《追忆似水年华》中描述人类记忆的神话，孙郁在普希金那自由的元素里注入了属于他自己的明晰和透彻，陆建德体验着雪莱的天空之爱，余中先采撷来法国文学中的一枝奇葩，而张清华在苍穹下仰望荷尔德林，写就了如歌如诗的书评……这般如此，理性与感性的交融，创意与阅读交响，引动人们想象，却又不曾离开文本，虽然文本有所照顾，却不曾静止过心跳，阅读时的创意又是多么深挚充实！

以上种种所思所感，成就了本书的题意。我们愿意同读者诸君一起，用一种创意的心态、创意的精神来阅读这些大都具有创意精神的书评，阅读这些不少是经过真诚阅读后酿造出来的别一种的文字，从而获得生命之美、理性之美的享受。

这是在诸位创意阅读之前的赘语。请原谅我创意能力的不足，但我努力做到真诚地对待这项工作——要有好的创意，需要足够的能力和真诚，而要做到真诚，同样也需要努力。希望能够读到更多的真诚而有创意的书评。

2007 年 4 月于北京

深度的阅读*

《创意阅读：外国文学名著新书评》出版后获得好评，有点儿出乎我们的意料。这些好评，不只是指朋友们的嘉许，而主要来自素未谋面的读者。读者以他们“看不见的手”投了一票，我们通过市场销售看见了这些让我们敬畏的手——尽管还不能说是森林般的手。书评文字也有自己的市场，让我们受到鼓舞。现在又编选出《创意阅读》的续集，推荐一批关于中国文学名著的书评。

原本我们以为，中国文学部分的编选工作，较之于外国部分，要难做一些，实际上，是难做得多。其中道理，用久闻其香与久闻其臭来比喻说明，不免粗鲁；用身在庐山来强调，也不免霸蛮。首先是书评文章如汪洋大海。一部知名文学著作，总要牵出一长串的书评，倘若是经典性作品，牵出的不啻是一条长长的书评之河，从中要选出一两篇来，实非易事。其次就是名著如群星璀璨，而名人之著则多如过江之鲫，评谁与不评谁，说项依刘，老大难事。还有如许人事思谋，不能不有所思谋。何况我们的眼力与功力，无一特异之长。如此等等。

然而，到底还是编选完成，出版在即，成败自有公论，困难不是理由。我只想在此说明一点。倘若有朋友问为什么选这一篇而不选那一篇，我只有一个回答：很不幸，我们没有得见更好的那一篇。知也无涯，学也无涯，选也无涯。遗珠之说显然托大，盲区太大才是实

---

* 该篇为《创意阅读：中国文学名著新书评》序言，篇名为本书编选时所加。《创意阅读：中国文学名著新书评》，聂震宁主编，山东文艺出版社，2008 年 1 月。

情。与人事亲疏恩怨绝对没有关系。

本书编选，我们有一点追求，也想就教于各位行家与读者。我们的追求是：不仅提倡创意阅读，还想提倡深度阅读；与提倡深度阅读相匹配，推崇厚重与深致的书评。读了当下不少书评，忽然有了一个印象，感到消费主义成分过重，时评色彩过浓，广告煽情太过明显，浮文空理太过招摇。文学图书大多供于大众精神消遣，书评为此助力，这是文学出版的常态；代有时文，时评依此而生，原也符合规律。传统的阅读价值观，既以读书为学，“学而优则仕”；又以读书修身养性，“朝闻道，夕死可矣”。现代社会，提倡精神文化生活的丰富性，在继承传统的同时，也充分尊重阅读的精神消遣价值，更好地体现出以人为本的现代精神。然而，一个学习型社会，既要承认阅读价值的丰富性，又要倡导阅读的核心价值，顾名思义，也就是阅读的学习性价值。要实现这一基本而主要的价值，就应当提倡阅读既要有创意能力，也要有深度追求，甚至，更重要的是深度的阅读。诚如国学大师章太炎先生所见：“凡习国文，贵在知本达用，发越志趣，空理不足矜，浮文不足尚。”而书评作为社会阅读的向导，更多地承担着学习向导的任务，也就更应当立足于深度的解读和阐发。 至少，应当更多地提倡这样的书评追求。鉴于此种考虑，我们在目力所及的范围里选择了这些具有一定深度的书评文章，帮助读者进行深度阅读，不知道诸位行家和广大读者以为然否？

我们提倡深度阅读，还是信息化环境下的阅读对策。信息化给人类的认识能力、交流沟通能力和创新力带来了巨大变化。然而，人类社会同时也面临着泛信息化的危险。个性有被消弭的痛苦，思维有被弱化的趋势困惑，思想有被简化的尴尬，人文精神接受着信息变化多端的挑战，深度阅读正在被媒体信息阅读所取代。江苏人民出版社出版的《伟大的书》，对此有深刻的洞察和分析。该书作者是美国人大卫·丹比，《纽约》杂志一位著名影评家。他痛感信息社会瞬息万变对于人们生活的负面影响。他发现自己已经不再是个读者，而变成了一个只读新闻、时事书籍以及各种各样的杂文的读者。更可怕的是，“我拥有信息，但没有知识；我拥有观点，却没有原则；我有本能，却没有信念”。1991年，大卫·丹比48岁重返母校——哥伦比亚大学，与18岁的学生坐在一起，重新读“伟大的书”，读荷马、柏拉图、索福克勒斯、亚里士多德、但丁、薄伽丘、卢梭、莎士比亚、黑格尔、奥斯汀、马克思、尼采、波伏瓦、康拉德、伍尔夫等。《伟大的书》就是大卫·丹比第二次做学生时的读书笔记。他说：“严肃的阅读或许是一种结束媒体生活对我的同化的办法，一种找回我的世界的办法。”我们也可以这么说，在信息化环境下，提倡深度阅读、深度思考、深度书评，是我们找回人与文学的办法之一。

大卫·丹比的办法也就是我们对付浅阅读特别是肤浅书评的办法。我们也在做找回人与文学世界的努力。努力的初步结果就是这部《创意阅读》续集。请大家批评，也请大家一起来做出更多更好的努力。

是为序。

2008年1月1日于北京

评书与评人*

编选《创意阅读》，原本只是为了介绍我国新近发表的一些中外文学名著书评，书籍的副题标注为“新书评”。为此，在选编时，割舍了那些以作家为研究、评析主要对象的文章。割舍的都是一些锦绣文章，当时心下真有些小小的不忍和不快。然而无奈，因为强调“新书评”的主意来自于我。

《创意阅读》两种既出，以为事情已经过去。岂料，某日，山东文艺出版社李凤奎副社长提出建议：《创意阅读》继续出下去，下一种即编选新近发表的外国文学名家评析文章。原来他也在记挂那些被我拿下的锦绣文章。真是一位创意编辑！不消说，我们一拍即合。于是，《创意阅读》的创意之旅得以继续。

文学赏评，历来就有品人与品文两种。我国传统喜欢讲“文如其人”和“人如其文”。汉代扬雄有名言：“故言，心声也；书，心画也；声画形，君子小人见矣。声画者，君子小人之所以动情乎？”外国文学也有相同的传统。古罗马辛尼加则说过：“如此生涯，即亦如此文词。”德国文豪歌德更是断定：“总的来说，一个作家的风格是他内心生活的准确标志。所以一个人如果想写出明白的风格，他首先就要心里明白；如果想写出雄伟的风格，他也首先就要有雄伟的人格。”如此等等，说的都是人品与文品的一致性。

---

* 该篇为《创意阅读：外国文学名家新评》序言，篇名为本书编选时所加。《创意阅读：外国文学名家新评》，聂震宁主编，山东文艺出版社，2008 年 5 月。

当然，凡事总有例外。质疑人品与文品是否一致大有人在。金朝元好问就质疑扬雄的心画心声说，他诘问道："心画心声总失真，文章宁复见为人。高情千古《闲居赋》，争信安仁拜路尘！"说的是西晋大文学家潘岳，安仁是他的字，他写过一篇《闲居赋》，极为高情雅致，可实际上，他却拜倒在权贵的车尘之下。为人与为文大相径庭的故事还可以举出一些。譬如明代最著名的奸相严嵩，就写出过吟咏之工迥出流辈的《钤山堂集》，而以瘦金体书法名垂后世的宋朝皇帝赵佶，为人并无骨气，为敌国俘虏任其囚困而死。正应了英国人霭理斯从心理科学规律上作出的极端论断："这是一个很古的观察：那最不贞洁的诗是最贞节的诗人所写，那些写得最清净的人却生活得最不清净。"

其实，这里提醒我们的是，艺术创造的过程非常复杂，凡事不要绝对，切切不可把人品与文品、锦心与绣口混为一谈。然而，公道说来，古今中外，上下数千年，各种名篇佳构，还是大多出自作者心声，和着文人血泪的。正如清人刘鹗所说："《离骚》为屈大夫之哭泣；《庄子》为蒙叟之哭泣；《史记》为太史公之哭泣；《草堂诗集》为杜工部之哭泣；李后主以词哭；八大山人以画哭；王实甫寄哭泣于《西厢》；曹雪芹寄哭泣于《红楼梦》。"也许是我见识肤浅，我是接受此中因果关系的，也愿意相信艺术家们整体的美好与可爱。我还愿意相信，那种作者言行不一、言不由衷，文章却高情千古、方轨文坛的现象，总在少数。我的看法是，正因为有如此复杂的因果和伪因果现象的存在，才要求人们对文学的赏评需要更为全面、更为透彻。要求赏评者不仅要读书，还要读人；不仅要听其言，还要观其行；不仅要文本至上，更要知人论世。正如鲁迅先生所言："我总以为倘要论文，最好是顾及全篇，并且顾及作者的全人，以及他所处的社会状态，这才较为确凿。要不然，是很容易近乎说梦的。"《创意阅读》需要从评书进入到评人。

以上便是本书编选的缘起。本书收选的文章，主旨、风格均有异同之处。李国文论巴尔扎克、王蒙论易卜生是直指其精神；洪烛论荷马，是列举其精神对后世广泛而深刻的影响；叶兆言论高尔基，索性把自己的阅读史和成长史与之相映照；柳鸣九把罗曼·罗兰与他的作品放到一起对照着解读；苏福忠从《哈姆雷特》中分析莎士比亚的精神状态；残雪就歌德写作《浮士德》的动机探寻经典的精神来路与高度；王培元探索巴别尔之谜，毋宁说在探索在对20世纪人类一段精神历程进行追问；谢有顺直接分析卡夫卡丰富的内心生活；王家新对加缪的解读甚至注入了当代中国人的困惑。以上种种，是论人之作，批评家们直指作家的精神深处及其意义。可因为作家最终要通过文本与读者交流，于是更多的批评家则针对作家的全人和主要作品进行更具学理的分析和理解。陆建德全面解读诗人雪莱的太空之爱；张柠深入分析陀思妥耶夫斯基作品中灵魂的战栗；一直倾心于叙事学和修辞学批评的李建军，探寻契诃夫叙事的朴素与完美；何大草重读福克纳，却把海明威拿来比较而读，不曾想却与肖克凡对海明威的激情理解形成对话；止庵的纳博科夫之旅最具有阅读的现场感受；格非描绘博尔赫斯颇具阅读的细读要求；曹文轩对普鲁斯特的解读和对川端康成刹那的感悟，弥漫着一位良师于课堂讲授时的学术氤氲。至于钱满素对梭罗、文洁若对乔伊斯、王祥夫对托尔斯泰、倪梁康对穆齐尔、邱华栋对索尔·贝娄、雷平阳对卡尔维诺、王家新对叶芝、树才对雅姆、张锐锋对纪伯伦、韩青对茨维塔耶娃、施战军对巴乌斯托夫斯基、叶开对赫拉巴尔、洁尘对杜拉斯、西川对米沃什、叶兆言对奈保尔、黄贝岭对约瑟夫·布罗茨基……尽管隔着千山万水，许多甚至有着世纪之隔，却无不形成具有深度的对话，做成了程度不同的知人之论，从而帮助读者对作品达到更深的理解。与此同时，我们还能在这些文章中读到作品后面的作家本人，他们的人生故事和精神面貌，实在称得上是一次精神的盛宴。而这样的盛宴，在通常的书评文章里我们是轻易享受不到的。希望读者们喜欢。

是为序。

2008年4月20日于北京

作家常有新评*

《创意阅读：中国文学名家新评》这本书实在算不上一部完全意义上的评论文集。收入集中的许多文章就文体而言并不是一回事，更无论风格和所秉持的文学主义。我是如此地喜欢铁凝所写的《怀念孙犁先生》。“人之感于事，则必动于情”（唐·白居易），感事、动情与作家的为人、为文链接起来，使得评赏抵达人性的深度。然而，这篇实在算不上是评论的文字，犹豫再三，我们还是把它保留了下来。作家新评，谁也没有规定过评赏作家的文章应当如何写就。真正喜爱文学的人都会本能地吸收这样的评赏文字而不会主动要求受文学批评写作窠臼的限制。我也佩服叶兆言、梁衡、王充闾、卞毓方的文化散文式的作家评赏文章。这些文化散文着实意象具足、宛然在目，表现了作家主观情思与客观境遇天然合一的境界。这样的文章与其说是品评，不如说是品赏，但更其接近于散文写法。但讨论再三，我们还是把这一类美文介绍给原本要到书中阅读评论文章的读者诸君。有意有象，有情有景，多义性和歧义性，不确定性和确定性，无限性和有限性，这是文学的本来面貌，似有若无的东西恰恰是文学的最大魅力所在，窃以为用文化散文这种写法也许更能贴近作家，帮助读者阅读。

当然，评论文章，说到底还是本书的主体，没有它们本书就无理由称作“作家新评”。然而，文无定法，评论文章当然也不会拘于一

---

* 该篇为《创意阅读：中国文学名家新评》序言，篇名为本书编选时所加。《创意阅读：中国文学名家新评》，聂震宁主编，山东文艺出版社，2009 年 1 月。

法。王蒙之评赏李商隐，简直就是一次阅读与创作的畅想。“文章当以趣为第一”（明·李卓吾），且“诗有别趣，非关理也”（宋·严羽），以这样的解诗观来赏评李商隐和他的诗，实在是最贴近的一种方法。曹文轩之关于鲁迅的评论文字则以情理见功力。宣讲鲁迅，不感之以情无法扬其善，不识之以理无法颂其真，曹文轩于大学圣殿之上的布道当可直入人心。孙郁的文章本书选得最多，乃是因为我们被孙文深厚悠长的文化意味和温婉蕴藉的文字所打动。他的文章总是博而有物。他清醒，然而意味深长，他热情，然而有骨有态。总之，本书所选评论文章，有学理，有分析，有创见，篇篇过扎。吴晓东论废名、童庆炳论王蒙、李陀论汪曾祺、李静论王安忆，郜元宝论张炜，等等，有的深入，有的标新，有的深入而标新，读来路转峰回、动人心魄。特别是李静评论王安忆，我们难得读到如此这般既与人为善更以文为本的态度诚恳的评论。在我国当代作家里，王安忆卓然独立。她视野广阔，富有深度，艺术自变力强，成就非凡。评论家尊重作家的文学成就，那是对文学现实的一种尊重，但并不意味着就此止于思考。评论往往要从她的成就与缺憾，文本的得与失开始，揭示每一位作家都必然具有的写作维度与困境，进而探讨文学所面临的一些关键问题。对此李静做得坚定不移，做得推心置腹，殊为难得，使得我们的阅读具有强烈的紧张感和张力。这篇文字是“1996 年 5 月初稿，1999 年修改，2001 年 3 月以《失名的漫游者》为题发表，2002 年 10 月据王安忆近年新作最后改定”，足见评论家的执著和认真，也足见一位优秀作家那持续而强大的吸引力。

编选此书，我们对所选文章，或论理，或论事，或叙事，或抒情，坚持不拘一格，无不以文本优秀是取。诚如宋代秦少游论文所言：“采道德之理，述性命之情，发天人之奥，明死生之变，此论理之文如列御寇庄周之作是也。别黑白阴阳，要其归宿，决其嫌疑，此论事之文如苏秦之所作是也。考同异次旧闻，不虚美，不隐恶，人以为实录，此叙事之文如司马迁班固之所作是也。”虽然文学流派不同，本原均须不失雅正，却也不必扬李抑杜，归为一尊。读者诸君自然也是要分别文体，分别意趣，分别主张和创意去阅读才是。

《创意阅读》最初计划是编选中、外文学共两种书评集，后书业反响有热度，专家有好评，兼之评书之外尚有评人之文亟待与读者共享，于是就有了后来的中、外作家新评两种。四种书出齐，我们与读者朋友们的创意阅读之旅也就可以暂告一个段落了。我首先要真诚地感谢读者朋友们，在书多如过江之鲫而市场反应又五花八门的当下，诸君竟能青睐一套文学书评集，能一本又一本地接受它们，可见当今经济社会还能容得下很多张平静的课桌。我也要诚挚地感谢山东文艺出版社。应该社邀约，本人忝作这套书的主编，实际工作却主要是责任编辑所承担，他们一再感谢我应承了此项工作，我却要一再感谢他们承担了此项实务，还要感谢出版社决心出版这样一套未必能获得雅俗共赏的专业读物。一般来说，就内容而言，出版工作分为创新性出版和积累性出版两大类，大体上创新性选题易好，积累性选题难工。这套书于创新、积累兼而有之，于积累中见创新，足见他们的卓越见识和追求。我更要感谢入选这套书评集的作者方家们。书的真正主体是他们。正是由于他们卓具创意的写作，才给读者和出版者带来无限创意的导引，带来了这历时近两年的创意阅读之旅。在今天这个创意的时代，当代文学评论的写作渐成创意之风，这使得评论文字不仅附丽于文学作品，也越来越具有自己可供独立欣赏的美学价值，这是当代文学的光荣，也是阅读社会的幸事，让我们向我们文学评论的作者们致敬。

2008年12月26日于北京

心灵上的思想*

时下随笔写作成风。与此互为因果的是，随笔的读者甚众，一些随笔集成为热销书籍就是明证。中国地震出版社在出版中外随笔类书籍方面颇负盛名，不断引动作家、学者、艺术家与其合作的兴趣。现在，又有一些颇负名气的作家联袂到这里出版随笔，并冠以“名家随笔”结成丛书，亦是一项引人注目的选题。

在诸类文学样式里，散文是最利于作者表达情思（即感情与意思），也最便于读者接受理解作者情思的一类，而随笔则堪称散文中之精灵。文学的本质是人们对情思的表达。即如梁代诗评家钟嵘在《诗品序》中所言：“气之动物，物之感人，故摇荡性情，形诸舞咏。”又言：“凡斯种种，感荡心灵，非陈诗何以感其义？非长歌何以骋其情？”英国人爱德华·杨格 1795 年在《原始作文研究》一书中也作如是说，大意是：一切有价值的文学作品其本质是抒情的，就是发表思考的文学也使用这种原理——只有直接从人们心灵上发生的思想，才值得永垂不朽。六朝文论家刘勰则在《文心雕龙》中直陈文学创作须“因情而造文”而不可“因文而造情”。情思是一切文学创作成功的重要基础，而其关键之处又在于情思的表达和传播。在文学样式中，诗词歌行是至为抒情的一种，故有清代金圣叹“诗者是心之声”一说，然而，囿于诗词歌行的形式格律，人们情思的表达和传播常常会

* 该篇为“名家随笔丛书”总序，篇名为本书编选时所加。“名家随笔丛书”，陈世旭、刘醒龙等著，中国地震出版社，2011 年 11 月。

遭遇技术上的困难。小说戏文也常常源于情思、倚重情思，《红楼梦》就有“一把辛酸泪”、“都云作者痴”之语，然而作者和读者常常会迷失于“满纸荒唐言”以及“无奇不传”的故事中。在情思的充分表达和有效传播方面，当首推散文，而散文中又首推随笔。随笔叙事抒情说理兼备而又文无定法、不拘一格、形式多样、短小活泼，可直抒胸臆，可俯首低吟，可消愁舒愤，可述往思来，较少矫情编造，较少强词夺理，因而作品的斧凿痕迹较之别的文体要少得多。优秀的随笔往往随意走笔而涉笔成趣、涉笔成思、涉笔成理、涉笔成情，有的亲切自然如围炉夜话，有的意味隽永如老僧悟道，有的如诗歌却明白如话，有的像故事却真切感人，故而士农工商爱读，传播效果深入人心。

近十余年来，文坛学界、政界商界乃至广大学子民众，随笔写作持续升温，竟有遍地鲜花之盛况。上溯九十余年，“五四”时期，随笔亦十分流行，有如火如荼之势。而纵观数千年中华文化史，每值社会转型期，或值社会思潮激荡期、学术繁荣期、文化交流活跃期，只要不是“文网太密”，总有随笔写作与传播盛行。回望历史，思考当下，随笔盛衰其规律大体如此。今日之华夏，正值社会转型时期，思想解放，改革创新，各种利益关系亟待调整，各种矛盾凸显而多发，各种思潮激荡活跃，各类学术艺术流派放言争鸣，而社会主流文化的建设受到广泛重视，传播媒体空前繁荣，随笔写作势必汇成澎湃之势。我们正处在一个改革开放的时代，人们精于观察、敏于感受、敢于思辨，继而要讨论、要倾诉、要抒发、要交流，随笔文体就是最为自由开放、传播便捷的载体，因而这也将是一个随笔作品大量涌现的时代。我们正处在一个求真务实的时代，文学作品、媒介传播稍微过度的矫情雕饰都会使得读者感到不安，因而崇尚简洁而鲜活的随笔写作，帮助我们更确切地对生存状态加以思考和表达，更好地感受哲学意味、人生况味，因而这也将是一个许多随笔作品深入人心的时代。我们还处在一个信息化时代，互联网的海量博客、微博汹涌而至，不断有作家宣称，从此将以博客、微博随笔写作为生，海量博客、微博经过去芜存菁、去伪存真，一定还有大量具有思想性、文学性、学术性的优秀随笔作品得到广泛传播。为此，我们不由得要拍案惊奇：难道这是一个随笔的时代！

现在奉献给诸位读者的“名家随笔”丛书，便是在当下如此这般的随笔热中一个偶然的机会里编辑而成，奉献给读者。丛书作者均为著名作家。有新鲜出炉的第八届茅盾文学奖得主刘醒龙，他的随笔集《人是一种易碎品》一如他获奖长篇小说《天行者》，真切细腻而多情。醒龙的小说大体是以悲苦、尴尬的底层生活状态作为底子，而随笔作品则把生活写得五味俱全，丰富而驳杂，“易碎品”的意象足以让我们领会作家的多情与敏感。全国中短篇小说奖老牌得主陈世旭的随笔集《谁决定你的世界》，继续着他早年间的获奖小说《小镇上的将军》的深沉，作家本来就长着一双蒙难老将军鹰隼一般的眼睛，一个《谁决定你的世界》的书名引领着一大批直面现实的随笔作品，犹如老将军发出的一连串尖锐激越的追问。号称短篇圣手的聂鑫森、阿成二位，分别来自一南一北，都用充沛的情致用随笔来记录历史和关注现实。鑫森的《名居与名器》，前可见古人，后能顾来者，古意盎然，感慨古今；阿成的《风流闲客》，一腔悲悯情怀，寻觅名城变迁，触摸世事沧桑。还有两位来自楚地的高手刘益善、野莽，前者是诗人兼小说家，后者则是小说家兼随笔作家。益善的《秋林集》浸润着冲淡的诗意，讲述着人生的秋林种种平静而哀婉的情思；野莽的《竹影听风》犹如厉风穿过竹林时发出的刺耳啸声，对着世俗发出一个又一个的追问。一辑六书六君子，面貌气度各不同，相同的是他们的人生态度声气相投，是他们都乐于表达各自对人世间的真情实感，是他们都表达了“从人们心灵上发生的思想”，值得郑重地推荐给读者诸君一读。正因为如此，应几位作者邀约，作为朋友，我写下以上感想，权充作丛书的序。

2011 年 10 月 16 日于无梦斋

一枝一叶总关情

忧患者的心迹*

让朋友视为知己，通常被我们引以为人生的一件幸事。其实，认真想一想，未必尽然。倘若懂得珍惜知己的可贵，或许会为此感到惶恐。我们要问自己：这知己，是感情的融洽还是权宜之计？是真诚率直的交心还是宽容苟且的互相吹捧？是利益的考虑还是人生的追求？这些都是人生大意义的问题，真正弄明白谈何容易。可见，当朋友的知己是很麻烦的。海峡文艺出版社要出版陈肖人的中篇小说集《命祭》，肖人兄邀我写序，他信中写道："我不在乎名家之言。我需要的是知己之论。你是知我之人。"当即我便感到既愉快且惶恐，惶恐的愉快，预感到要很费一番心思的了。但我还是乐意有这么一个机会，借以检验我们之间相知的程度。

对于陈肖人其人的评价，喜欢他的人说是真诚率直，真诚率直经常跟胆大妄为连在一起，于是不喜欢他的人便说他胆大妄为。但无论前者后者，都会承认他是一个易激动的人，一个心中有话便如鲠在喉不吐不快的人。与他初交，我亦有同感。暗想：以这样的气质做人，自然痛快；以这样的气质做文章，自然舒畅；我便以为这是一个痛快舒畅的人。时间长了，又发觉，他不仅是一个痛快舒畅的人，也还是一个不痛快舒畅的人。人真是一个多层次的复杂体。他那痛快舒畅的后面，还隐藏着许多忧患，底层人的忧患。他为自己幼年丧父唯与寡母相依为命而伤悲。他为在农村度过的贫寒的少年时代而心酸。他苦

---

* 该篇为中篇小说集《命祭》序。《命祭》，陈肖人著，海峡出版社，1987 年 5 月。

笑着谈起上大学时饿极而与同学去偷挖木薯充饥的往事。谈起十年前拮据的家庭生活，有一次他下乡回来，正碰上孩子病重，一时间家里竟找不出一角钱挂号费，他会眼眶湿润起来。他爱母爱妻爱子。孩子被妻子责打，他跟我谈起竟痛苦至极。回想起女儿小时候因碰碎饭碗被他打过，他竟至落下泪来。我惊讶他竟有一颗如此善良柔弱的心。以这样一颗心，在社会生活和工作中，在人事纷争里，他更多的是唉声叹气，常有“躲进小楼成一统”之慨。对于社会的种种弊端，他那气愤往往是无可奈何的气愤。同他交谈，会感到沉重而忧郁。这种沉重和忧郁，有时也许源于自身的遭际，表现为一己的得失，有时也许具有社会意义的历史使命感，有时也许二者兼而有之，不能断然分割。然而，这毕竟是一个好作家应有的心理素质。不能想象，一个从事塑造人的灵魂，揭示人生意义的事业的人，一个用真诚的感情和灵透的悟性去影响他人生活的人，竟然会缺少一颗多愁善感的心灵，缺乏对社会对历史的忧患意识，一经是那么愉快地给生活披红挂绿，把适应现存的生活状况作为最高道德意义而沾沾自喜，最后还能够写出具有深刻的历史意义和人生意义的好作品来。《老残游记》的作者刘鹗说：“灵性生感情，感情生哭泣。”他还说：“《离骚》为屈大夫之哭泣；《庄子》为蒙叟之哭泣；《史记》为太史公之哭泣；《草堂诗集》为杜工部之哭泣；李后主以词哭；八大山人以画哭；王实甫寄哭泣于《西厢》；曹雪芹寄哭泣于《红楼梦》。”他把这些赫赫杰作都归为作家的哭泣，认为哭泣（忧患意识）乃是他们的创作的出发点和最高境界，这对我们是很有启发的。肖人也是会哭泣的。他的作品，便是一个会哭泣的忧患者的心迹。

自然，“忧患与生俱来”，凡人皆有忧患。然而，有人知觉，有人不知觉；有人忧重，有人忧轻；有人好忧，有人好喜；有人积忧，有人忘忧；到了作品里，也就各有情状。倘若那忧患者还是一个谨小慎微的君子呢，为了生存的利益和安全，或者不敢写忧，或者强颜作笑，那么他的忧患便成了无文学意义的忧患。倘若是一个真诚的人呢？那么，很显然，他的忧患意识便很可能沉郁在他的作品里，写悲剧则作伤悲愤懑的哭，作喜剧则发辛酸含泪的笑，即便歌功颂德，也能写出历史进程的艰难。陈肖人恰又是一个真诚率直的，或曰大胆妄为的人，于是，一本中篇小说集，《命祭》是对当代中国人民在政治大劫难中的命运的忧患；《举步》是对改革之举步维艰的忧患；《黑蕉林皇后》是“千林风雨鸟求友”的忧患；《斜阳脉脉水悠悠》是对社会阶层之升降，世态人情之炎凉的社会忧患。这里有外部力量造成的忧患，有灵魂挣扎形成的忧患，有由忧患而忧患（《命祭》、《举步》），有虽抒情而忧患（《黑蕉林皇后》），有为忧患而造理想（《斜阳脉脉水悠悠》）。一旦我们被带进了这些作品里，或哭，或笑，或沉思，或舒心，或愤慨，或希冀，无论有多少种感受，那内中总有忧郁存在。我们为《命祭》中的老根叔一家在政治大劫难中不能自拔的命运而痛心，但这痛心不是号啕大哭的痛心，而是欲哭无泪的痛心，是痛定思痛的痛心。我们为《举步》中的李翔在改革中所遭遇的无端攻讦而愤慨，但这愤慨不是居高临下的英雄式的愤慨。而是压抑甚重以至无可奈何的愤慨。我们为宗相嫂这位“黑蕉林皇后”的心灵追求而庆幸，但这庆幸不是皆大欢喜的庆幸，而是引人掩卷嗟叹，体味了人生与爱情真谛之后的庆幸。虽然《斜阳脉脉水悠悠》不免有大团圆结局的俗套，然而我们仍能在整部作品里感到一颗如焚之忧心。由文而看人，肖人的忧患是压抑着的，沉郁着的，抑或说是很有点无可奈何的。易激动恐怕也只是他性格的一面，表层的一面；而善良、柔弱、抑郁，则是他性格的另一面，深层的一面。

不记得是哪一位哲人说过这样一段话，大意是：我们应当教孩子懂得哭，不仅在自己摔倒时哭，更重要的是当别人摔倒时，他也会哭。我想，读了这段话，对于我们的作家，要求他们为谁哭，就明白得多了。我们的忧患意识覆盖面越大，就越能包容人类意义，就越能具有历史感和超越感。肖人的《命祭》不局限在一人一家的生离死别的苦难里，更不把一个人的不幸简单地道德化地推到另一个的头上，而是对那场席卷当代中国的政治大劫难进行深刻的反思。他不发牢骚。他为人民的命运作祭。他告诉我们，历史的大难当头，几乎所有人都无法控制自己的命运，都是悲剧人物。较之大量的甚至是在全国风靡一时的反映“文革”劫难的作品，《命祭》是要来得深刻而博大一些的，这是具有历史使命感的忧患意识的成功。而相形之下，《举步》则要见绌了。李翔的怨艾，更多的由于他人对自己人格的伤害。在这里，某类人对改革的不满情绪已经消隐得几乎看不清了。故事宣讲着人格。人物忧患于道德。与同时期里的不少反映改革的作品一样，将这场严峻的历史斗争道德化了。历史是残酷的，道德是温情的，它们之间常常是二律背反的。尽管作品写了举步维艰的忧患，我们感到的却不是历史的“举步”，而是人生的（甚至是李翔的）“举步”，那维艰的忧患终不免有就事写事的狭小之嫌。肖人写作《举步》之前，《命祭》于后，对照一读，我不禁为肖人的思想深广程度的迅速拓展而惊喜。

肖人懂得忧患，却又不是一个悲观的人。他热爱生活，追求自然的美。因为热爱生活，追求自然的美，所以当并非美好的生活引起他的忧患时，他一方面写出那忧患来，一方面又以自己善良的心灵来弥补生活的遗憾，安慰别人也安慰自己。《斜阳脉脉水悠悠》是他的第一部中篇（此之前有长篇和大量的短篇）。 市委书记的儿子凌波演了一出“始爱终弃”的戏剧。这“终弃”乃是社会阶层的“终弃”。也许在大多数读者看来是无可挽回了。这不是读者们冷酷，而是社会的现实经验冷酷。即便事有例外，进入作品则要有例外的理由。肖人太善良了，诚恳地劝他们和好如初，使弱小的泉妹不致毁灭，使得意的凌波不致堕落，让现实生活不致令人失望。他创造了一段佳话，一段底气不足而一厢情愿的佳话。他想补天，只是他这块炼石与苍穹似乎未能合缝。他又一反前态，写了《举步》。《举步》的步子是踏在实地的，写的是真实的感受。然而，只觉得那步子不够飘逸，也不够有力，那感受就不免沉闷，甚至流露出遁世的空虚消沉的情绪。这样，肖人那善良的心又不忍了。他那充满了激情的胸廓憋得难受了。其后他没有再采用这种写法，而是来了个否定之否定，在较高的层次上回复了《斜阳脉脉水悠悠》的风格，写出了《黑蕉林皇后》和《命祭》。所谓较高的层次，那就是注意到了生活的严峻性和思想的深刻性。他把《举步》的优点也综合进来，加强了他们抒情风格的写实基础，那美的黑蕉林，以及黑蕉林里美妙的故事，令人一咏三叹，回味不尽，然而却不会让人感到不着边际。那潜逃的杀人犯韦吉的故事足以压得人喘不过气来，可是那最后慨然投案救“我”一笔，既震撼人心又使人感到可信。肖人已经能熟练地创造美了。他的心迹，不再是漂游在虚无缥缈一厢情愿的幻想的云端之上，也不再是湮没于纷争的世俗的尘土里面，他的心迹蜿蜒伸展在坚实而崇高的人生和历史的大山之巅，然后一直伸向人们的心灵。

一个作家要走进读者的心灵，采取的办法依然是心灵，他的心灵。读肖人的作品，每一篇或多或少总有动人之处，那便是他的心灵的颤抖。《命祭》的人物故事已成历史，但是，即便不从历史意义和社会意义方面去认识它的价值，我们仍能为人物的命运遭遇和心灵的痛苦所震撼。《斜阳脉脉水悠悠》其基本点就建立在心灵与人格基础之上。《黑蕉林皇后》简直就是一部心灵化的作品。即便如写得较实的《举步》，李翔夫妇间相濡以沫的感情，同样是动人的，这一描写使得我们对于李翔在改革中的遭遇产生出一种道德人格方面的愤怒。肖人的忧患意识、人生理想，都是通过那心灵的感动传导给读者的。依此他形成了以抒发人格之情为主要抒情内容的作品风格。他实现了我们民族传统对叙事文学的基本要求，那就是：以人情的感动达到事理的传导，“人情事理”。肖人的作品是具有民族气派的，是能为我们民族普遍的审美心理所容纳的。他找到了一条可以延伸拓宽的通道。他倘有潜力，潜能就在他那颗多愁善感的心灵里；他还会发展，动力来自他所处的现实生活的激流。

作为评介文章，我已经不宜再絮叨下去。肖人作品里的许多东西，尤其是那些不温不火的语言，情景交融的描写，情致细腻的细节，温和善感的人物，顺畅善变的情节（他学过戏剧编导，写小说时似有异峰突起的习惯，但并不多用），都需要读者们自己去欣赏，我不能多谈，否则便是剥夺了读者们作为欣赏主体去感知的权利。我只是尽力把一位忧患者的心迹告诉给大家，或许大家会沿着这条心迹去读他的作品。如果有更多的人成为肖人作品的知己者，我将十分的高兴。

1985 年 12 月于北京

高扬一面爱的旗帜*

我们处在一个纷乱的时代——当然，我指的是我们所处的文学时代。这是一个无序而又高频更迭的时代，一个躁动而又自以为是的时代，一个胜王败寇、占山为王，而又各领风骚三两天的时代。置身于这样的文学乱世，我们不但经常遭受着别朋弃亲的苦痛，更要时时冒着失却自己的危险。对于作家，没有比失却自己更危险的了。顺昌逆亡，在文学的历史上，必须以作家的不可替代性作为前提，否则，无论是昌还是亡，都是于文学本体无意义的。这是文学的 ABC，这是文学的最高机密，乱世使我们常常昏头昏脑地忘掉它们。

我与王蓬当属乱世邂逅，同学于鲁迅文学院第八期和北京大学首届作家班。不知怎样的一种缘故，数十位青年作家聚集近五年之久，既无同化的喜剧，亦无胜王败寇的悲剧。我行我素，自行其是，是每一个同学保护自我而又尊重别人的公约。虽在京畿之地，邓刚依旧游泳于《迷人的海》，赵本夫依旧考察着《祖先的坟》，朱苏进的《第三只眼》总也冷峻深邃，而刘兆林的《雪国热闹镇》还是那般温情脉脉。陈源斌的灵气，姜天民的英气（天民学兄英年早逝，愿他的在天之灵安息）、聂鑫森的古气，蔡测海的巫气，张石山的豪气，李叔德的怪气，简嘉的兵气，孙少山的土气，储福金的秀气，甘铁生的爽气，乔良的才气，查舜的正气……竟然也能气味相投。大家也乐于相投，

* 该篇为中篇小说集《黑牡丹和她的丈夫》序。《黑牡丹和她的丈夫》，王蓬著，漓江出版社，1990 年 10 月。

目的是润泽各自的灵性。同窗共读，启迪的却是各异的创作。偏激是必要的，无偏激难有个性。求同则未免可笑，求同则取消了创造。我得说这是一个幸运的集体。于文学的乱世之中，大家都能互敬互重地开着各自的奇葩。

不用说，王蓬也开出了属于他的奇葩。

我先得承认，对于王蓬的小说成就，我曾一度不是很有信心。原因很有意思，就在于他对所有同学的创作都说好，都著文介绍。不仅同学，言及陕西，则必称贾平凹如何，路遥如何，陈忠实如何，京夫、邹志安如何，一派溢美。我也是得了他笔墨好处的，却不曾领情。我以为他把此类文章做得过于认真，过于友善和宽容，缺少一个作家应有的孤绝和爱憎。我从这些文章中看出他似乎不甘于孤寂，因此疑心他也染上了我们这个时代的流派沙龙病。那么，他的创作也就大概难有独创且行之不远。

事实上，我对王蓬的担心乃是一次杞忧。四年多过去，王蓬既不曾泯灭他的个性，迟钝他的感觉，散漫他的追求，放弃他赖以生存的鲜活土壤，却又借着他对文学世界里种种现象的扫描，开阔了视野，拓宽了思路，丰富了表现力，强化了自己的素质，进而成就了新的创作。他的短篇小说《沉浮》震动了同窗们，长篇小说《山祭》引起了文坛的关注，一部部中篇小说又凸显于我们的眼前。这些又恰是非耐得住孤寂而不可能做得出来的。

随着与他相知渐深，我才理解，他的那些替同学评功摆好的文章，乃是他交友的亲和举动，并不能证明他的文学态度。他来自陕南山地，秦岭和大巴山的孤寂养成了他好客好结交的热肠，刺激了他进入更广大人群的欲望。山里人的热肠与欲望造就了他的一颗爱心。也正是这样一颗爱心成就了他的为人和创作。

爱心不谈久矣！没有比今天的文学更缺少爱的了。多时以来，每论作家，或谈忧患或谈灾难，或谈文化意蕴或谈历史视野，或谈灵性或谈才气，或谈玩文学或谈老庄禅境，就是无人愿谈爱心。仿佛为了爱的文学必是浅薄庸俗之作。这是一种时代病。呻吟痛苦标榜深刻不是一个人一个时代健康的表现。事实上，文学大厦有无数通道可入，一切人生的深切体验都可能成为作家的出发点和归宿。为恨而写为思想而写与为爱而写，谁也不比谁浅薄和庸俗。

沈从文先生的创作便高扬着一面爱的旗帜，并不影响他在国内外享有盛誉。以至于无论持何种文学观念的人都不能否定他是学者、文学家兼文体家的一代宗师，一个站立在世界面前的大写的人。王蓬于此深有感悟。他在北京求学期间，并不曾叩过哪位文学界评奖权威的门庭，却专程拜访了一生甘于孤寂的沈从文先生。听王蓬讲过他还专程拜访过另一位善写情谊友善的大作家艾芜先生。那么，我认为这是一位有爱心的后生作家在向大师的爱心趋同和致敬。

王蓬近几年来的中篇小说主人公都是女性，也可以说，女性主人公大都是他倾注爱心的对象。她们都生长在陕南。陕南是王蓬的第二故乡，是他从十岁之后就倾注过梦幻、希冀、汗水和爱情的热土。于是那些女主人公们便也成了他的姐妹。王蓬告诉我，陕南素来是出美女的地方，譬如“烽火戏诸侯”、“一笑倾国”的褒姒便出自陕南，汉水便有一支脉流称褒河，蜿蜒于陕南的青山秀峰之间。他还告诉我，陕南的女子十分多情，那是因为地理的封闭使得她们的春情不易浪费，一旦宣泄，便势如出闸之春水；陕南的女子十分柔弱，这并非她们天生一分西施之病，而是因为单纯的生活养不出现代都市女子的狡黠和强悍。于是王蓬便也十分多情十分柔弱地对我叹息，陕南女子太多情太柔弱，造成了她们的易轻信，易痴情，易迷惘，易忍耐，易缄默，一句话，易受伤害。王蓬爱他的陕南女子，不独因为她们是褒姒姿色相因的后代，更主要的还是因为这是一群易受伤害的多情而柔弱的孤独姐妹。牛牛姐姐在《第九段邮路》上缄默地忍受，痴情地守盼。丫丫的激情岂止是《涓涓细流归何处》，简直就像汉水春泛一般，以至于现代社会的儒生们没有那一分真诚那一分勇气去承受。《黑牡丹和她的丈夫》在世俗的婚姻替代不了这女子对于生命的追求之后，爱的饥渴驱使她从一位奇丑无比的豁嘴男人那里掘出了生命之泉。玉凤和宝凤的《姐妹轶事》乃是山地女子的纯情在现实尘世的遭遇故事。杨晓帆的《小城情话》叙说的则是一位现代痴情女子的企望、抑郁和焦虑。无论是古代的传说还是现实的故事，这些陕南女子都仿佛一母所生，贯通古今，无一不多情，又无一不孱弱，无一不曾受过伤害，又无一不善忍耐。她们缄默。她们默默地舔着身上伤口的鲜血。她们无一不是绝望的孤独者。

由此，我们也就应当悟识并相信王蓬的一片爱心了。他爱得痴情，以至于不曾言及他的陕南女子们的微瑕。他爱得深切，以至于能把笔锋透进那一个个纯净无邪的女性灵魂。他爱得决绝，以至于把全部的同情只倾注于他陕南的姐妹。他自觉不自觉地充当了陕南女子的守望者。我为此曾和同学们开过玩笑，说是要当一回风雅的窃贼，切勿到陕南去，当心王蓬与你们拼命。大家便都哄笑起来。王蓬就红了脸讷讷地说些不忍心伤害那些多情孱弱女子的话，完了，小心翼翼地看看四周的面孔。

但生活终究是在变化，尤其在京华之地的几年学习中，王蓬诚然也发生着变化。这样也就在他的小说中显出了复杂与矛盾。他早先固守的阵地分明地发生着动摇，另有一些本不属于他却又在强化他的东西滋生了出来。在他的小说里，企图在陕南演出始乱终弃的男人们，一方面受到他的谴责，另一方面他又分明在肯定其中合理的成分。即便如画家老苏之于丫丫（《涓涓细流归何处》）完全出于一个现代儒生的迂阔和一个山野女子近乎鲁莽的率真而造成的悲剧，王蓬既谴责着老苏的迂阔，又对因为老苏而给丫丫生活注入的新鲜东西不无赞赏。至于《姐妹轶事》中，这种矛盾就更为明显。离异的最初责任尽管在于被政治蒙骗的女子，一旦她幡然醒悟，王蓬便对她充满同情，尽管他也十分清楚，未来的生活绝对地属于石海明和玉凤，她们的结合才真正体现乡村发展的前景。由于作家本身过于眷恋宁静得有如中世纪田园的氛围，给人的感觉是他从情感深处抗御着一切破坏这种田园静趣的外部力量，无论它们有益于人类社会的进步与否。也许我们可以认为他笔下的一些男性对于封闭生活的纷扰是合理的，轻易便能从现代意识中替这种合理性找到依据。然而，意识的标准在这里不能产生真正的文学评价。一般来说，对于情感型作家，我们不能与他纠缠于形而上，人与人心灵的交流并没有清晰的线路准确的接点。对于王蓬，我宁可更多地谈论情感，而不是（至少不主要是）谈论观念和意识之类。因为王蓬可称为一个标本式的情感型作家。

王蓬的情感体验是细腻真切的。读他的作品，尤其是读这六部中篇小说，我时常惊讶他的敏感，他的善解人意。对那些陕南女子，他称得上是体察入微了。即便在他的那部尝试性的作品《蓝衣少女》中，对那位远在欧洲的金发碧眼的外国女子，也可以纳入以上范畴。黑牡丹对她的丈夫，对豁嘴的那些感觉，丫丫与画家老苏的缱绻之情，玉凤、宝凤姐妹性格的微妙差异，杨晓帆的温文尔雅，乃至于作品中几位男性在接触异性时的种种心绪，绝不是一个情感粗疏的作家所能体察得到的，也绝不是一个性情浮躁、耐不住孤寂的作家所能表现出来的。我想王蓬写作这些小说时，他的内心一定十分宁静，他的情感一定完全进入，所谓物我两忘之境，大体他是获得过的。尤其令人叫绝的是《第九段邮路》里许多微妙真切的感觉。大热天，穷苦的牛牛姐还穿着棉袄去背柴，她在山路上解了衣扣歇息，裸露着白生生的胸脯，恰巧被年轻的乡邮员“我”碰上，这时候，“她本能地用双手紧紧按住掩合的棉袄，羞愧万分地望了我一眼，就赶紧深深地低下头去。啊，那是怎样的一眼啊，那一眼包含了多少复杂的内容：有少女被陌生男子突然窥见了某种秘密时羞愧怨恨的神气，有对穷愁艰辛却又无可奈何的处境沉郁怅惘的尤怨；甚而还有像被屠杀的羊临死前，可怜的，满含乞求的一瞥……”多么微妙而丰富，多么细致而真切！好像王蓬观察和再现的不是别人的心灵而是自己。或许正因为如此，他的笔下才有了许多细腻真切的细节，有了行云流水一般的意态。经验在他的笔下自然熟到，感觉在他纸上左右逢源。

王蓬的情感内涵却又是宏大的。他的爱心不仅在于陕西女子和男人，养育了纯情男女们的陕南山水。应该说，这二者原本是一体的。他表现的是一个个具体的生命。生命的准则全在于自然。因而，他不曾忘记表现自然。他竭力描述小说人物所处的种种自然景观，一种人格化的自然景观，一种有目的的自然景观。人格便是陕南女子的人格，目的则是王蓬的全部情感。

他的秦岭与秦岭深处的女子是一致的色彩斑斓，温柔敦厚；他的汉水与汉水边的女子是一致的舒缓明净，催红生绿。于是也就有了他舒缓明净、温柔敦厚的文章。他不愧是秦岭汉水的赤子，堪称自然的精灵。

否则，他怎么能在大山里感受到“一种捉摸不定的声息，说不清是风在吹，水在流，树枝在摇曳，还是大山在呼吸……”他怎么能从“树叶、花瓣、草尖和长在沟边的野向日葵全沾满了晶莹的露珠”的景致中觉出“分外惹人怜爱”！他画女子的肖像，便说：“黑白分明的眸子睁得很大，水汪汪的，简直像一汪刚从石崖上渗出的清泉，无一丝尘埃，无一丝杂染，与这青青的山峦，绿绿的丛林保持着一种和谐。”即便男女做爱，他也不曾忘记让他们与自然融合，竭力去显示这一自然过程的辉煌。画家老苏与黄丫丫在“蒸发一种暖洋洋的气体”的山野里，嗅着“野草野花吐放着熏人的芳香”，在“一阵山风掠过，所有的树木叶子都发出沙沙的颤栗”的时刻，掀起了“一场感情的暴风骤雨”。腼腆拘谨的牛牛姐姐同年轻的乡邮员“我”，在躲避山地的骤雨时生出了骤然而来的云雨之情。尽管这里不幸地雷同于他的另一部作品《玉姑山下的传说》，却也看出王蓬追求人与自然的和谐是何等的不顾一切。及到黑牡丹和她的丈夫第一次交媾，王蓬索性明白地写道：“仿佛与斑斓的山野融为一体。”

一体！人与自然的一体性，正是王蓬逐渐达到的文学境界。他的情感的宏大由此造成。这也正是他区别于一般的俗文学的情感型作家的重要标志。文学界老前辈、短篇小说巨匠王汶石曾在《文艺报》著文称王蓬为“描写山区风景风俗画与山村女子的能手”，应该说他当之无愧。而又恰是这二者成为他最好的移情对象，成就了他作为一个情感型作家的丰富性。

王蓬的情感意蕴还呈现为一种动态。求变是我们这个时代崇高的精神。崇高又往往容易趋向庸俗，求变便同时是我们这个时代庸俗的风气。王蓬在鲁迅文学院时曾有《变化中的生活与变化着的我》为题的创作谈发表，也曾不时有新时髦的服饰在同学中发表；他曾以丰富流动的心理描写的《沉浮》在《小说选刊》很好地浮了一阵；也曾有过诸如《雨后，阳光格外灿烂》一类矫揉造作的洋里洋气的标题灿烂于刊物。因此我对他有过羡慕也有过怀疑，怀疑他将在时尚的求变风气中由浑身土气变成浑身俗气。我曾笑他“引导服装新潮流”，语藏讥讽。他只是红着脸回笑。我们并没有因此而交恶，这是他心地善良宽容的结果。

于是，我又暗暗羡慕他勇于求变的锐气。因为我是一个畏首畏尾的人。数年过去，那些时装与他已浑然一体，而文学创作上因为求变而出现的矫揉造作也渐渐地被不乏新意的自然熟到所代替。王蓬作品的变化尽管平缓，尽管温吞，尽管全然不像他在时装上那样具有革命精神。然而他不造作，不虚妄，不哗众取宠，不曾迫使鲜活的生活向抽象的观念奴颜婢膝，无论这些观念如何新鲜，如何高深。

当我们为《第九段邮路》和《小城情话》未脱他人窠臼而稍感遗憾的时候，《涓涓细流归何处》和《黑牡丹和她的丈夫》立刻就让我们感受到了颇具新意的丰美情景。这里似乎没有了传统意义上的好人坏人，没有了“饭是可以吃的”道理，恶善浑然于文化形态之中，美丑之间难以做泾渭式的界定，世俗的道理在这里只能休息，人类的自我认识和情感体验是他们主要的价值所在。这一变化使得王蓬的小说更具备了现代小说的品格。他并没有损失掉自己小说素有的原生之美，这是许多传统型作家在向现代型演变时通常要遭受的不幸。总体来说王蓬是幸运的。他没有放弃引人入胜的故事，只是更任其自然，隐蔽了作家的期待视野。他的人物一径如现人前，只是更为多面具体，弱化了单一的因果关系。他不曾避免强烈充沛的人性特质。他的笔触益发浸渍于人性之中。他敛起求变之初的浮光，不论它多么令人炫目。他壮大了自在的自己，使得自己日渐成熟。自在的王蓬大体是一位不平则鸣的农民，成熟的王蓬则是一位替农民鸣不平的现代作家。关联这二者的是理解，一种被百千溪流浇灌着的理解，一种大智若愚者的理解，一种视万年乃宇宙一瞬的理解。

如此，爱心也许有所消解，但消解的只是稚嫩。敏感也许有所阻滞，但阻滞的只是自艾自怨。消解了稚嫩的爱心会更宏大。阻滞了自怨自艾的敏感会更有意味。一个情感型作家的成熟正是由此而获得。

王蓬约我替他的这部中篇小说集作序，我是犹豫着应承的，也是犹豫着写到了这里。我所犹豫的是，他到底出于怎样的考虑选拔了我。莫不是因为我俩的家庭都曾为了不公正的政治待遇而遭受过迁徙，他家于西安而陕南，我家由南京而桂西。莫不是因为我俩都曾在农村吃过苦？我曾奄奄一息让农民用牛车送往医院，他曾被石头压伤至今腿脚仍有隐患。莫不是因为我俩每当同学间发生抵牾乃至于以拳头啤酒瓶相向时，必定都去维护弱小者、怯懦者，无论他们理亏与否。或者是因为他挺喜欢向我描述往昔的艰辛，也颇喜欢听我倾诉我所有的不幸，而每当如此这般，我们都会觉得不亦快哉。

也许还有诸多的原因。但我相信，所有的原因都会与情感有关。因为他在信中说了是纪念同学一场。纪念当以情感为主，祛除了情感的纪念就会枯萎成历史的记载和理念的演绎。因为他的作品大体是关于情感的故事，高扬着一面爱的旗帜，并不是关于宇宙大道理的演述，也不是那种扯着自己的头发离开地球的梦幻。对于这些，我自以为我也无能为力的。而关于爱，关于情感，尤其是那种需得用心灵去体验的爱，那种符号化程度还不太高的情感，我相信要与王蓬取得一定程度的相通是完全可能的。有了这个必备的情感同构作基础，我想我的灵魂便不会在王蓬的作品里冒太大的风险，而当很多关于宇宙关于魔幻关于本体关于意识层次关于弗洛伊德的大道理已经被人狠狠地说尽之后，我还可以从他的作品里生发出一些话，一些有感而发的话真诚的话来说说。正是出于这样的考虑，我才有信心，做完了这篇小序。

愿真情与我们同在。

历史小说的质感*

黄继树先生不矫情。写小说犹如做人，他要的是质感与本色。他不安排虚境，不事光的渲染，色的点缀。他不耽于抒情，不迷恋咏叹调和华彩乐章。然而，如果以为他是一位冷静的历史学者，并且深信他关于桂系军阀史小说写作的成功乃是因为以历史学者的观察替代了小说家的虚构和文人的抒情，那就不免要犯缘木求鱼的错误。巴尔扎克自称为法国历史的书记，并不能从根本上说明他作为小说家成功的原因。文学作品的成功，从本质上看必须首先是文学本体上的成功，然后才可能是政治学的、哲学的、历史学的、经济学的、社会学的、伦理学的等等非文学因素的某些贡献。这绝不是什么独得之秘。这是人所共知的文学原理。面对黄继树先生的长篇历史小说《桂系演义》，以及这部从《桂系演义》截取、衍生出来的《大对抗》，在我们发现其中摒弃了浮光丽色、浅吟低唱、当哭长歌、煌煌大论之类浪漫情调之后，仍然会认为是文学的胜利。它属于别一种文学追求的胜利。这种追求我称之为对质感与本色的追求。在众多评论考据了这些作品史实的准确性，阐释了这些作品历史和政治的意义之后，我愿意从文学的意义上发表一些观感。

黄继树笔下的历史人物不矫情，李宗仁不矫情，白崇禧不矫情，蒋介石也不矫情。这不是对历史上人物的评判，遍观正史野史，哪个

---

* 该篇为长篇历史小说《大对抗》序，篇名为本书编选时所加。《大对抗》，黄继树著，漓江出版社，1992 年 3 月。

一代枭雄不曾以矫情骗取人心和天下！作者对李宗仁有所偏袒，历史上的李宗仁难道就不曾诚朴与矫情兼具？请看书中李宗仁竞选副总统时的表演，丝毫不亚于演技派明星的天才杰作。我要说的是作者对这些人物的刻画不矫情。虽然人物的言语行止有史实作依据，但依据之上的描写刻画则是天降于作家的大任。作家的笔触有自然与矫情之分，有真切与虚饰之别，有粗陋与精细的比较，有深入与浮浅的差距，这是作家纵横驰骋的一块无际无涯的原野。黄继树笔下的主要人物，言行恰如其分，心理准确可信，思想随时势有所变迁，性格随情节有所发展。作者难免有所喜恶，有所褒贬，有所向背，有所取舍，然而一切来得适时，去得正好。褒诚者不隐其诡谲，贬奸佞欲扬其微善，以生活为依据，以准确为准绳，以取信于读者为目的。这是一切优秀的历史小说不可或缺的基石，远在明代的《三国演义》和远在大洋彼岸的《战争风云》(美国赫尔曼·沃克著) 可以做成这一观点的注脚，近在眼前的《大对抗》也可以加深我们对这一观点的理解。

黄继树对笔下的历史故事注入了几缕情感，这情感不矫情。蒋桂之争，权力对抗，从政治本质上看，是一个政治集团内部的厮杀，四周是罪恶，作者情注何方？然而抽象的本质分析不能代替具体的人物关系的理解，更不能解释读者在欣赏文学作品时的感受和领悟，对《三国演义》拥刘反曹倾向的褒贬，可以做成考据文章，帮助读者了解作品与历史的关系，却不能形成对作品本身实际的鉴赏。不知道黄继树是否愿意承认，他显然地情系桂系。这不独是因为他是广西人氏，乡情造成他对家乡的子弟家乡的兵马有所挂牵，作品中此等情感无处而不浸润，也不仅是同情弱者的平民心态，支持犯上作乱者的逆反心理所能解释得尽的，这也是作者写作时和读者阅读时自然会持有的一种审美常态。这里用得上本质论的认识方法。桂系反蒋，一定程度上具有反抗独裁的意义，其客观效果有利于当时中国的民主运动，有利于中国共产党和广大人民推翻反动政权的斗争，有利于中国现代历史向前推进。我想，作者是意识到这些历史意义的。然而，作品并没有就此成为意义的传声筒，更没有为此而造情。作者平实地去写，不强调客观的意义，不声张主观的情感，甚至不故意引导读者去理解去体验去作取舍褒贬，而是让他们过足了故事情节的瘾，玩味了人物性格心态之后，有所感慨，有所思索，有所领悟，有所喜恶。惟其是“有所”而不是“必须”，因而亲切。并不像我们通常所见的许多历史小说那样，意义十足，真理在握，对着所谓忠奸善恶大悲大喜大哭大恸，雷鸣电闪，空谷回音，宇宙震撼，其实村俗。

有了上述的几处基点，读者诸君对于即将读到的《大对抗》是怎样的一部书，想必已是心中有数，我作为编辑者，已不宜过多地饶舌，否则便是剥夺读者鉴赏的自由和愉悦。这里只是还要加以说明的是，也许我们会在历史小说和纪实作品的界定上对它产生疑惑。其实，二者之间并没有隔着楚河汉界。我们珍重的是它好看耐看，帮助我们了解一段历史，又认识几种人生，还有许多人物故事、掌故、细节的乐趣。如果实在要我出来说个明白，那么，我愿意这么说，《大对抗》既有充分的纪实基础，又具有足够的小说因素，这是一切优秀的历史小说不可缺少的基石。

寄情山水*

东方传统崇尚自然，西方传统崇尚人为，这是东西方古代文明的不同点之一。不同的文明造成了不同的文学特质。于是自然的伟大成就了中国古代文学的辉煌。“关关雎鸠，在河之洲，窈窕淑女，君子好逑。”表现了自然与人的一体性。“日暮乡关何处是，烟波江上使人愁。”印证了自然可以激发人情感的说法。“感时花溅泪，恨别鸟惊心。”描绘了人与自然有一种内在的感应。“古人不见今时月，今月曾经照古人；古人今人若流水，共看明月皆如此。”自然景观可以做成人类理性态度的象征。 至于人类与自然互相抚慰互相拥抱的诗句和美文，更是俯拾皆是。最接近的例证就是收入本书的清代著名诗人袁枚吟咏桂林山水的诗歌。这位首创“性灵”之说的随园老人，倘若没有拥抱自然的情怀，断然生不出“分明看见青山顶，船在青山顶上行”这般亲切的诗句。我们民族优秀的文人们是极愿意接受自然精神的支撑的。岂止是愿意，简直是一往情深；岂止是接受支撑，他们更企望融合，企望无物我之分，达天人感应。自然使他们灵动，自然又使他们虚静；自然使他们素朴，自然又使他们多情；自然使他们纤细敏感；自然又使他们胸襟博大。“竹林七贤”之一的阮籍为此作了宣言：以“天地为所”！中国历史上第一位最伟大的田园诗人陶渊明为此而发出召唤：“归去来兮！”这召唤响彻古今。

---

* 该篇为诗文选《心醉神迷游桂林》序，篇名为本书编选时所加。《心醉神迷游桂林》，周昱麟编选，漓江出版社，1992 年 6 月。

热爱自然，崇尚自然的传统一脉相承至今，于是便有了桂林旅游文化的发展，便有了我们这本可爱的《心醉神迷游桂林》的小册子。面对一本好书，我们可以说它深刻，可以说它厚重，可以说它悲怆感伤或者幽默旷达，然而唯有可爱，最容易使我们对它生出亲近感。我说这本小册子可爱，是因为它生长于桂林山水之间，可爱的景致提供了它可爱的资质。说它可爱，是因为它的作者们大都以青山养性，以绿水慰情，性情从笔端流出，饱满而温柔，造化的种种奇异，人生的缕缕感觉，全做成了对山水的流连叹赏。说它可爱，还因为书的编选者把桂林城区的风情、城郊十六景观乃至环绕桂林的十县风光，无一遗漏地汇集于书中，没有充沛的热情和认真的工作态度，是很难完成这个不大但颇为繁琐的编选计划的。我感觉到，他们简直是伸开了双臂，热烈地拥抱着这片奇山秀水。

从文学鉴赏的角度而言，我以为这本书尤为可爱的一点还在于所选作品大都灵性各异、情趣不同。大自然给予我们的一个重要启示便是不重复。“凡物各尽其性”的说法便是最好的说明。我素来不是太喜欢韩愈描绘桂林山水的那两句著名的诗句：“江作青罗带，山如碧玉簪。”尽管它们业已被用作对桂林景致最便当的介绍。理由就在于，这一描绘接近于一种无生趣的简单，一种窒息想象力的凝固。桂林山美有趣，正在于山形各有奇趣，岂能够一把碧玉簪以蔽之。说到底这位“唐宋八大家”首席是因为不曾亲历其境之故，遂犯了简单化的毛病。当然，比喻总有缺陷，概括总有损失，不必过分诘难。这里要借以证明的是，本书中所收诗文的灵性各异、情趣不同是多么可爱。同一景观，编选者都安排了几篇诗文，横岭侧峰，远低近高，用心非常有趣。而作为作者，倘若不注重独立的创造，不表现各自的性灵，当然也就不可能实现有生命的创造。创造也许有高下之分，也许有文野之别，也许有过犹不及之虞，然而生命，独立而高扬性灵的文学的生命，都是断然不能放弃的。正因为有了这一个个鲜活的生命，才会有了现在这般各尽其性的不重复。而正因为有了不重复，我们才会既陶醉于唐代李商隐的《桂林路中作》，也迷恋清代袁枚《由桂林溯漓江至兴安》，今人周邦先生才敢于在唐代柳宗元的《訾家洲亭记》之后来上一篇《訾洲幻古》，我们也才会感受到毛荣生的隽永和李超英的至情，领略到郑柳德的丰厚和全政红的简洁，品味到彭匈的情趣和苏理立的质朴，欣赏到骆绍刚的潇洒，才不至于将周昱麟与其兄周昭麟混同。

我没有时间也没有足够的篇幅，更没有必备的经验和能力来把书中的所有作品逐一鉴赏，这是十分抱憾的。不过，我以为，对于文学作品，亦如对各种自然景观一样，不宜用一个词一句断语去圈定它们。作品一旦诞生，便是一个独立的存在，一个作者仅仅可以看成一个导游，引导读者在他指示的生活情境中游赏，景点是一个，观感却可以不计其数，诚如本书一样，抢先下断语实在是一种冒险。对于这些纪游观感一类的诗文，尤其强调各有眼光各有位置各有胸襟，就更不能互比高下了。作这篇笼而统之的小序已属一种冒险，岂敢不知好歹地造次下去。还是请读者顺着编选者指示的线路，信马由缰、择其所好去游赏吧，如此方合乎自然的真精神。

别样的诗歌*

诗的大厦无疑也有许多窗口可以进入。然而，由于诗的情绪性，诗的形式感，诗的似是而非的贵族做派，又使得这座大厦的许多窗口饱览人世之沧桑、名利之潮汐、人情之冷暖。一面是神圣的文学殿堂，一面是恶俗的人间市场，现实果然介于天堂与地狱之间。诗，相比较起其他创作文体，如小说和散文，不晓得为了怎样的缘故，竟然最多地纠缠于“画眉深浅入时无”一类的问题，最多地演出各领风骚的悲喜剧。它的读众又大都是喜新厌旧的郎君，总要令人生厌地拥挤在一两个时髦光鲜的窗洞。没有比诗更能诱惑年轻人的表现欲和成功欲的了，也没有比诗更能吞噬年轻人的创造力和个性的了。

惟其如此，我们加倍地珍惜诗人的个性和创造力。哪怕矫枉过正，为此而导向孤绝。哪怕力排众议，为此而犯了难犯的众怒。诗的创作应当是一个人最高的精神活动。如果在进行最高的精神活动时我们依然媚俗不已，依然萎缩自己的精气神，依然隐匿个性，依然瞻前顾后，依然混迹于文市，探听着各路行情，一句话，放弃自己，那么，诗的末日大概已经不远。这绝对不是什么独得之秘，近在眼前，远在千里，成功者如此，沉沦者如彼，历史可以借鉴，现实比比皆是，多说已无大用处，不说又似乎心有不甘。

这里有一位女性诗人，参照上述的原则，我以为是值得我们作一

---

* 该篇为诗集《昨天的月亮》序，篇名为本书编选时所加。《昨天的月亮》，张丽萍著，漓江出版社，1993 年 5 月。

番介绍的。她与我是同乡，那是一座七里之郭的古城，那里有青罗带一样的河流，有永久新绿的大山，有黄山谷的墨池，有石达开的题壁诗。那里有两千年的历史，那里有温和渐变的现实。那里的小巷子弟喜欢从外地辞官返归故里，并以此为荣耀，可作大声的喧嚷。那里的疯癫之人可以当街行走，偶有作孽，引来的责骂常常包含着谅解。温柔敦厚，不乏机巧，讲究的是和气生财，追究的是自得其乐。于是，那里有许多大小诗人，诗也作得温柔敦厚而不乏机巧，少有疾言厉色，常见浅吟低唱，行之离古城不远，却又能在九街十八巷中作出天上人间的文章。张丽萍在古城里长成，诗篇则是离开古城在外谋生时撰就。她无疑算得上是那古城诗人中的成功者，甚而在广西青年诗人的战列中位居前排。她是否得益于家乡历史、山川民俗、风情灵气，答案是显而易见的。地域文化大体是塑造一个诗人个性粗坯的雕塑师。个性又是一个诗人的风格的基本质素。我们要谈及的问题的焦点并不在此。问题的焦点在于，一个诗人，尤其是一个青年诗人，又尤其是一个常常能听到各种建议乃至教诲的青年女诗人，是如何人醉我醒，在各领风骚三两天的当代诗坛上坚守自己的个性，保持自己的风格，作出属于自己的诗章。

1983 年至 1984 年间，正是各种诗歌美学原则纷纷揭竿而起的岁月，张丽萍以《山村学校》组诗出现在《诗刊》的头条位置，同时也就是以一种素朴的写实主义风格找到了自己，并将自己孤立于热闹的人群之外。人们在各种沙龙闹腾之后，不能不给予她悄悄地致敬。她参加过光环缠绕的《诗刊》青春诗会，她与以激情强烈而著称的女诗人马丽华在诗会上结为朋友。然而，她没有被某一种氤氲云烟所湮没，得益的是营养性的滋润；她没有演出同化的悲喜剧，三人有师只是强化自身的吸收。她依旧开放着自己的花朵，尽管不甚入时而不被太多的人关注。但这花朵是真实的自然的具有内在合理性的，因而是美的。她怀抱着这样一种美，走到了今天，向我们献出了一本又一本的诗集。

坚守个性，保持风格，并不能与故步自封、作茧自缚、重复描红画等号。前者强调的是一种发展的前提原则，后者强调的则是一种结局；前者强调的是一种追求的质素，后者强调的则是停滞的缺陷；前者保持着一种生命的张力，后者则中止这种张力。这二者中间，有时只有一步之远，有时又可以隔着怎样一座十万大山。一切全在创作者的一念之间。张丽萍至今还与故步自封之类无缘。她坚守着个性、风格，又不曾拒绝时代的朝晖夕露。她并不曾愚蠢地将自己枯竭起来。恰恰相反，她在尽力地丰富自己。她依然素朴，看重写实，但已经注意点染色彩，决心要让更多的读众在她诗的花园里流连叹赏。我们只要把《山村学校》拿来与《昨天的月亮》作一个比照，一切自然明了——包括那稍重的散文性和简单感的缺点在内，全属于她。年轻诗人担心找不到自己，张丽萍似乎不应有这种担心。中老年诗人担心重复自己，张丽萍显然已经提前注意避免这种尴尬。她既凝望着《昨天的月亮》，又新生出《如许的期待》，这样，我们也就不必以杞人之忧来替她担心什么了。

纪实文学的本色*

这是一部追求本色的纪实文学作品集。追求本色，通常是指追求表现生活的本色和作家的本色，以及这二者的融合。这绝对不是一件轻易能够做到的事，尽管我们常常听到某些过于气盛的年轻人鄙薄此道，以为无色彩无绝响无超越无宇宙大道理。如果我们赞成“自然高妙是第一高妙”这样的美学原则的话，那么，第一高妙的境界岂可飘飘然而入！然而，追求是可以的，实现也是一种过程。在追求与实现之间，干脆说，我更愿意替追求者说几句话。

我不曾问及本书的各位作者，他们是否有过追求本色的创作策划。我想，似乎他们不能不这样去写。因为，要写的是纪实的文学作品，而所记录的人和事又是如此生动、如此多彩，如此具有表现力和感染力。事实上是，面对这些在雁城的改革开放大潮中拼搏、抗争、爱和恨、生和死的奇人们，我们的心不由得不时有震颤，我们的思想不禁会深刻起来，作者的笔触便会被描写对象所吸引，从而会不由自主地放弃自己的某些艺术理想，努力去达到物我相融的艺术境界——哪怕是暂时的。譬如作者之一的李梅先生，我与他谋过面，有过一些交谈，感到他大体具有一种浪漫的素质，因而揣测他在创作中会比较重形式，追求升华。然而，在这本书里，他却大都写得自然朴实——当然，这并不妨碍他的艺术素质出来帮助他，

* 该篇为报告文学集《雁城风流》序，篇名为本书编选时所加。《雁城风流》，漓江出版社，1993年7月。

使得他写的若干篇作品叙述角度灵活多变，叙述中时有机智的独白，掩抑不住透出一股潇洒浪漫的气息——这是被生活所限的结果，这是为生活所赐福的佳绩。生活不仅向文学提供内容，也同时提供形式，用时髦然而有用的话来说，那就是提供着“有意味的形式”。

一种广泛的艺术追求往往具有时代的风尚。追求本色自然，这无疑体现了我们时代的一种审美倾向。改革国策实施，国风顿时大变。文坛崇尚真诚朴实之风，唾弃虚伪矫饰之气；宁可求实而过于笨拙，也不可聪明而偏于虚假；展示力度而不耽于夸耀，体现意义而不张牙舞爪；冷静抑制热情，深刻摒弃轻浅，生活实感大于一切。纪实文学大受读者欢迎，便是一个例证。撰写雁城——衡阳市的一批实干家的业绩，正是顺应潮流之举，那么，文学风格上又焉能不同时顺应时尚之风！尽管二者之间并不能等同，文学的社会责任感告诉我们可以作如是观。

自然，说到底，我还是一个作家主体论的拥护者。生活本身的要求也罢，时尚的影响也罢，作品的成败最终还是要看作家的一杆笔。内外须得融为一体，这是一切文学作品成功的必备条件。文学创作是最不能容忍强人所难和强说新辞的现象的。大体品味一下，那么，我们大体可以感觉得出，雁城的这样一批追求本色的作家去撰写雁城的这样一批实干家，是颇为吻合的，他们之间连接着的是理解和真诚，空气中弥漫着的是朴实、本色的分子。

当然，我得承认，初读此书的文稿，我更多的是为作品中主人公们的事迹所感动，为他们遇到的种种困难而难过，为他们能乘改革之风去拼搏且获得成功而欣喜不已。至于作者到底在这当中付出了多少写作的努力和艰辛，并不曾被我觉察。直说罢，写法上的新意似乎还少了些，形式上的变化似乎还不多，而这两点要求与表现生活本色并不绝对相悖，新意与形式是对一切文学作品的普通的要求，追求表现生活本色的文学作品自然也不能例外。我想，衡阳市的企业界、科技界的奇人们各有其奇，写奇人的衡阳市的作家们也应当让自己的作品令人称奇，如能是，《雁城风流》一书将得以向世人展示雁城企业界、科技界的奇人和文学界的奇人，从而帮助世人认识南方的雁城，这是时代的要求，也是文学令人愉快的目标。

回忆我的诗人老师*

韦照斌先生是我的老师。老师命我为他的诗集《走进人生》作序，大约目的是纪念师生情谊。

文坛曾盛行称师之风，后生称长者为师，出道晚者称出道早者为师，业余作者称编辑为师，尊敬甚或有所求而已，与师从无涉。时到今日，师道渐衰，许多年轻人已聪明地避免称师，窥探此中隐秘，无非为的是免得日后成了天才奇才，耻以为某人某人的学生，造成改称的尴尬。曾有那策划出书出道的小老弟，为有所借重而称我为师，但不称“聂老师”，称“震宁师”，这是为了方便日后改称“震宁兄”。果然，随着书出道出，自觉地位升高，他便将我由师而降为兄。当然，这并不影响我与这样的小老弟继续保持良好的双边关系，只是想来觉得有趣。至于我称照斌先生为师，则大体与文坛师道无关。他是我念书识字学校的老师，也就是说他是正宗的老师，无论我们自己怎样变大或者缩小，这样的老师你得永远叫下去。

60 年代，我在宜山县中学上学，照斌先生就在那里任教，但不是教我所在班级的课。有同学悄悄告诉我，那位个头不高而且通常保持沉默的老师在报刊上发表过诗。于是我隐隐地激动了一下，因为那时能将自己的名字见诸报端，哪怕只是在什么地方变成铅字，都是令人感到了不起的。我遗憾地想，他怎么就不是教我们班的老师呢！我只能远远

---

* 该篇为诗集《走进人生》序，篇名为本书编选时所加。《走进人生》，韦照斌著，漓江出版社，1994 年 7 月。

地好奇地注视着。后来，县里搞中学生文艺会演，学校组织学生编写节目，照斌先生是这次编写活动的指导老师，我这才真正成为他的学生，这时我已经远远地注视他两年多了。

那一次韦老师选中了我的涂鸦之作，是一个话剧本。想来写得必定幼稚无比，因为后来经他改定的演出本已经面目全非。不过这似乎没有太刺伤我作为原作者的自尊心。当时我兴奋于能与韦老师对话，很真诚地满足于“重在参与”。这是老师与我的第一次授业，它的全部意义在于他授予了我此生一个作家梦。尽管此后的人生里还做了各种大梦小梦，唯有此梦做得最深最长，三十年一觉，到如今不能梦醒，也许从此不醒，将要与人生大梦一起做下去。

我与老师的第二次授业，则是在我成了插队知识青年而他已是县文化部门的创作干部之后，距离第一次已是六年。这六年里，我们都经历了“文革”最初的暴风骤雨般的动乱。老师的损失极为惨重。有一次，被几个狂热的造反派同学无端地用铁器击破头颅，血流如注。我是众多的目击者之一。我像在场的绝大多数同学一样惊愕而恐惧，当时居然还很迂地忽然想到：还能写诗吗，这颗满是鲜血的脑袋！因为抢救及时，保住了老师的生命，当他那张面孔因失血而苍白，神情格外凝重地出现在校园里时，我惭愧地避开了他。尽管此事与我无关，但我觉得老师对我们这些学生一定憎恶到极点。直到我已经不堪于插队知青生涯，有了用文学创作去作回城就业敲门砖的企图，而老师已成了当时县上所有青年业余作者的老师的时候，我才鼓足了勇气从山村投函认师，并附了几首诗作请教。他还没来得及给我回信，先就在县文艺刊物上发出了我的一首短诗。这是我平生第一次发表作品，惊喜莫名。接着老师便有信来，信写得平和且平等，一如老师的个性。后来又有了辅导性的谈话，其后又让我参加县里的创作会议，推荐我出席自治区的创作座谈会，如此等等，均为平生头一遭。虽无辉煌可言，而且今天看来，由于时代的局限，于文学本体意义也许接近于零甚至某些方面还是个负数，然而对于当时的我，一个接近于颓废的青年，一个在人生边上对自己的精神和物质的生存方式作最后一次寻求的感伤青年，其人生意义是显而易见的。我的人生与文学之车获得了一次根本性的启动和推动。

在后来的很长一个时期里，我与老师常常相伴而行，请教从此便捷，教诲无时不有，而尤以人生之道修身养性的老师对我影响颇深。老师乃认真之人，在我这样的后来受了各种染色畸变的后辈看来，他的认真有时几近于迂。他视文学为神圣之事。即便是绝对不入流的乡野文人的文学聚会，只要应邀出席，他也表现得庄重有加，谨言慎行，更不必说正儿八经的文学研讨。他视治家为人生大事。70 年代时他就有往地区、自治区升迁的机会，为住家计，为夫人工作便利计，他说放弃便放弃了。他视人际交往为严肃之事。一个江南县上的业余作者，与他从未谋面，竟能同他保持十余年的联系，据我猜度，他并不能从那人身上获得什么文学功利上的帮助或者生活上的什么利益，大约是人家愿意与他交道，他便不肯无端地冷落对方。试想，学生我能够做到吗？我入了文学之门，可是很快便厌倦文学上的红白喜事。极懒怠参与那种称我为师或者我称他们为师的文学沙龙。竭力回避一些放浪形骸的创作笔会。每每看到做文学梦愈痴迷者我愈烦厌，不免亵渎神圣。我年届不惑，方注意爱惜家庭，自觉醒悟太晚。我之与人交道，虽无害人欺人之心，但不绵长，缺少应有的闲笔闲趣，有事便热气腾腾，无事便平平淡淡，欠信债一年近百，很有功利主义势利眼的嫌疑。或许生性宽容的朋友认为我在此自谦，在他们看来有时我也未必如此不堪。当然，我也有些还挺不错的地方，否则如何在这世界上生存？只是我要告诉各位的是，我的有些良好表现正是老师影响所致，终生受益匪浅。

至此，我想似乎已经可以从一个重要的方面来解答，为什么这样一本富于激情和内在张力的诗集，竟然出自一个五十多岁的人之手。这不仅仅因为他心在高山，山是他的故里，有所眷恋，有所寄托；这不仅仅因为他志在大海，有所附丽，有所希望；这也不仅仅因为他被排挤而愤然告别了一座山间小城，至今仍气愤难平；这也不仅仅因为他于海边或弄潮或拾贝并有所收获，便生成潮汐之激情。根本的原因在于，诗人有神圣感，有入世济世的责任感，有求完美之心，有如此襟抱者方可能有《走进人生》如此佳作。

我同老师于十余年前在一座小县城分别，其后虽时有聚散，但是散多聚少，因聚时匆匆，疲于人生，兼之老师好沉默，我觉沉默好，交谈颇有限。而我于十余年里，北京求学，漓江编书，游荡于文坛与市场两处，称过不少好人能者为师，其中大家名流也不少。可是，毫不夸张地说，我的最正宗的老师还是至今仍不能称作大家的照斌先生。因为人生态度的影响乃是对文学创作最根本的也是最正宗的影响。读者诸君如果以为然的话，那么，请让诸位一起来看我的老师如何《走进人生》吧。

鲜活的文学历史*

历史书是如此干瘦，三位一体的时空里演出的纷繁无比的人与事，必定被它干瘦成一章一节一段一句。历史书是如此残忍，历史事实那丰满鲜活的血肉之躯，必定被它放血剔肉，大卸八块交给后人，所剩鸡零狗碎之物则被抛撒于荒郊野外。历史书是如此颟顸，对无数微妙玲珑的事实常常视而不见。历史书是如此色弱和鼻塞，除若干后人所需要的主流意义，奇香异色通常不能引起它的兴趣。于是，叙述学的看法是，历史只是一种叙述，历史学是灰色的。关于文学的历史总结概莫能外。岂止概莫能外，简直是更有甚者。一部中国文学史著作，就能够把群星灿烂的唐代诗歌干瘦甚至剔刮成李杜韩柳若干人，而那部《全唐诗》终于让我们感慨自己所知唐人才子仅二三，历史的埋没竟是如此无情。我们身历其中的当代文学，正在鲜活地生长着的当代文学，许多鸿篇巨制的史论已经让我们遭受别朋弃亲的苦痛，遗珠之憾几成失珠之恨。

然而，历史总结又是必要的。因为它的任务是阐释意义昭示后人，探索规律指导来者，记叙那些能证明意义和规律的正反事实。即便真诚如太史公，也不可能不分王侯与布衣，记下当时的全部故事。即使发达如现代全息摄影，也不可能巨细靡遗地记下现时的一切神形。事实上也没有这个必要，否则便是强人所难。前面我们对历史学

* 该篇为《1991 年散文年鉴》前言，篇名为本书编选时所加。《1991 年散文年鉴》，漓江出版社，1992 年 7 月。

的疾言痛声，其实只是一个不平者的牢骚，并不是科学者的态度，如果我们还承认历史研究仍不失之为人类认识人世之兴替、天地之演变的一种方法的话。

今之散文，已成盛况。盛况的结果之一便是多样化。然而，对于盛况的反映，到了史学家手中，必定简略成几位大家、若干名家，同时消失掉众多各具特色的作家，无论他们如何妙手偶得。我们窃望将别朋弃亲的苦痛减弱一点，把遗珠之憾减轻一些，而给更多好作品的保存以相对平等的机会，给此后的文学史以稍微丰满鲜活的血肉，于是想到了编选和出版一部类似于作品选的年鉴。为了减少偏听偏信的失误，首先邀请首发作品的各种报刊推荐，而后约请若干散文创作和研究的专门家评选。作品选之后配以有关理论资料及全年国内主要报刊散文作品目录索引，便于研究者日后查索。自然，既然不能做到一年散文全编，既然不能让全体散文作者、读者来进行投票表决，遗珠何止一二，偏颇在所难免（即使公决也不能保证不会偏颇的）。一种方法，无论多么科学，难免同时有多种缺憾。许多种还算科学的方法才能汇合成人类对世界接近于真实全面的认识。我们不敢自以为是，更不敢狂妄地君临散文世界。我们只是希望，人们能承认这部年鉴还不是太干瘦、太单调，不曾剔除太多的血肉，不曾置太多的微妙玲珑的事实于不顾，还不算色弱和鼻塞，而的确算得上是一年中五颜六色的散文世界一个同样五颜六色的缩影，选取了鲜活的生命。如能是，全体评委和编者将感到异常的愉快，一种长时间的，不因为时间的流逝而枯萎的愉快。

写孔子故事的年轻人*

读者诸君：我为《孔子的魅力》作序，没有推荐此书的意思。我对孔子其人的魅力一知半解，自然也就不可能有诠释书中的内容、阐发深邃的意义的兴趣和能力。何况，这是一本诸位一读便明白的小册子，你们完全能够自行判定它的优劣，决定自己的喜恶，断然不需要画蛇添足再做导读。如果哪一位企望通过这篇小序便当地领悟全书的精华要义的话，那么，请他立即把序言部分翻过去。

我是为我们的朋友，本书作者黄伟林作序。我对他的兴趣不亚于对孔子的兴趣。我的兴趣在鲜活的事物上，在那些与我有着种种关联的鲜活的事物上。这里有最直观可感的自然法则，这里有最显明可靠的人性昭示，这里有不期然而至的亲近和无法回避的苦恼——苦恼也是那么有趣；即便是邪恶，鲜活的邪恶能使我自恋着自己的不邪恶，从而感觉着不邪恶的人生是多么美好。所以我爱鲜活的人远甚于爱不鲜活的人。无论前者如何渺小而微不足道，后者如何伟大而名垂史册。所以我要向你们介绍写这本书的人——我的近在眼前的朋友黄伟林。而不是孔子——他是一个远在天边的圣人。

然而，我也不是向你们介绍黄伟林。事实上，我不能胜任，至少在这片小小的序文时空里我是无法胜任的。他活到了三十岁的初夏，一万零八百天的喜怒哀乐足可写成一部人生大书，粗浅的介绍将损失

---

* 该篇为《孔子的魅力》序，篇名为本书编选时所加。《孔子的魅力》，黄伟林著，漓江出版社，1993 年 9 月。

掉无数的生命情趣。何况，为这么一本小册子，动辄就要介绍作者或敏而好学或大智若愚，或旷达潇洒或谨言慎行，忠或者不忠，善或者不善，如此等等，也无道理，甚至俗不可耐。我要在这篇序文里告知各位的是：我是如何嫉妒黄伟林的。

我不嫉妒他的年轻。年轻没有什么可嫉妒的。每个人都有年轻的时候，那是一种生命的过程，嫉妒别人年轻只是暴露了自己的贪欲，乃是一种抗拒自然法则的螳螂行动，受累的是自己疲惫的身心。

我不嫉妒他的事业和成就。他是大学的中国文学教师，又是著名的青年文学评论家，时时能嗅着桃李的芬芳，又能享受到褒贬别人的快意，总之，都是为人之师的好处——不管他本人觉不觉得。我私心里也是比较企望有桃李为我飘香的，创作艰难时也生出过跳出竞赛场去当裁判员的念头，然而并不是渴望。事业和成就，有赖于志趣、才情和机遇，嫉妒别人干什么！有趣的是，伟林说他觉得我当编辑兼搞创作挺好的。看来我们是互相羡慕，我们并不互相嫉妒。

我不嫉妒他平和舒适的生活。每一个人生活的基调，除却强加于他的外在因素，大体是由他的秉性、人格质素等内在原因造成的。不考虑客观条件，所谓“命运是性格的外化，性格是命运的内因”的说法是一种真理。因而也可以说，常常是有什么样的性格便可能有什么样的生活基调。伟林的性格决定了他应当享有平和恬适的生活，正如我的性格决定了我不应当享有平和恬适的生活。反过来说，伟林也就不可能享受到我的这种力之激荡的生活。那么，我们应当谁嫉妒谁呢？

我也不嫉妒他写出了《孔子的魅力》。当初我曾与他一同准备写东方名人，我的计划是写《孙中山的魅力》。我的一大摞资料图书都准备好了，可是没见他准备什么资料图书作品却拿了出来。他聪明敏捷，这是天资，天资没有什么可嫉妒的。他勤奋努力，谁都可以去勤奋努力，自己懒怠凭什么嫉妒人家勤奋！

那么，说到底，我嫉妒黄伟林什么呢？

说来好笑。最初，我嫉妒他经常背着一只黄挎包（大约是他念大学时的书包）到我们出版社来索书。他索书的方式与别人不太一样。别人大都客客气气，略带谦卑羞赧之色。他也客气，但很平静，明确地使我也使大家感到给也行不给也行。其后，我又嫉妒他在出版社里行走的方式，走得很快，配合上他那精干矫健的身体，给我感到一种简洁，不黏人。似乎随时可以开始，又随时可以结束。再其后，我竟嫉妒起他的穿着。说不上他穿的是什么有特色的衣服。他的穿着特色是没特色。看他穿的那些衬衣、T 恤、圆领线衣，无一件是新的，似乎他的衣服一开始便是旧的；无一件是平整的，似乎从来没有自我审视过。有时我就想，他就这样到大教室给大学生上课？到后来，我嫉妒起他的谈吐，他的谈吐是坦诚的、率真的，但绝不疾言厉色、剑拔弩张、雄顾左右。人们往往以为那种疾言厉色地指陈人事者坦诚率真，其实未必。那样的人也许坦率，但往往不真诚，他们总不免挟带着许多个人意气，于是越过了事实真理。伟林则是以理解的方式同我说许多事。他敢说，因为不攻讦人，所以没有什么过激的感觉。而他说起事来，表明看法，似乎也没有什么后顾之忧，诸如“你别说出去”一类的常用语他不曾对我使用过。这些都让我十分嫉妒。

我嫉妒的是他人生的自然之境。

人生的自然之境是我十分向往的。然而自度与那境界距离仍很遥远，也许是咫尺天涯，也许仅一步之遥，或者此生永远不可抵达。

然而伟林年纪轻轻便自然进入。

我们都明白，在今日之世，要做到这一步是多么的不容易。乱世使我们的年轻朋友过早地世故，奢侈的世风使我们大家纷纷虚饰起来。人人都身份感很强，常常是尚未发迹却准备好了发迹后的言谈举止。人人都注意保护自己的利益，也弄不清这些利益是公道所应有的还是自己的贪欲所祈求的攫取，韬晦之略已成公开的阴谋，狂妄自大已被誉为积极进取，而卑鄙者成了点子大王，邪恶者夺得了选美皇冠，凡此种种，都在谋划把自然纯正逼回古典的田园。可是，这时候，你看到一位背着褪了色的黄挎包进出于书肆的年轻人；你能与一位年轻人简洁明快地交换种种看法，他不卑躬屈膝也不趾高气扬，一脸写着认真和理解；这时候你看到一位穿着极随便的青年教师走下大学讲坛；你能与他倾心交谈，告知他哪怕完全属于自己个人的隐私而不担心他出去弄舌，甚而还完全可能得到他的一种理解和同情。你难道不觉得亲切而向往吗？王国维先生认为自然高妙乃文学作品的第一高妙。推而广之，为人又何尝不是如此！

自然的黄伟林当然会写出自然的文章来，广西文学界的许多作家诗人都极愿意获得他的评论。我也有幸得到过他的理解和批评。他的文学批评不强人之所难，着力于发现人之所长。你看不到他像某类批评家那样教导作家如何补齐短处，却能常见他为发现作家的长处而欣喜。这里面包含着理解和宽容，理解是对作家自然个性的理解，宽容是对作家个体生命的尊重。要求作家取长补短还不如希望他扬长避短，事实上作家的长短并没有一定之规，而作家之长短乃自然之天数，几乎不大可能逆转。伟林是充分意识到这一点的。我也意识到，但我在偶尔为之的文学评论中却做不到这一点，我顾虑到太多的非文学本体的要求。伟林却正在做到，而且相信他必将做得更好，因为他崇尚自然，他行走在自然之境。

自然的黄伟林也就当然能把这本小册子写得比较的自然。硕大无朋的孔子的意义已经十分为古今中外人士熟知，能从这近三千年的旧饭中炒出魅力来，实属不易，何况还要努力达到自然的美感，更是令人望而生畏的险途。可是伟林却做到了，他以平常心写了一部极难写的书。请读者诸君看书中故事的叙述，意义的生发，乃至语言的运用，多么平和轻易，多么简洁明晰，多么通达顺畅，一句话，多么自然！因为做到这一切的黄伟林是一个自自然然做人、自自然然为文的人。

我真诚地希望黄伟林的自然之境永远值得我去嫉妒。

而被人嫉妒是一件多么令人愉快的事，我想。

纪胜文学的价值*

萧瑟之秋与寒峭之冬，最是客居者乡愁愈浓的时候。“木落雁南度，北风江上寒。我家襄水曲，遥隔楚云端。乡泪客中尽，孤帆天际看。”最具佛心禅意因而性情至为清静的唐人孟浩然，在木落北风的时候，乡愁竟也如此深重，如此的愁绪万千。我于岁首奉调迁居北京，从事的仍然是自己熟悉的出版工作，一如既往地跟纸笔书稿校样以及码洋利润以及奇伟瑰怪非常的各种编辑作者打交道，生活并没有太强烈的陌生感。也许这是因为北京原本就是我求学时已经略微熟悉了的地方。但是，正式以北京市民的身份进入北京的第一个冬天，忽然就有了异样的感受。先是秋冬之交时，免不了总要拿北京的气候与桂林、南宁作比较。后来天气认真冷下来了，就感到心情有些沉重，一种并不是很有来由的沉重。我想，大约这就是我这个北京客居者的一点乡愁吧。

就在这样的时候，蒙林坚先生忽然寄来《美在广西》的书稿，请我为此书作序。不用说，无论出于哪一方面的考虑，我都是不好推辞的。干脆这么说吧，我没有想到过要推辞，尽管我比较忙，经常婉拒一些约稿。因为蒙林坚在电话里已经明白地告诉我，这是一本介绍家乡风情的散文汇编，而且当中有不少作者就是我的朋友。这无异于是在邀约我与家乡的朋友们合作，把尚能成为我们的骄傲的家乡介绍给

---

* 该篇为散文集《美在广西》序，篇名为本书编选时所加。《美在广西》，蒙林坚编，广西人民出版社，2000 年 5 月。

别处的人。我没有理由推辞。我很愿意做这件事情。甚至我很感谢让我有机会做这件事，特别是在我已经远离故乡，正身处北京寒峭的隆冬里，让我为介绍故乡的可爱去做这一类优雅的事。

有人惯于把读到好书时的心情形容为如坐春风或清风扑面，大约这等感受都是在盛夏里获得的。而此刻，屋外是郁积的冰雪，干枯的树枝在风中颤栗，风扑打着我在劲松小区临时住所这单薄的窗户，发出惨厉的啸声，我展开这部书稿，只觉得有热气扑面，一篇篇读下去，竟有围炉向火的感觉。我不知道这么说来别人是不是觉得有些夸张。我此时的感觉就是如此如此、这般这般的暖融融。这些文字，有许多原本是我所熟悉的，因为稔熟几乎都有些不以为然了。可是，由于人事暌违了这么一些时日，不仅产生出故人重逢的愉快，还有士别三日后的新感觉。我们知道，有的作家正因为远离故土而对故土产生了新致的感觉，从而把那故土写出别样的韵致来。美国作家福克纳正是远离了他南方的家乡，才把那“邮票一样的小地方”约克那帕塔法县描摹得名闻世界。鲁迅在远离绍兴的北京把鲁镇的人物刻画得那么深致。沈从文在远离湘西的都市把那边城的风情抒写得那么鲜活。我虽然很觉愧疚，为了至今不曾为故乡写出更好的东西来，但能从故乡友人的文章里读出故乡新的蕴涵、新的感觉，也是很让自己的内心好一阵热乎的。

我没法一一去说明这本书中的作者哪几位是我的故乡友人，因为倘若一一抄列，将接近于把目录的作者名重抄三分之二。而所余的三分之一我未曾有幸谋面的作者，事实上我也不愿意说他们就不是我的朋友。在外地，路遇操同一地方口音的陌生人，你都可能油然生出几分亲切感来，这是很多人共有的经验。我愿意在这里说，本书的作者都是我家乡的朋友。他们的文字有的原就是我所熟悉的，有的则因为我孤陋寡闻而至今才有幸领略，但大都感觉着很是亲切。他们有的平实自然，有的绮丽细致，有的豪兴勃发，有的不愠不火，有的略嫌生涩，有的则缺少了些分寸，有的又虚实之间有所脱离。然而，一切均出自那画山秀水之间，大体上出自一个文化人对自己可爱的家乡那快乐的心得。我想，我所感到的熟悉与亲切，正是来源于这些相近的心得吧。

我以为，我的故乡友人们的作品大都以写实见长。山水怡情，往往是云烟过眼，游历者不过领略其大概，而乐于以文字纪胜者，总要有些心得的。然而能否具实写来就不一定，不少人常耽于一知半解，让当地人哭笑不得。至于生于斯长于斯的山水之子，只要是不愿意作文随人之是非的，就会去探僻寻幽，所描所写总要比外来者更具纪实价值。这正是纪胜一类作品最重要的审美基础。“天地有大美而不言”，纪胜作品，大美就在天地。他们当中有人因为爱乡心切，作文可能显得比较的过于着意，因而文章显得比较的滞缓，比起一个外来的游方作家，可能会缺少一些况味。但这些文字到底是有来由的，是可靠的，因而读者从这里得到的知识一般是不会错谬。知识的可靠与情状的真实，乃是纪胜散文的第一要素，文辞工拙则在其次，而有无思想哲理的发见更是无可无不可的事。文学史家认为我国纪胜文学兴盛与明清时期，依据颇多，而我以为，在有了苏东坡在宋犯下《赤壁赋》那美丽的错误和《石钟山记》实地勘察的纪实美谈之后，明清一代作家纪实之风大盛。有明一代徐弘祖的《徐霞客游记》的心血生命之作，是这一时期当之无愧的代表作。纪胜文学作品流传久远，合理的内核当首推纪实价值。现在我们看得比较多的情形却是头足倒立，本末倒置，玄奥益深，哲理无往而不在，文辞无往而不彩，唯独缺了点儿做人为文的实实在在。也许这正是我此刻愈加觉得家乡友人们的这些文字亲切可爱的艺术道理。

蒙林坚先生是一位公务人员，主要从事应用文章的写作和编辑。文学则是他的倥偬事务之余的爱好。我不知道他编选这样一本文学与导游两种意义功能兼具的书，其起因和目的是什么。但有一点我自信是不会弄错的，那就是，他对家乡的深情与热爱，他对表现家乡风情的文学作品的重视与激赏，是编选这本书的不可或缺的基础。由于他这一雅致而有意义的工作，让像我这样的思乡游子得以满足了一回梦回故里的夙愿，也让我们家乡以外的朋友借此了解那画山秀水的可爱，如果从而引动他们的游兴，促成一次甚至多次的造访，此事可谓善莫大焉。

历史命运大书的重要因素*

张俊彪倾入了十六年的白天与黑夜，从年轻人写成了中年人，写就了《幻化》一部大书。作品问世半年，引来众多的读者和评论者。一部字数150万、定价近百元的长篇小说，值此书多成疾信息泛滥的年头，半年之内便能重印，这是读者甚众的证明。书三部，部三卷，三三成九卷202章，当此时间就是金钱的时代，竟有评论长文数十篇发表，这是评论者踊跃的结果。评论文章有好说好、有坏说坏，大体是评论者自己的事情，作家可以面对也可以背向，还可以一半面对一半背向，譬如可以褒者则面对，贬者即背向，这也是作家自己的事情。张俊彪采取的是完全直面评论者的态度，汇编了迄今为止所能收集到的全部评论文章，无论褒贬，不作一字增删，原样交出版社出版，表现出了他强健的心理素质。即此一点，本书的出版就是有文学意义的。

许多评论者都说《幻化》是一部大书。三部曲，150万字，不可谓不大。然而文学创作，小大之别，规模与内涵不一定成正比，有的以小见小，有的以大见小，有的以小见大，有的以大见大，首要的尺度还在于作品涵盖的人类生活面积的长短宽窄，在于作品的意义在人类精神世界中其价值的厚薄重轻，然后才是作品具体表达的优劣。尽管作品具体表达的优劣决定着文学本体的粗细高下甚至成立与否，然而，生活与意义，自来是文学的本源与旗帜。《幻化》的“大书”说，

---

* 该篇为《长篇小说〈幻化〉评论集》序，篇名为本书编选时所加。《长篇小说〈幻化〉评论集》，人民文学出版社，2001年7月。

我以为大体源出于其生活涵盖面的宽广和意义的厚重，源出于作家对我们社会主流生活主流文化的洞察与观照，源出于作家对大半个世纪以来民族精神历程的宏大叙事。有今人慨叹“大雅久不作”，现在有了一部《幻化》，是不是“大雅”暂且不论，“大书”则是肯定的，我们应当向作家的宏大抱负致敬。

不少评论者关注《幻化》对于人物命运的书写。人的命运乃是亘古以来的文学中最主要的内容。文学作品中最难以说完道尽的仍然是人的命运。人们对自己和他人命运的恐惧和求因构成了人类求知活动的基点。文学的魅力常在对人千变万化命运的表现过程中显现。一部文学史，大凡堪称成功的文学作品，首要的一条正是因为写了人的命运，进而写出了命运的光怪陆离，写出了命运后面人的历史，写出了命运之中的丰富性和复杂性，写出了命运之外神秘莫测的宇宙，从而发出对命运成因的追问、探寻、求索、感叹，并且把这命运书写到或动人心魄或发人深省的意境。我这样说来并不就此要说明《幻化》已经达到怎样的文学境界，写什么和怎样写之间永远存在着一条漫漫幻化之途。然而，书写命运，却是文学生命力的基本保证。为什么惜时如金的大评论家竟然承认“它又难读，但又放不下，总想看个究竟”，很大程度正在于这是一部命运之书。书中无处不见命运，命运无一不显诡谲，无一不见跌宕，无一不在循着自己的轨迹幻化。我们或许可以指责作者把捏在自己手心里的人物过于命运化，幸运厄运，天堂地狱，好了色空，大悲大喜，动荡太过剧烈，可是，他毕竟逼得我们对于《幻化》中主人公们的命运于《尘世间》的浮沉，于《日环食》时的跌宕，于《生与死》中的幻化，有所关注，“总想看个究竟”，进而还让我们看到了人物命运后面的民族、历史、社会、政治以及日常生活，当然还有作者——一个理性的俯瞰者。末了众多评论者还要一齐来讨论书中揭示出来的命运感，这是事实。如此，我们是不是应当承认，这正是作家的一大胜算呢？

作家将一部 150 万字的长篇小说立意于时代大变迁中命运的

大“幻化”，可想而知，他决心将要写出多少不同的幻化出来。事实上评论者们在作品中读到最多的正是“幻化”，人性与兽性的幻化，性善与性恶的幻化，理智与情感的幻化，生与死、爱与仇、正与邪、文与野、高与低、沉与浮、强与弱的幻化，万花筒般，博览会般，过山车般，大会审般，纷至沓来，一切都处于动荡与幻化之中，一切都潜藏着向对立面幻化的危机。这是所有动荡的大时代经常上演的活剧。这是覆巢之下，安有完卵的宿命。动因是历史，动因是现实，是扭曲了的政治对抗和异化了的日常生活，而内在的因素却是我们作为人，作为中国人，每一个20世纪的中国人的心灵。因而评论者们一方面被作品引发出关于我们所处的时间和空间激越的追问，一方面对作品中众多的灵魂、复杂的心理进行深度拷问，继而形成度己及人的反思。这时我要说，不是表现半个世纪民族精神历程的宏大叙事成就了这部大书，也还不能说命运感的书写保证了作品的文学性，而是这二者的幻化过程，这二者是如何幻化的细枝末节，使得读者和评论者对它产生阅读与言说的兴趣。

我和张俊彪十六年前同学于中国作协文学讲习所第八期，那时正是“伤痕文学”、“反思文学”接着“寻根文学”热闹非凡的时候。张俊彪在当时有作为，但似乎风头不健。同学中他是在任何场合都喜欢稍稍靠后站的一位。不曾想，就在我们熙熙攘攘的人群里，这位沉默的人已经开始他的《幻化》的构思和写作，16年后的今天，喧声过去，他终于幻化出来一部三卷大书，不管别人怎么估价它，至少让我咋舌，令我起敬，引我思考。我因为新进人民文学出版社任职，未曾有机会为这部作品的编辑出版尽一点力。俊彪为了纪念同窗之谊，约我替这部评论集写几句话，于是有了以上这些文字。是为序。

激情的画者*

看画如同看小说，我的鉴赏趣味大体一致，那就是既要好看，又要耐看。好看，其实是一个常人对于文学艺术作品的基本立场和第一要求。至于耐看，往往是作家艺术家欣赏作品时的要求。他们更看重作品超拔的艺术境界和精深的思想内涵，新颖的艺术形式和技法，希望从中得到创新的启悟和阐扬。于是，在文学艺术作品面前，通常的看法是，常人要好看，专家要耐看。不过，常人也有希望作品耐看一些的，希望它利于认识人生和实践人生，这当然也是一种耐看；作家、艺术家也会追求作品能引人入胜，好看一些。“洛阳纸贵”的景象也是许多并不平庸的创作者所憧憬的。事实是，许多优秀的作家、艺术家，正是由作品的好看与耐看自然融合所造就。

我们也可以用好看与耐看的要求去品评曾仲作的画作。

曾仲作的画作，有一个越来越好看的发展过程。早几年他的水墨山水，中规中矩，笔墨虽有些来历，水色颇显性情，但还不能说好看，故不能让常人产生发自内心的喜欢。这里有初学的生涩、传统的束缚、技法的局限等原因，更是物我未能融合、感觉尚未浸润、创新精神不够盛旺的结果。可见，一个画家，要使得自己的作品好看起来，并不是件容易的事情。近年来，曾仲作的画作忽然就有了崭新面貌。他画小幅彩墨画，格局不大，却凝聚着盎然生机。曾仲作的彩墨

---

* 该篇为《曾仲作画册》序，篇名为本书编选时所加。《曾仲作画册》，曾仲作著，香港新华出版社，2003 年 10 月。

画，汇聚海底迷幻景致，舞动着云锦一般的波涛，山形水色有叠彩辉映，秋兰春花呈花魂春神，于水墨之上，多遣相当纯粹、健康的颜色，画面如火如荼、五彩缤纷，画意气势充盈、蓬蓬勃勃。正如郭志雄先生所评“彩得缤纷，墨得兴奋”，冲击人的视觉，激奋人的精神。有一位颇有艺术修养的青年作家，在我处偶然见到曾仲作的新画，脱口评价道：“很讨喜。”我以为此话是很能表达许多人见到这些作品时的第一感觉的。曾仲作的彩墨画，一句话，好看！

很多时候，不少文学艺术作品，倘若能有人发出“好看”的评价，那么，应当自有几分“耐看”的因素包含其中。正如前面所述，曾仲作新近的彩墨画，对于所绘事物，有汇聚之功、舞动之力，有气势冲击、精神激奋，蕴涵着耐人寻味的意趣，显现出他的匠心与尝试。

中国画久有善于用彩的传统，敦煌壁画，唐宋风俗画，均有特别的色彩运用。曾几何时，元明以来，文人“不下堂筵，坐穷泉壑”，自我意绪高蹈，竞相冲淡，超凡脱俗，渐次呈色衰而墨盛、以墨为本的趋势。当然，以墨为本，墨分五色，是足以让世界美术惊讶的大手笔，成就了中国画的重要特质与形式，功在千秋。可是，由此造成五彩凋敝，却也有待反思之处。“五四”之后，有呼声要求国画革命，此后数十年，国画变革，成绩斐然。在国画的变革中，对于色彩的运用，许多现代国画大家，如林风眠、刘海粟以及岭南画派的大家们，都有许多大胆的创新和成就。他们注意借鉴西画技法，融会贯通，在传统的笔墨中融入现代的语言，以彩与墨丰富了艺术表现力，努力建构了国画与世界绘画对话的语言。曾仲作对此学有心得，对色彩情有独钟，大胆使用国画、油画、水彩、水粉诸种颜料和画法，以亢厉的笔触，涂浓重的颜料，绘强烈的物事，直取最佳效果，体现了他很强的创造力和艺术目的性。由于他的兴奋焦点落在色彩的观感与形式的意味之上，因而一出手就是色彩与形式，一种生命的姿态，达到生命的高潮，作品沉醉于瞬间印象的自我表达，俨然是人类生命之舞蹈，很是强烈冲动，很是激情宣泄，具有较强的表现性和象征性，当然也就在“好看”的基础上具有了“耐看”的价值。

自然，这些小幅彩墨画，类似于小品创作，在描写对象的发现、创意的独特性以及生活、文化的内涵等方面还有待发掘和扩展，仅凭这些作品还不能成就一个格局更大的画家。对此，曾仲作自然是清醒的。他会在此基础上不断地作出调整和新的尝试，这从他近来的作品可以感觉得到。他采用彩墨技法创作的山居图和云间山水图，似乎在传统与创新之间更有所融合，但依然赋予强烈的色彩，让我们揣摩得到国画之本与博采众家的追求。如此这般的创作，因为有独具的想法，有创新的追求，有大胆的尝试，有令人耳目一新的效果，形成了一定的个性，可望成功为格局更大的既好看又耐看的佳作。

欣赏曾仲作的彩墨画，人们会感觉得到画家热烈而几近亢奋、饱满而充溢着张力的精神状态。文如其人，画亦如其人。我与仲作是幼时的街坊、中学时代的同学、青年时代的文友。和那个时期的许多青少年一样，他写过理想主义的诗，诗风清丽，还遭受过很不寻常的灾难。但他发愤，不坠青云之志，且置之死地而再生，在当时我就暗暗为之叹服。我们的家乡是广西西北部一处秀美的山水，陶冶了仲作作为画家的性灵；他后来居住的城市广州却又是如炽似火的花城，那里有以用彩见长的岭南画派大家，注给了他艺术生命的强大活力，这便是他既能画那清丽恬淡的水墨山水画，又能强烈挥洒、无拘无束地创作彩墨画的原因之一。再有，因为是自学成材，仲作没有师承的束缚，故而既能转益多师，博采众家，又能天真面对造化，匠心独运，大胆表达感觉。然而，最本质、最深层次的因素还在于画家的秉性。自20世纪80年代起，因为谋生的道路各异，我们很少会面。十多年前，他去广州发展，先办企业而后专攻绘事，我则先后于桂林、南宁、北京等地从事出版工作，我们之间的联系始终没有中断。算来交往也近四十年了，我真切地感觉到，仲作是一个锦心绣口的人、一个大胆进取的人、一个热情得有点儿天真的人、一个重友情近乎侠情的人。我与仲作之间，大体是，我无事（基本无事）不与他联络，可他无事却也来电话、来信，偶尔送我一幅小画，而且从来不要我去帮他办什么事，由此可以看出我的倦怠于人情世故和他的似火热情与情意绵长。往往，不知道会在哪一个晚上，我的电话里忽然就会传出他的亮喉大嗓，告诉我彼时彼刻他正在与我们某一个共同的朋友欢饮，声调里透着酒气与豪气，然后便快乐地让身边的朋友与我通话。此类欢乐的情形时有发生。相比较而言，在我的记忆里，每一次通话热情最为激荡的就是仲作。让我们想象得出，在他那精干的身体里，凝聚着很大的能量，生命不息，热情不减，一往情深。我想，这就是创作那些生命之舞蹈的彩墨画的画家曾仲作了。

向执著的写作者致敬*

每每看到为功名而啃读书本的羸弱少年，就有苦涩感。我以为，随心所欲地读自己所喜爱的书，是人生的一大快乐之事。这是一种审美型的读书。像鲁迅所倾心的那样，是为了“嗜好”读书，是“当作消闲”读书，像林语堂所描绘的那样，让读书成为心灵的活动，不消说，那真是人生一种美好境界。事实上，人生如此这般的美好境界，我们这些有了一些文化知识的常人都能享受得到。

文学写作与读书的状况类似，也有功利与审美之别。我当然也倾心于审美型的写作。我丝毫没有贬低功利型写作的意思。伟大者把写作看成“经国之大业，不朽之盛事”，是使命感使然；世俗者“著书都为稻粱谋”，是一种谋生的需要，都是人类社会一种正常且必需的活动。然而，审美型写作，写作者为了对文字书写的喜爱，有所寄趣，有所寄托，情以物迁，辞以情发，写作并且快乐，以写作来表演“心灵的体操”(沈从文语)，当然是人生的优美境界。与读书不同的是，这种境界并不是有文化知识的常人都能去实践的。因为，它特别需要独具的兴趣和爱好。有了这种兴趣爱好，一个写作者，才可能心游目想，寄情文字，不舍昼夜；只问耕耘，不问收获，也不计成本；快意写作，快意发表，甚至快意于不发表。一句话，为了兴趣爱好的写作，为了嗜好一般的写作，可以成为一个作者生命的组成部分。这对于人类社会是不可

---

* 该篇为诗文集《小城芳草》序，篇名为本书编选时所加。《小城芳草》，李慧著，中国文联出版社，2000 年 12 月。

或缺的。正因为人数众多的文学爱好者在快乐地写作和活动，文学人口方能密集且不断繁衍，文学园地才富有生机且永不枯涸，文学界的故事才永远不乏听众与喝彩的人群，而国民的素质将借这种至为正当的爱好得到提升。

这是我决心为这部作品集写序的主要原因之一。

本书作者是一位文学读书与写作的真正爱好者。作者的专业是经济统计，从事的职业还是经济统计，却以完全与经济无关的锦绣文字，写下了珠落玉盘一般的如许美文。就我的了解，作者不求闻达，也不为稻粱之谋，为的就是强烈的兴趣与爱好。从文本上看，作品质量自然有参差，生涩与幼稚在所难免。在写作与发表之间，作者肯定有过坎坷或挫折，这是谁也避免不了的。可是在字里行间，我们感觉不到作者对文坛有什么怨怼。一部书稿，由远及近，十余年断断续续写下，情绪总是这么饱满和投入，总是那样乐此不疲，我们能真切地感觉到她对文学的一往情深。也许，作为一个善良的业余写作者，与文坛隔河看亲，只见其美的轮廓，不知其美丑交织的细节。但是，看上去幼稚，其实本真，看上去肤浅，其实深刻，因为其所爱乃是文学的本身，并不耽于文学之外太多的东西。仅此一端，作为一个人生和职业与文学密切相关的人，我要向作者致敬。

作者的兴趣爱好固然值得尊敬，可书中的一些锦绣文字也着实令人喜欢。当然，只说“锦绣”二字当然是不够的，尽管许多作品文字很美，令我想起“锦心绣口”之喻。其实最重要的是其一片“锦心”，是她充溢的情感。无论是童年回想、故乡情怀，还是山川游历、人生感悟，都浸润着作者善感与纯美的情愫。我们读过太多的关于母亲的作品，书中的《母爱的河流》，仍然让我们不能忘怀。素朴的文字，独有的生活，涓涓流淌的情感细流，全然是作者个人的。我们读过许多描写情感抉择两难境遇的作品，书中的《风雪小站》依然具有震撼力，因为作者强烈的情感来得自然真切，同时又像风雪中的那座孤独小站令人挂牵。丽江古城有多少人写过？我也去过那座历史文化古城，但我不曾写过，既因为有“崔颢题诗在上头”的踌躇，也有情感慵倦的缘故。而书中写丽江的一篇，除却作品名有俗套之憾外，整篇文章情绪多么自然饱满，感觉多么灵动。因为作者独具只眼，着重写个人的感受，故而没有让作品陷入堆砌游记知识的窠臼。即便是那些关于名著名人的随笔短评，虽系理性之作，却也不缺乏情思。她读梵高，充沛的情感使得说理生动，吸引我们转而读她，读她的有感而发。她读查尔斯·弗雷泽的《冷山》，我们感受到的是她与作品很是相通的慷慨胸襟。情感是她写作的原动力，因情而造文是她写作的基本路数，情感是她作品的最重要的依托。

作者是一个感情丰富的人，甚至有点儿过多沉湎于个人感受。这不免令熟悉她的朋友们有所担心。我素来不赞成文学爱好者“酷爱”文学，一酷就变态，一酷就偏执，一酷就忘乎所以，一酷就成病。作者虽然热爱文学，于文学矢志不移，然而，她不是一个封闭的人，更不是一个偏执的人，还不太“酷爱”。这一点，我们从她描写亲情、友情、爱情以及人情世故的作品可以感觉得到。她对感情周折的理解，对人生故事的领悟，既能入理又能入情，既有原则又能通达。书中《三姨的婚姻》，作者书写的是一个古老而又现实常见的道德故事。在三姨与三姨父的婚姻纠葛中，她显然要倾向于弱者三姨，可这将决定着这篇作品的理性与情感的走向，爱憎必将分明，谴责自不待言，最后则是作品难有新意。倘若在我，这样的作品不写也罢。然而，现在我们读到了一篇贴切入微、入情入理又不无感伤的好作品。作者对生活细节把握得恰如其分，其中蕴涵着几分恬淡，让人相信这就是真实存在的生活；面对生活的变迁，作者既有忧郁也有理解，却不曾剑拔弩张，强词雄辩。作者并不试图告诉我们什么原则和道理，只是把自己一个亲人的婚姻生活的故事说给我们，以一副平常心给我们讲述一段寻常人生，寄托她的忧郁和理解，引起我们的关心与沉思。我以为这是一篇值得推崇的作品。我真诚地希望作者可以通过更多一些这样的作品，走向更广大的生活和人们。

我决心为本书作序，还有一个主要原因，即作者李慧是我的家乡人。

我曾在广西一座县城长大成人。那是一座很有文化底蕴的古城，许多年轻人从老辈那里传承了一个悠久的传统，就是对外出闯荡的文化人总能友善地致以注目礼。我也是获得注目礼的准文化人之一。在这样的文化氛围中，二十多年前，我与包括李慧在内的一些爱好文学的年轻朋友有过些许文学交流。她给我留下了一个清晰的印象，一个虔诚的文学爱好者的印象，一个认真读书的戴眼镜女书生的印象。当时我们并不曾有过特别的联系。算起来已经二十多年没有见过面。岂止是不曾见面，准确地说，二十多年来不曾有人同我提起过她。一个多月前，在北京初秋的某一个苍茫的黄昏里，在下班拥堵的车流中，在车上我忽然接到了她来自远方的电话。问我是否记得她的名字。这样的情形，在我这里并不少见，远在天边的家乡故人来电话，常常要考问一二，而我基本上能够应对，不曾让彼此尴尬。她在得到我肯定的答复后，略略显得有些激动。但她是矜持的，没有夸张地表示“受宠若惊”。然后就说她早已到了深圳，现在有出书的事情要麻烦我。这样就轮到我惊讶了。不曾想她在深圳依然是一个文学爱好者，而且要出书。一个人的生活有过那么多的麻烦，忙于生计，操持家庭，抚育儿子，可年轻时因为理想而形成的爱好竟能绵延二十多年，并将贯穿终生，而且是身处今天如此浮躁又如此功利的世风之下。这种几近于纯粹精神理想的爱好，显得多么单纯多么深沉多么执著。她请我作序，同时谨慎小心地问我，“不知道看不看得上这些作品”。在这样的爱好文学的家乡人面前，我不能说出任何推托的理由。我只有以认真的态度应承下来。后来又认真地拜读了她寄来的作品，写下了这篇序言，但愿能表达出自己的敬意和思考。

愿她生活幸福，并且幸福在文学的爱好之中。

诗情与亲情*

这是一位母亲和一位女儿的作品合集。母亲是大学中文系教师，女儿是中文系大学生。可以想见，这是一个温馨的双重组合，一为人性和生活，一为文学，美丽而感性，高雅而生动。为母亲的施秀娟老师从遥远的桂林发来信息，请我为她们的书作序。作序不是我的所长，与施老师又是多年未见，更因为自己近些年来时间空间都局促，极少闲适心态，很想婉拒。然而不忍。屈指算来，与施老师相识二十多年了，没有过深谈，却有文字之交。我在漓江出版社工作时，发表过她优雅而富含哲思的诗作。尤其是，这样一部母女合集，是一个幸福家庭多么隆重的节日，我作为一个有幸受邀出席者，倘若拒绝，倘若不屑，哪怕只是怠慢，似乎都不近人情。我愿意成人之美，所以应承下来。

诗是这部书的主体。不管别人怎么看，我素来认为，诗歌是所有文学样式中最难赏析的一种。解读一首诗歌，有时候是一种情商的冒险，一次诗谜的智力较量。而介绍一批诗歌，或者是为一部诗集作序，就更可能是一次不着边际的非分之想，一次歧路亡羊的遭遇。现代文学史上最著名的例子，是著名文学评论家李健吾解读著名诗人卞之琳那首著名小诗《风景》。评论家剖析，“你站在桥上看风景，/看风景的人在楼上看你。//明月装饰了你的窗子，/你装饰了别人的梦。”

---

* 该篇为诗文集《过路风 · 星星火》序，篇名为本书编选时所加。《过路风 · 星星火》，施秀娟、李诗晓著，广西师范大学出版社，2005 年 5 月。

如此一首四句，意图全在于“装饰”，表达着“无限的悲哀”。然而，诗人并不领情，强调诗的谜底却是“相对的关联”。无论健吾先生事后作怎样的辩白，说：这首诗就没有其他“小径通幽”吗？解诗学遭遇一次美丽的错误，终究是一个定评。至于在古典诗歌浩瀚的森林里，今天的解诗家们缘木求鱼，南辕北辙，误入歧途，天花乱坠，没完没了，就更其是司空见惯。所幸只是古代诗人尽已作古，不能像卞之琳那样出来反驳，也就使得今人把种种误解，自诩成“创造性的误解”，在古典诗歌的沃土上，开放大体属于自己的想象之花，做成相成的美丽。而眼前，面对这样活生生的诗人和鲜活的诗作，我们能不有所顾忌吗？尤其是，这些诗作大体属于个人化写作的浅吟低唱，隔着重重空间的我们，又怎能品出曲中高山和弦上流水！

作序者，当然不必非做一个解读者不可。我之所以有以上一番古往今来的感慨，乃是有感而发。所感者，是近在眼前的诗作与远在天边的诗人。施秀娟，何等素朴的知识女性，李诗晓，多么勤奋的优秀学生，竟然如此敏感而忧郁，心灵之舞竟然如此绵绵蹁跹！抱歉，我的疑问一定透露了我的无知和偏见。但我保证决无职业、身份的歧视。我只是在感叹宇宙间最广阔最纤细的人的心灵。我们所知晓的诗人与所感悟的诗作相距过于遥远。干脆说，透过眼前情绪浓酽、五彩斑斓的诗句，我得声明，我并不认识原本认识的那位施老师。或许，原本也算不上认识，而自以为是的认识又是多么危险。从作品末尾注明的时间来看，诗人的写作密度极大，大都写在 2004 年。也就是说，在一个年头里，一个月份里，甚至，在某一个月明之夜，在大学校园的某一个角落，诗人的心绪如春江潮水、烟波千里，心境如江流宛转、江潭落月，诗情如鸿雁长飞、鱼龙潜跃。生活中发生了什么故事，我们不得而知。也许天下本无事，只是诗人在想象着天上人间的浪漫。一首首充盈着感触的诗歌却产生了，叙事咏物言情，全都煞有介事，全都望月怀远，全都似有来历、可堪索隐一般。引动了我前面关于解诗之难的那一番感慨。

然而，面对如此美丽而感性、优雅而富含哲思的诗作，又有什么必要去打听诗人的原意，探寻诗句后面的隐私呢？我从来认为文学研究的索隐派是文学作品的大敌。我是赞成李健吾关于一首诗可以有其他“小径通幽”的主张的。“诗人挡不住读者。这正是这首诗美丽的地方，也正是象征主义高妙的地方。”（李健吾）我要补充一句，这也正是所有性灵之作高妙的地方。解诗学不应当是索隐派，读者细读的应当是客观存在的作品和自己的经验。从这个意义上来看，一首诗首要且主要的是值不值得去读，而主要的不是能否读出诗人的原意。倘若把诗都做成了一个个笨谜，谜底只有一个，哪里还有文学的精神和趣味！施秀娟的诗是值得读的。有人生的经验，有生活的意象，有语言的暗示，有音乐的旋律，有舞蹈的节奏，有画图的结构，一句话，既有意境，又有形式。诸位且不着急去读作品，就浏览一下目录中的诗题吧：

你的歌声如天籁、且听壶吟、无人放飞的风筝、桑叶青青、思念是一杯酒、遇到了你、生命里一场缤纷的雨、你的一生我只借一晚、点击我的名、爱情是一个数轴、我正在参加自己的葬礼、月光华尔兹、梦里落花、首次交谈、快乐可以是很简单的事、我们爱情已经成瘾、你的足音悄然无声、豆娘的罗曼司、一个女子涉水而来、如风之舞、今生无法抵达自己的心岸、飞蛾的翅膀如夭折的花朵、第三十三个太阳、心形的植物不是心、中秋，让我们的心回家、远山里的一块石头对你说、昨夜，好大的一场陨石雨、唱醒了早晨、今夜，我将抵达你的庭院、哀悼一棵树、有没有云梯抵达太阳的宫殿、春天从来就没有离开我、当爱归于平静、冬天不知不觉地来了、燃烧的思念飞檐走壁、点燃了这盏灯、愿被你塑成冰雕、活在你的影子里、森林之梦、煮一壶月光、空杯留香、今夜隐匿在无边的云朵后面、荷叶、小路上只有我、蝴蝶兰、下雪了、浪漫是不是爱情不可或缺的品质……

套用其中一个诗题来表达读了这些目录的感受吧：生命里一场缤纷的雨！像不像？倘若用这些诗题来做联句，适当搭配，岂不就是一阕意象极佳的诗篇！美丽的是诗，我们需要欣赏的是诗的美丽。

诗人施秀娟的诗歌创作无疑是达到了较高的水平线。作品水平的均衡使得我有点儿吃惊，同时也怀疑她可能会造成自己的某些自我重复。她应当是不甘心太过重复的。于是，她在自己的诗集之后，安排了女儿中学时期的习作。这些作品不免青嫩，然而清纯，不免率直，然而周正，不是那种时尚型校园作家的矫情之作。女儿更是施老师最好的作品。女儿的作品折射出母亲的精神。诗集的第一首《如花的你婷婷玉立在我心上》，是不是写给她至爱的女儿的？我没有请教她。我觉得肯定是——一不小心，我终于还是暴露了一点索隐的雅兴。没有办法。面对生命，我不能无动于衷。生命美好，生活美好，惟其如此，诗才美好。我向这一对美好生活着并且写作的母亲和女儿致敬。

是为序。

生命礼赞*

在人生72岁的边上，谢云老经历过一次生命的搏斗和艺术的再生。老人接受了一次大手术，以顽强的生命力继续自己人生的征程；老人的书法艺术与生命同辉，《墨花礼赞》以及《谢云篆书》便是那之后新长成的生命之树。生命的疼痛如此尖锐，然而并不曾终止艺术家的创造，恰恰相反，而是又一次激发了他创造的激情，实现了艺术境界的提升。法国大作家阿·加缪在《西西弗神话》中写道："创造，就是活两次。创造，这也就是赋予自己的命运一种形式。"诚哉斯言！正是创造，使得老人活了两次——岂止两次！迄今数十载，他总是用一个又一个创意给人们带去惊奇。创造正是谢云老赋予自己的命运一种形式。生命不息，创造不止，创造是他生命的意义。

谢云老总是在创造中前行。二十多年前我所知道的谢云，是广西新闻出版局局长谢盛培同志。谢云是他的笔名。他是新时期广西出版业主要创造者之一。在20世纪80年代中期，正是在他主持下，漓江出版社由副牌社独立为实体，并且确定了"立足广西，面向全国，走向世界"的方针，从南宁战略移址到国际旅游名城桂林。漓江之滨，编辑作者，群贤毕至，胜友如云，一时多少好书！其时我也凭借好风，在一部拙作小说集经他审阅首肯之后，得以忝列于漓江人之列。也正是在他主持下，广西师大出版社、接力出版社、广西美术出版

---

* 该篇为书法集《墨花礼赞》序。《墨花礼赞》，谢云著，人民美术出版社，2006年3月。

社、广西科技出版社、广西教育出版社等专业社相继成立，与广西人民出版社、广西民族出版社、漓江出版社一起，形成了广西出版业专业化快速发展的战略格局。广西出版持续快速发展至今，跻身于出版名省之列，固然是几代出版人殚精竭虑、卓越奉献所致，然而，不难想见，作为开创者之一，谢云老在其中奉献了多少富于创造性的精妙构思！

谢云老总是在创造中前行。1990年，谢云老花甲之年，离开广西新闻出版局局长岗位，转入中国书法家协会主持工作。然而，这位老出版人壮心不已，提出了保存民族传统线装印刷燔火，创建线装书局的创意。1993年，他遐想成真，在中国出版工作者协会的领导下，线装书局成立。这是新中国成立后成立的第一家线装书出版社。谢云老志在千里，受命主持线装书局工作，夙兴夜寐之间，制作精美的《毛泽东评点二十四史》、《毛泽东选集》、《邓小平文选》、《毛泽东诗词手迹》以及周恩来手迹印本、老子《道德经》等线装书，接踵而出，世人称许。我要说，谢云老创建“线装书局”这一创意，足以令人拍案叫好，而用一代伟人著作作为开局选题，大雅巨制，接通华夏古今，传承中华文明，思逸神超，精深微妙，形质璧合，满纸生情，更是多么令人惊羡的创造气象！

谢云老总是在创造中前行。摆在我们面前的书法集更是一个鲜活的明证。人生七十之前，谢云老的书法作品已呈清雅脱俗的意境，刘海粟大师有激赏，中国美术馆有个展，日本国有联展，书法集出版多部，书法理论亦有创见。然而，艺术家并未故步自封，墨守陈迹。七十之后，病体初愈，专于古老的篆隶，用古而化古，神形意境又有大的变化。细细研读谢云老七十后的笔墨，感觉到处处意趣盎然，充盈勃勃生气。象形是汉字的起始，而后形声相益，提供了书法艺术的内涵和精神。谢云老七十后的笔墨，最打动我的，正是篆书、隶书作品的象形以及形声相益的可感与生动。那字体结构和笔触，是生命形象的摹写，是节奏化后的自然，总能引动我们的想象。我们可以想象自然与世态的种种，春江潮水，江流宛转，断桥残雪，竹外桃花，无尽烟霞，天高秋月……幅幅象形象声象意，篇篇生命生机生趣。至于谢云老信手写就的一批行书作品，我们也能明显感受到他的自然之情、返璞归真之意和生命的张力。读到他书录的当代歌词《小草》、《弯弯的月亮》和琼瑶歌词《我心已许》，我不禁激动而快乐莫名。当今书界，有多少人能有如此童趣稚趣和通达的胸襟，敢遣通俗歌词入尺页？一位哲人说过："人要活得很久才能够年轻。"我要说，活到七十后的谢云老，终成年轻不老之人。他在鸟虫篆《乐》上题签："让生命的乐音鸣唱于高枝上啜饮那满满的绿。"展读《墨花礼赞》，正有生命乐音鸣响、绿满高枝的感觉，我们不应当朝着这生命发出诚挚的礼赞吗？

穿过我们所认识到的事实和鉴赏到的作品，寻找生命创造的价值和昭示，我向读者诸君发表了以上礼赞式的感言。感言发自肺腑，情绪与文字均不免有所激荡和昂扬，主要是受了谢云老作品和精神、气质感染的缘故。应邀写序后去拜会谢云老，看到他精神矍铄，神清气爽，记忆准确，思路清晰，谈锋颇健，谈出版如数家珍，论艺术感觉通透，我暗暗称奇，情绪很受感染。可是，临到告别时，忽然发现他步履有些蹒跚，显然是病后体虚，未能平复如故。毕竟是上了年岁的人了。一股感伤的情绪在我心头郁结。行笔至此，仍然十分忧郁和挂牵。为此，在为谢云老超拔的创造力发出激情礼赞的同时，我更要衷心祝愿老人能够行长生久视之道，成延年益寿之功，结出更多人生与艺术的硕果！

是为序。

长征的历史记忆*

历史已经证明，七十年前，中国工农红军胜利完成的艰苦卓绝的二万五千里长征，翻开了中国革命新的一页，对中国历史和世界前途都产生了深远的影响。历史并将不断证明，红军在长征中所表现出来的精神，是中华民族宝贵的精神财富，将永远鼓舞中国人民奋勇前进。长征是中华儿女永久的骄傲和记忆。长征有着永远说不完的故事。1937 年，美国记者埃德加·斯诺在延安曾经写下这样的预言："总有一天，会有人为这次激动人心的远征写出一部完整的史诗。"最早的一部长征回忆录，是毛泽东同志在延安直接指导下，从"长征亲历记"二百多篇征稿中精选出 100 篇编辑而成。作者多是亲历长征的红军中高级将领。定稿时书名为《二万五千里》，1942 年以《红军长征记》由八路军总政治部正式出版。七十年来，国内外的作家、记者、史学工作者和长征亲历者，从未间断过著书立说，回忆、研究、描写、讴歌这一"震动世界的行军"。伟大的长征值得人们永远地纪念和颂扬。

在众多长征题材的书籍中，《红一方面军长征日志》是一部独具特色的著述。此书以日志的形式，记录了红一方面军各军团在长征中经历的大小战斗及所遇到的艰难险阻；记录了中共中央、中央革命军事委员会在那非常岁月里，呕心沥血、运筹帷幄、指挥若定的各项决策；记录了"中华民族的脊梁"们坚定不移的革命精神和必胜信念。

---

* 该篇为《红一方面军长征日志》序，篇名为本书编选时所加。《红一方面军长征日志》，费侃如著，东方出版中心，2006 年 8 月。

日志所载，均有所据，历史事实与文献资料、研究成果融为一体，不仅准确，而且真切，不仅生动，而且自然。书中真切记载着长征二万五千里的血与火、云和月，似亲历者所记，却是一位后来的历史研究者的考证所得。而正因为是一位后来者对长征的考察、研究和描述，我们又能感受到长征精神对于这一学术研究壮举的鼓舞和召唤。红军长征，路程最远者二万五千里，历时最长者达一年之久，漫漫险途、山重水复、军情紧急、生死搏杀，红一、红四方面军，在长征途中甚至没有留下一张照片，留下的文献档案也极少，更没留下一部完备的日志记录。后来人要编制一部历时一年的日志，可以称得上是个人学术研究的一次万里长征，要完成好这一学术研究的长征，同样需要研究者发扬长征的精神。

完成这一学术研究长征的战士是费侃如同志。他是遵义会议纪念馆的研究员，每天近距离凝视长征途中的如海苍山、如血残阳，耳畔时时回响红军队伍的马蹄声碎、喇叭声咽，长征的精神鼓舞他，红军的业绩召唤他，于是，三十多年前，他产生了为红军长征编写日志的冲动。为了这一崇高的冲动，三十年来，费侃如苦心孤诣，探赜索隐，搜集史料，考订真伪，准确记述，奉献了人生最好的年华，水滴石穿，书稿既成，青丝已成华发。1999 年著作首次出版，立即得到军史界、党史界较高的评价，获得贵州省哲学社会科学优秀成果二等奖。

费侃如并未就此止步，他的考证工作一直在坚韧不拔地进行。今年初，我看到费侃如在 1999 年版的书中加写了密密麻麻的文字。七年来，关于长征研究的新成果，举凡与此书内容相关，尽收他的眼底。在此基础上，他仔细剔抉辨认，不固执己见，努力择善而从，不间断地对自己已经获奖的著述进行修订。我从编辑出版工作的角度，向他提出，能否在这部严谨、素朴的志书中插入一些历史图片和重要的战斗示意图，增强其知识性、可读性，让内容更加生动，形式更加活泼，他也欣然采纳这一建议。可以说，近四十年来，费侃如一直在以长征的精神进行着这部日志的撰写和修订。我们应当向他表示由衷的敬意。

《红一方面军长征日志》首先是一部史料性的著述，准确、全面是它的主要特点，为红军长征专题的研究、创作提供了一份相当可靠的基础资料，使之具有了长征史研究必备工具书功能，这是此书最大的价值。同时，由于这部日志是研究考据而来，其学术价值也受到了比较一致的肯定。“文似看山不喜平”，作者在日志的撰写中，还十分注意捕捉军旅征战中有意味的细节，在戎马倥偬之中，间或有平静生活写真，帮助人们更加立体地去认识长征、感受长征，使得日志也具有了丰富性、可读性。至为重要的是，整部日志，虽然客观性是不可或缺的最基本的要求，可是，字里行间，我们依然充分地感受得到作者对红军长征这一伟大事件的敬仰之心、歌颂之情。“历史学虽是发源于记录，而记录绝不是历史。……我们研究历史的任务是：一、整理事实，寻找它的真确的证据；二、理解事实，寻出它的进步的真理”(李大钊语)，作者正是秉持着这样的史学观，去记录长征、理解长征、讴歌长征。

还应当肯定的是，东方出版中心的莫贵阳同志独具慧眼，及时发现了这个富含修订出版价值的选题，认真配合作者进行修订，为了方便阅读和记忆，拟定了每则日志的小标题，搜集使用了大量有价值的图片，并且和他的同事们精心编校和设计版式，日以继夜加班制作，倾注了许多心血。终于，在纪念红军长征胜利七十周年之际，一部更臻于完备、更为生动的《红一方面军长征日志》，以崭新面目出现在广大读者面前，作出了中国出版集团所属出版机构应有的贡献。

遵费侃如同志之嘱，为他的著述，也为纪念伟大的长征，写下以上感想，是为序。

一个地域文学的文化学研究*

李建平兄从广西来到北京，要我为他们的专著《文学桂军论——经济欠发达地区一个重要作家群的崛起及意义》写序。我暗自觉着为难。我还没有读过书稿，但似乎当时就得应承下来，因为我们是老朋友；我还预感到这是一篇很难写的序，但似乎只能担当起来，还是因为我们是老朋友。故友之请于我总有神圣感，甚至还有一点人品拷问的意味，我不能拿糖。至于预感到此序难写的原因，理由就比较复杂了。其中有两点可以说出来：一者书中所论作家，大都是我的故乡文友，此书既为作家群研究，不免要梁山好汉，论功排座，砖厚瓦薄，此高彼低，而古人有“文无高下”之说，今人有“文章是自己的好”的戏语，作家群里，自负而叨陪末座者肯定见怪，思想高蹈者价值遭遇低估势必烦有啧言，我半路掺和进去，多半不是什么好事；二者书中定然要论及我早年间的创作，猜想所论必定以褒扬为主，尽管我不悔少作，可一旦作序，就有默认之意，甚至有自炫之嫌，而且加重了同谋的嫌疑。仅此两点，就足以令我视为畏途，何况还有其他。然而，尽管为难，却架不住建平兄的恳切情辞，还搬出伟林兄之邀来加重砝码，两位都是诚恳厚道的老朋友，我只好接受下来——就像接过了一副很重的担子。

但我得承认，我对书稿所论的故乡人和故乡事有兴趣。“君自故

---

* 该篇为《文学桂军论》序，篇名为本书编选时所加。《文学桂军论》，李建平、黄伟林等著，中国社会科学出版社，2008年9月。

乡来，应知故乡事”，我愿意借此机会再次神交故乡的旧雨新知。我对论著的选题也有兴趣。“经济欠发达地区一个重要作家群的崛起及意义”，这是一个具有文化学研究意义的论题，在文学研究中有所通变。我感觉到当中新的气象、新的语境、新的境界。

中国的文学研究，一直就有通变的传统。文学历史化、文学社会化、文学经学化、文学道德化，自古以来文学研究的通天大道或通幽曲径。这个传统的思想方法基础就是《周易》的“曲成万物而不遗，通乎昼夜之道而知”和“通变之谓事”。“通变”是中国古典哲学的一个重要范畴。研究文学必须通变，几乎成为古代文论的铁律。“文变染乎世情，兴废系乎时序”（南朝刘勰），“文章关乎气运”（明代袁中道），“大则关乎气运，小则因土俗”（明代李东阳），说的都是文学与历史发展趋势、地域风土人情变化的相互关系。我们这个民族自来就看重天与人、世与人、国与人、人与人的关联，自然也就看重文学与社会、文学与自然的关联，认为“天人感应”、“文以载道”乃是一部作品、一个作家至善至高的境界。这个传统发展到了极致，就有了“泛通变”之虞，在文学本体研究方面就少了一些深挚和执著。甚至于到了某些极端时期，文学研究便严重脱离文学本身，文学研究变成了历史研究、社会教化、经学讲述，最后堕入枯燥无味的政治说教，窒息了本来应当生机勃勃的文学。文学需要自救，自救的结果是激动人心的本体回归。文学本体回归的极致，又极端成了文本主义、唯主体主义，认为文本和文学主体才是一部作品、一个作家至真至美的境界。然而，哪里又有真正与世清绝的文本和纯粹主体的研究呢？事物总在走向自己的反面。新世纪，文化研究遽然而成显学，最著名的论断便是美国人约瑟夫·奈的“文化是软实力”。政治、经济、历史、社会、文学、艺术、道德等领域的研究尽在文化研究之彀中。文化大有“曲成万物而不遗”之势。于此情势之下，近年来，文学文化学研究遂乘势而上，众神之车驶上文化康庄大道。

书稿从广西快递过来。通读了书稿，果然，《文学桂军论——经济欠发达地区一个重要作家群的崛起及意义》，正是以文化学为主导的一个理论批评文本。

我对这部论著所凭借的理论支点很感兴趣。这部论著的论者，除了无法脱离的一般文艺理论之外，主要是凭借了当代文化理论，特别是凭借了当代文化理论中的第三世界文化研究的理论、新历史主义理论和文学人类学理论。此外，还使用了马克思主义的艺术生产与物质生产不平衡理论，以及近年来耳熟能详的后发优势理论。有了当代文化理论当家，加上诸般理论武器，能内能外，能大能小，此番研究也就左右逢源了。

我对论著中对文化学研究的展开尤其喜欢。我要特别强调，我说的是喜欢。一个时期以来，我在出版专业研究中，也相当喜欢使用文化学研究这个工具。文化是说不尽的，自然，文化学研究的覆盖面也几乎是无疆界的。已故台湾学者殷海光搜集了西方学者对文化的47种定义，一一作了分析，仍然觉得意犹未尽。即便把文化分为广义与狭义两种，物质、精神、制度、生活方式等因素为广义，人类活动的精神产物为狭义，那么，即便狭义的文化，也是覆盖极广的一种理论。顾晓明教授对狭义的文化作过一种概括，大体意思是：文化是一种在生产活动中直接发生作用的生产力，是信息和知识，是弥散于特定人群的文化心态和氛围，是社会交往和人际沟通的象征符号系统，是一种世代之间的"遗传"机制。这个概括比较地以人为本，以人类为文化，比较地贴切周到。用覆盖面极广的文化学来研究文学现象，研究一个地域性作家群的崛起和意义，无疑可成文学的通变之学。我的几位朋友能够这样去研究广西的作家群，实在是找到了高起点和大视野，显示出不同凡响的智慧。

也许，我对本书所采用的研究方法表现出了过于浓厚的兴趣，而按照情理，我应当更多赞誉文学新桂军的朋友们，更多建议读者诸君关注我家乡的好作家以及近年来渐渐形成的作家群。文学新桂军的文学实绩值得总结和展示，其影响力需要评估和传扬，而文学作品的生命之树常青，一些渐次为全国范围的文学爱好者瞩目且记得起来的广西作家及其作品，给人们留下了作家集群的印象，这印象在本书中得到比较集中的考据和描述，不仅可以使得集群中的许多作家（我不敢说全部）感到愉快、振奋和安慰；也可以让作家集群外的很多人士得到知识和审美，这是本书最为鲜活坚实的基础。然而，试想，所谓文学地域之军，早就有湘军、陕军、晋军、鲁军、粤军、豫军等逶迤而来，更有京派、海派、军旅作家名闻天下，80后作家气冲霄汉，90后少年挥斥方遒，作家群一类话题已经不大新鲜，还能够像本书这样将百余位风流人物尽收于榜，实在大不易。要说文学实绩，新桂军尚不足以与大多数地域作家群全面抗衡。那么，在当代文学研究在社会科学界颇为式微的今天，关于广西作家研究的课题竟然能够列入国家社科研究基金项目，这就是文化学研究方法的功劳了。一种稍具新意而广大人群又以为合理的研究方法，可以盘活存量资料，点化学术研究，催动思维的新生。我的几位朋友能够这样去研究广西的作家群，实在是点化了这个作家群存在的价值和意义。文化学点化了文学研究。文化学正在点化许多学科。文化学正在点化世界。

关于这部论著，自然还有诸多好处值得称道。譬如，对于广西作家群大量作品情况的精心统计，重点作家发展历程的用心记录，作家生存环境特别是当地政府政策的平实介绍，特别是对重要作品文本的深度解读，总是那么自信、自然而又热情，如数家珍，娓娓道来，文字间浸润着漓江的温情和红水河的质朴，一如论著作者们的为人，让我感觉着熟识、熨帖、亲切。可是，我知道，在一部论著面前，自信、自然、热情、温情、质朴、熟识、熨帖、亲切……这些感性语词都是不能给人们以理论认识的最终价值判断的。所以，我用了较多的笔墨来谈自己对论著的理性认识，不知道是不是反而加重了理论的枯燥感觉。不过，我相信还不至于过分枯燥，因为我谈的是自己对文化学研究方法的理解，文化学说到底并不是一门枯燥的学问。

序言至此，当可打住了。不经意间二千余言既出，最初的作序之难一时已被淡忘。说到底，作此序，不仅是架不住友情，还是架不住诱惑——前面说过，一是故乡事的诱惑，二是文化学的诱惑。有此二者，一些复杂的因素也就变得肤浅和无关紧要了。

和海洋有关的画*

仲作又要出版画册，再次邀我作序。因为要得急，一幅幅作品通过伊妹儿发到我的邮箱里来，邮箱一时被挤爆。他总是这样，永远地热情，永远地匆忙，永远地唯此为大，永远地拥抱自己所钟爱的艺术和生活。我只好依着他的节奏赶写这篇序言。

看了仲作即将出版的画稿，有刮目相看的感觉。比较起四年前由我作序的他那第一本画册，不刮目相看也不行。士别三日，就要刮目相看，何况两本书之间相隔了四年多的光景。四年时间不长不短，对于一位画家，可以熟练技艺，也可以深化人生，可以提升境界，也可以开辟新的题材，只要在某一方面有所长进，也就令人欣喜。而我看到的画家曾仲作，几乎在这几个方面都有长进，这就难能可贵了。四年来画家南临大海，北上求学，其中多少辛苦，只有他自己知道。作为旁观者，我只看到他痴痴苦苦追求的不易。然而，他是幸运的，一分耕耘终有一分收获，种瓜终于得瓜，勤劳终于得到报答。要知道，在艺术的世界里，虽然需要勤劳，但天道并不一定酬勤，并非所有的劳动都能获得相应的收获，种瓜得豆甚至颗粒无收乃是平常的事情。仲作却是一位幸运的勤劳者。

曾仲作的幸运也许首先来自于他开辟了自己的海洋题材。通过一段时间里专事一类题材的绘画而引起广泛的关注和赞誉，这是不少画

---

* 该篇为《曾仲作海洋画集》序，篇名为本书编选时所加。《曾仲作海洋画集》，曾仲作著，香港新华出版社，2008 年 4 月。

家成名的要诀之一。1998 年我在美国新墨西哥州看到著名女画家奥基弗的许多画作，受到很大冲击。她是一位终生画花的绘画大家，活了 99 岁，一生成功就在画花。我看她笔下的画卉，简直就是自然界一个个精灵。徐悲鸿画马，黄胄画驴，周思聪画伟人，陈丹青画西藏，丁绍光画云南，早已成为经典现象。最近又看到一批画家去画漓江，称为“漓江画派”，这是若干艺术家的集体追求。曾仲作以很大的激情甚至以四年来的全部时间和精力来画海洋生物，画出了自己独特的世界。他画海洋生物的缤纷五彩和种种情状，画我们熟识和不熟识的海底世界，画他见过或感觉到的事物。他重现人们看得见的东西，又使人们看到没曾见到过的东西。他替海底生物们造型和构图，让它们跃动在我们的面前，让我们仰观，给我们俯察，引我们游目，领我们骋怀。总之，曾仲作的绘画内容别开了一种生面，这些内容远在海底，然而又是近在眼前的事实，终于被大家所关注。曾仲作走了一条聪明的路。

然而，曾仲作的幸运主要还是来自于他在创作中对美的探寻。我不是一个题材决定论者。美在于发现，在于表现。艺术的真谛最终在于发现和表现题材中所蕴涵的美。英国大诗人华兹华斯说过：“一朵微小的花对于我可以唤起不能用眼泪表出的那样深的思想。”这是对一朵微小的花蕴涵着的美的发现。中国大画家齐白石养虾、观虾而画虾，他寻求的是对自然生物所蕴涵的生命律动的惊奇发现和表现。许多海洋生物在海产商那里只有交易价值的发现，而在画家的眼里则是生命的千姿百态，是生命的舞蹈，是唤起人们遐想感触的美。海洋公园是今人主要的游览项目之一，现在一经画家仰观俯察、游目骋怀，竟然成为丰富的绘画内容，值得称道。而最为重要的是，这种发现还需要实现物我相融、物我移情，方称得上为美的发现。奥基弗画花，徐悲鸿画马，黄胄画驴，成功处无不在于画出了人的感受。画家在自然界最终发现的还是人类的情绪。欣赏仲作的作品，我们不会说这是第一次看见这些海底生物，而往往要说的是画得生动、热闹、有趣、可爱，这是一次“移人之情”的过程。我们还会在他的一些比较成功的作品前驻足体验，那是因为画纸上表达的情绪让我们的心为之一动，甚至那海洋动物的表情还会让我们想起人类的某些情状，令我们沉思。我总想对画家说，在林林总总的海底生物之外，你如果还能让我们体验到人类的精神内容，移海而于人类，移微妙而于人心，你就取得了最重要的成功。说到底，人之画海，最终还是画人，这就是我们要苦苦追求的艺术境界。

我们欣喜地看到曾仲作把无数海底宝藏引进了绘画艺术的大家族，我们还衷心希望他能把更多的海洋绘画意象带给更广大的读者，带进人们的心灵。因为，比陆地宽阔的是海洋，比海洋宽阔的是天空，而比天空更为宽阔的是人的心灵。

是为序。

讲史与读史*

我并不认为我们处在一个讲史与读史的时代。在变得愈来愈平坦的世界里，面对海量的信息、海量的写作、海量的发表，历史的讲述与阅读，即使不能被看成是这个海量传播时代的“一瓢饮”，充其量也只能看成是一泓海湾。然而，这一泓海湾较之于其他不少海域，似乎要深厚一些、丰富一些、热闹一些。若干历史小说、文史普及读物，以及以学术的名义、电视媒体的力量策划出来的文史讲座类读物，不时成为出版者与读者追捧、热捧的对象，这是20世纪90年代以来不时出现的出版现象，近几年则愈演愈烈。

凡出版业发生某一类追捧、热捧现象，必定与当时社会的某种精神需求和文化时尚密切相关，值得出版专家、社会学家以及社会管理者去作深入研究。以我有限的知识来看，历史读物出版热，与转型时期社会的精神文化需求有关：读史使人明智——激烈的社会竞争需要愈来愈多的聪明和计谋，读史使人深沉——浮躁的社会心态需要愈来愈多的自重与自省，读史可以鉴今——多元的社会价值观愈来愈需要历史的镜鉴与比较，读史使人振奋——历史的英雄主义自来是国家、民族、社会继往开来的不竭动力。总之，社会转型时期蕴涵丰赡、驳杂，而又鲜活的精神文化需求，经济快速发展时期“再造中华文明”的民族精神诉求，构成了讲史与读史的时代动因。

---

* 该篇为长篇历史小说《铁血祭》序，篇名为本书编选时所加。《铁血祭》，任君著，作家出版社，2008年9月。

我远在广西的挚友、作家任君先生也在撰写长篇历史小说。我不相信这是因为长篇历史小说近来行情看好的缘故。任君创作历史题材的作品是我一直以来的预期。因为任君既具有讲史的天赋，更具有讲史的激情。讲述那已经远逝的人物与故事是需要激情的。任君平常谈天说事习惯把来龙去脉说得比较清晰，而在对来龙去脉陈述之间又总有情绪起伏和华彩乐章，这样的人可以担当历史小说作家。任君对于自己家乡广西罗城的历史故事从来表现得津津有味，很早——二十五年前我就听他大声说过不少罗城的人物故事，历史上与现实中的都有。他大声地说，津津有味地说，十分有把握地说，兼之他那副颇具厚度的眼镜片儿也在熠熠生光，你不能不相信他的讲述。这就是一位历史题材作家的天赋与激情。果然，任君早在1985年上海戏剧学院上学时，就创作过一部大型历史剧《粤西初仕》，描写绝代廉吏于成龙出任广西罗城县令期间的动人故事，此剧激情充沛，后来还获了大奖。有些人总让人感觉着他生来就应当是做什么的，任君让朋友们感觉着他生来就应当去写历史题材作品。因而，当任君告诉我他写了一部长篇历史小说《铁血祭》时，我没有感到意外。

前面我们说到历史题材作品的走红乃是时势造就，然而，任君先生的历史题材创作却并非趋时所致。一个有历史感和地域感的作家，在他生于斯长于斯的故乡地面上，倘若曾经产生过一些历史故事和历史人物，尽管那时代已经十分邈远，却常常能成为他真切的生活实感，浸润他的心田，引动他的想象，形成创作的冲动和感觉。也许，相比较那些史实研究的专门家，作家所拥有的历史知识并不全面准确，研究未必深入，然而，他却能就此写出动人且流传遐迩的优秀作品。尽管那题材放在大的历史时空里，并不一定具有多少分量，那些历史人物也不一定是帝王诸侯，却常常能让作家发现其中蕴涵的历史意义和现实认知的价值，他的激情为此而荡漾，思想为此而深刻。也许，相比较那些气象很大的作家，他所把握的题材也许稍嫌单薄，他所刻画的人物也许稍嫌冷僻，然而，他却能进行倾情且一丝不苟的写作，犹如猛虎搏兔，投入自己的全部心力与感觉。任君先生就是这样一位值得我们去认识和理解的作家。《铁血祭》就是从他心田里生长出来的家乡历史之花。

当然，如此介绍这位作家的创作心路与作品的写作动因，并不意味着只要具有高蹈的历史观照和意义升华，就可以成就一部长篇历史小说的成功。一部长篇历史小说的气象与格局，必须依赖于事件、人物的传奇以及与当代人审美的融合。我主张历史长篇小说的传奇性，坚守无奇不传的原则。《铁血祭》就是具有很强传奇性的作品。作品的题材是传奇的。 那是辛亥革命前，广西一支爱国和反抗清王朝统治的武装力量——游勇的传奇故事，这故事牵出了晚清政治风云、官场腐败与党人革命，牵出了十万会党兵围玉林的历史、柳州兵变的诡谲、激战四十八峒的恢宏、五十二峒兵败的惨烈、黄花岗之役的悲壮，还牵出了革命志士的生死之恋与男女情长。故事的主人公李德山是传奇的。他作为孙中山领导的中国同盟会会员，广州黄花岗七十二烈士之一的英名就足以引人探奇和致敬。而由于他的传奇经历，自然而然地与著名革命党人黄兴、蔡锷、卢焘、黄岱、刘古香等共同演绎出若干铁血故事。同时，作为李德山那个时代的真实写照，小说自然要对晚清重臣铁腕，剿匪平乱，弹劾屠官，掀起诡谲的“丁未政潮”，差一点改变清廷命运的岑春煊、瞿鸿禨、岑炽、张鸣岐等人物作细致的复原。书中对慈禧、康有为、袁世凯、陆荣廷、苏元春等亦作了少而鲜、新而奇的刻画，吸收了晚清史的最近研究成果，再现了他们的艺术形象。至此，我们可以说，《铁血祭》的格局和气象是恢宏的。作品既是一位地域作家对家乡历史以及闪耀于其中的中华民族精神的宣讲和致敬，也是中国近现代史上那个民主滥觞时期的一个独特文本，还是一部值得今天普通读者津津有味去读的历史传奇。

在讲史与读史已经是热火朝天的今天，我的家乡朋友任君先生也奉献了一部历史长篇小说。怀着疑惑的心情——我担心他的创作乃是趋势所为——读完了这部五十余万字的作品，我决计接受他的邀约，替作品作序。我要告诉读者，这是一部好读和耐读的作品。我要告诉家乡的历史，家乡又一位具有强烈历史使命感和责任感的作家站立出来了。我要告诉任君，凭着他的天赋与激情，还可以写出更多这样的好作品来。

任君，读者朋友可能以为这是一个作家的笔名。在家乡朋友中，任君这名字也一直让大家感到比较的特殊，会让人想起君子、子君、郎君这样一些文雅的称谓。他出身于书香门第，当地的一户世家。任君就是他的本名。

是为序。

澳门的一位奋斗女性*

今年是澳门回归祖国十周年。为了纪念中华民族这一重要历史时刻，香港亚视于 11 月 29 日晚开始播出 20 集大型纪录片《澳门五百年》。该片以真实的影视资料，反映澳门开埠五百年来的历史变迁，堪称一部澳门历史大全。节目的嘉宾、主持都来自澳门的著名学者和文化名流，其中就有引人注目的澳门影视歌三栖女明星李菲。

我刚刚在不久前的一个活动中结识李菲。是人民画报社徐步社长介绍我们认识的。李菲是明星，我在电视上看到过，可她竟然是广西人氏，这是我原先并不知道的。抑或说，令我十分惊讶和高兴。因为我是从广西走出来的，自然与李菲有老乡见老乡的愉快。会见很短暂。李菲给我留下的印象是真诚和阳光。后来得空找到介绍李菲的文章来看，这才比较全面地知晓她不俗的业绩。她 17 岁就在全国武术锦标赛上夺得过女子南拳冠军，后来移居澳门，为澳门夺得澳门历史上的第一个世界冠军、第一块亚运会金牌，成为澳门历史上最年轻的受勋人士，获得 1996 年澳门小姐亚军并成为最上镜小姐，1997 年入选世界经济杰出华人妇女澳门区代表，1999 年获澳门体育总局颁发高度竞技金座奖，2001 年获得世界武术联盟颁发终生成就奖、杰出运动员金牌奖，被人们亲切地称为“南拳皇后”。1999 年李菲正式从职业运动员退役以后，以新一代动作女星姿态闯入香港娱乐圈，以其深厚的

* 该篇为传记《真善美宣言——澳门女儿李菲》序，篇名为本书编选时所加。《真善美宣言——澳门女儿李菲》，李晓峰著，中国青年出版社，2009 年 12 月。

武术功底优势，在影视圈大展拳脚，先后主演多部影视作品，成功塑造了多种角色，有央视版《笑傲江湖》里妩媚艳丽的蓝凤凰、电视剧《康熙与韦小宝》里愤世嫉俗的独臂神尼、电影《赤裸特工》里残酷无情的冷血杀手等，还曾经在央视春节晚会上和周杰伦合演过《龙拳》，被喻为动作巨星杨紫琼的最佳接班人，成为活跃于港、澳、台及内地唯一的澳门本土实力派演员。2008 年 3 月，李菲受国内著名电子企业三诺数码集团邀请，出任该集团的副总裁。这是第一家在韩国股市上市的外国公司。李菲在这家公司负责三诺整体品牌形象及企业文化打造、国内外项目并购和产业多元化发展。

我们从上述李菲的简历，会生出许多感叹：世界武术冠军的金牌和澳门小姐的花冠交相辉映，称霸武林和艳压群芳可谓刚柔相济，影视明星一路走来想必不易，一定大有故事可说。因此，听说关于李菲的传记即将出版，我没有感到丝毫的意外，抑或说，我的意外是李菲到现在才有传记出版。按说这样明星式的人物早就会有传记行市了的。识其人而观其文，自然提振了我阅读的兴趣。传记的书名虽然有些高蹈之嫌——《真善美宣言》，倒也还比较贴切——“澳门女儿”。传记的情节结构则颇为吸引人，请看书中各章的标题：一个人的童年江湖；征服澳门——冠军是这样炼成的；华丽转身——从世界冠军到“澳门小姐”；再闯澳洲——告诉世界“我是谁”；回归，我不当旁观者；“蓝凤凰”笑傲江湖；侠女柔情：妈妈病床前完婚；冠军本色——爱拼才会赢；单亲妈妈的坚强与快乐；美女总裁：逆市倍增的背后力量；梦想让我们与众不同。读到这些路转峰回一般的标题，让我们明显地感受到这是一部书写传主奋斗历程的励志性传记。再细读书中的二级小标题，开阖自如，一波三折，一咏三叹，展现了这位传奇女性的奋斗历程和情感经历，相信读者会循着这些标题去探寻那些人生的故事与胜境。

我不知道李菲怎样评价这部关于自己的传记作品。仅从她希望我为这部作品写序，就可以表明她显然看重这部关于自己的书。一本真正意义上的传记，只要有可能，就一定要征得传主的同意，否则从一开始就注定这是冒险的写作。这是一部讲述“冠军不是天生的”而冠军又是怎样长成的传记，是一部描述一位当代成功女性奋斗史、心灵史的传记，尤其需要传主的真诚和认可。显然，这部传记并不耽于传主个人生活过多的细枝末节，更不是那种同学如何、儿女如何、得意如何的私小说式的传记。那种充满人生机巧的明星传记任何时候都不缺少，而且比较地招摇。这部传记讲奋斗，讲努力，讲进取，讲真诚，还讲了澳门回归和回归后的澳门发展繁荣，传主在这中间用心出力，尽到了“澳门女儿”的心意。尤其是，作品出版的时间有意识地安排在纪念澳门回归十周年之际，更其显示了作品的追求。因而，传记里有困苦，有磨难，有竞争，有阳光。当我们读完全书后，也许会对“真善美宣言”的书名产生更深的理解和认可。宣言就是追求。全书展现的正是传主的人生追求。我们这个时代需要更多提倡对真善美的追求。如此看来，书名并不高蹈，书名很好地体现了贯穿作品的主线和精神。

我对给明星传记作序毫无经验。这篇序是在徐步社长的再三劝说下才应承下来的。因为我生于江苏而长于广西，父母各是江苏与广西籍贯，故而我有时被称为广西人，有时又被叫做江苏人。徐步与我是江苏老乡，我又是李菲的广西同乡，这篇序不作是说不过去的。于是序言在乡情的推动下写完。当然，特别要说的是，序言更是在李菲的奋斗精神的推动下做成的。

是为序。

2009 年 12 月 4 日晨于杭州

变幻中的书业风云*

叶新先生感谢我为他领衔的译著《黄金时代：美国书业风云录》作序。可我却要感谢他邀请我来做这件事情。为他人的著作写序作跋本来是老大难事，因为空话无益、套话无趣、溢美无聊而实话难工。然而为本书作序，我却要反转过来感谢对方，显然其中自有原委。我近来十分希望读到更多的介绍国外优秀编辑和出版人的著述，故而在接到本书清样时，心里就有一阵不期然而至的欣喜。及至展读清样，发现全书竟囊括了一百二十多位美国书业“黄金时代”的编辑和出版人，顿时有如入宝山之惊奇。此外，我还发现书中写到了我的一位美国出版界友人，前不久我和这位友人刚刚合作做成一件颇具影响力的事情。尽管这是我个人意外而亲切的收获，但其中却也昭示了一些与本书内容相关的意义。我将在这篇序言结束前谈到此事。

我相信，在当下的中国出版业内，如我这般喜欢《黄金时代：美国书业风云录》一书者，肯定大有人在。近些年来，介绍和研究欧美出版业的书籍文章，多显赫于产业的规模、战略、资产、跨国一类宏大叙事之上，仿佛出版产业成功的奥秘全在于跨国公司董事长和 CEO 们资产经营、战略部署的奇思妙想、帷幄运筹之下，这显然并不符合出版产业的全部实际和核心规律。出版产业最普遍、最核心、最生动且影响最久远的总是出版物和从事出版物生产经营的编辑和出版人。

---

* 该篇为《黄金时代：美国书业风云录》中文版序，篇名为本书编选时所加。《黄金时代：美国书业风云录》，阿尔·西尔弗曼著，叶新等译，机械工业出版社，2010 年 8 月。

眼下，有这样一本讲述和研究美国书业“黄金时代”一百二十多位编辑、出版人精彩故事的图书摆在我们面前，它给整个中国出版行业的影响甚至不能只用惊奇来描述，也许这影响会是深层次的。

我们正处在大变革、大重组的时代。中国出版产业化发展风起云涌，其声势与规模，其创举与创见，可谓世所罕见、史称空前。战略投资、战略重组、联合兼并、资本扩张、改制上市、技术创新、国际化发展以及超大型出版项目，如此这般，一时龙虎风云际会，一时多少英雄豪杰，占据了业内报刊大部分的头版头条，获得了权威媒体的重点报道，充盈了出版产业经营者的心田，回荡在出版产业的天空。在全球化的趋势下，作为一个大国的出版业，必得要从一系列产业的山峰沟壑中开辟出一条能够参与国际竞争的通衢大道，不如此不足以让中华民族的出版车阵隆隆驶过。我们的出版产业正处在风生水起、激动人心的劈山开路的重要历史时刻。可以想见，中国出版业的“黄金时代”也许正在到来。

然而，一个企业乃至一个产业的发展，大体需要战略、资产、人员、运营这四个基本点的支撑。当我们对战略和资产倾注了必要的激情和力量之后，现在不能不对人员和运营投入应有的热情和支持。一部出版史，是出版物构成的历史，说到底，也就是编辑、出版人活动的历史。特别是编辑，他们是出版业文化内涵的核心，他们是出版业最主要的生产力之所在，是出版业最活跃最具生命力的细胞。正是古往今来无数编辑人士，发掘出数不胜数、奇伟瑰丽、空前绝后的作品，演绎了许许多多有声有色的书籍传奇，才有了今天汗牛充栋的书籍宝藏，承载了人类文明的传统和创新。无论今天和未来出版业再如何产业化，我们只要不打算放弃对文化品质的坚守，只要不打算放弃出版行业的责任，就不能轻视更不能放弃对编辑业务的研究。正如美国著名的传播学学者赫伯斯·席勒所指出的：“文化的政治经济学必须批判性地仔细考察工作程序的演变过程，同时将自身与文化事业的内容联系起来，当然，同样重要的任务还有对这些工业的运作和结构的仔细研究。”(《20世纪传播学经典文本》，复旦大学出版社出版，2003年，第476页)《黄金时代：美国书业风云录》正是这样一本既“仔细考察工作程序的演变过程，同时将自身与文化事业的内容联系起来”的编辑业务实录与研究的专著。此书的中文简体本在出版产业如火如荼发展的今天来到中国的编辑和出版人中间，肯定会引起大家新奇、亲切、欣喜的感觉。为此，我们要感谢叶新先生的慧眼独具，还要感谢机械工业出版社的匠心独运。

然而，这本书还会引起我们的忧郁和思考。我们要问，作为出版强国的美利坚，他们书业的“黄金时代”是如何衰落的。这是我们今天研读此书最重要也最具现实意义的问题。请看作者阿尔·西尔弗曼在书中前言是怎样解释的。

首先，作者在前言里指出“黄金时代”形成的内在原因，“图书出版业最根本的变化就是编辑地位的提升”。继而，他指出其衰落则在于编辑地位的衰退，还在于“整个出版业全面呈现出保守僵化态势”。接着，他愤懑地批评道：“一批卓越的老牌出版人正在逐渐被那些盈利至上的商人所取代。”但是，作者并不偏激，在前言的最后一段，进而不无感伤地写道，这段黄金岁月的“衰落并不是始于真正爱书的出版人让位于那些利润至上的出版商之时。它开始于出版人和编辑们开始减少他们喝酒的次数”。作者微言大义地揭示了出版人和编辑的合作、交流、协调一致的重要性。他并没有一般地斥责盈利至上的资本对书业的负面影响。他怪罪的是出资的出版人与编辑的疏离甚至分道扬镳。这一历史的前车之辙可以提供给今日之中国出版产业作为借鉴和思考。

究其实，《黄金时代：美国书业风云录》并非一本旨在讨论资本与书业关系的研究专著。它是一部集口述历史、叙事性史料和作者个人亲历感想于一体的纪实性读物。全书的叙述从美国书业“黄金时代”起源的标志性出版社——法勒—斯特劳斯出版社的创始人罗杰·斯特劳斯开头。罗杰所创立的出版社在五十多年里出版的书获得了17项诺贝尔文学奖。 年迈的作者在2003年纽约12月最大的一场暴风雪之后前往造访当时已经 87 岁的罗杰。“看到眼前这个身子单薄、衣着破旧的罗杰我并不感到惊讶。”作者写道，“他的脸上带着一种大病初愈后的灰白色，双眼显得格外突出。但他全身收拾得很利索……他光滑的银白头发比过去向后梳得更紧了，这令他看起来像是已取胜的斗牛士。”两位老人一面注视着窗外正在铲雪的人们，一面平静地追忆往事。5 个月后，罗杰辞世。于是这次交谈可以看成是“黄金时代”一位杰出出版人的绝唱。诸如此类的动人讲述，发生在“黄金时代”一百二十多位编辑和出版人的职业生涯上，构成了全书的每一章每一节。我们读到的大都是故事和细节，深切地感受到故事和细节中人的灵魂，真切地体会到那个年代的编辑出版职场的气氛，以及传统书业特有的纸张油墨的气味。作者以一种怀旧的方式排山倒海地去追忆逝水年华里的人与书、光荣与梦想、傲慢与偏见、友谊与冲突。即便是傲慢、偏见和冲突，也已经有了时过境迁的况味，抑或是笑谈于马提尼酒中的洒脱。在这些讲述中，我们找到了出版业最初的东西，那些质朴，那些智慧，那些奉献，那些意气和执著，还有，编辑和出版人生命的彩虹——那些书籍及其作家。但他们都是活生生的人在活动，在为着一些书、一些作者扮演着异常复杂的角色。在美国书业“黄金时代”，1962 年诺贝尔文学奖得主约翰 · 斯坦贝克说得好：“只有作者才能够理解，一个伟大的编辑如何能做到既是父亲、母亲、教师，也是人世间的魔鬼或者上帝。”诚哉斯言，值得每一位编辑和作者记取和思考。我要说，全书让我们最为感动的还是本书的作者阿尔 · 西尔弗曼。他既是一位杰出的出版人，又是一位优秀的作家。他已经是耄耋之年的老人，却有着一流的博闻强记、一流的敏锐眼光、一流的幽默而晓畅的文笔。他有着与那么多个性张扬不羁的大师级编辑和出版人长久深挚的交谊合作，因而书中的叙述倾注了他亲历亲见亲闻的真切情形和情绪。更为难能可贵的是，这位老出版人那旺盛的生命力，如阳光一般穿越在一百二十多位编辑和出版人之间，穿越在“黄金时代”每一个精神碎片之间，与那些人和事，那些闪光的精神碎片交相辉映。可以相信，这样的文字将会引得对出版业葆有浓厚兴趣的读者们长久地、反复地阅读和探究。

前面我已经提及，在阅读此书的过程中，我忽然发现书中写到了我的一位美国出版界友人，感到惊喜而亲切。这位友人就是贾森·爱泼斯坦先生。爱泼斯坦先生在兰登书屋工作了几乎半个世纪，最后官至总编辑。贝内特·塞尔夫在《我与兰登书屋》里自豪地宣称他把爱泼斯坦调入兰登书屋乃是一个非凡的人事举措，并亲切地把爱泼斯坦称为是“我背负的一个十字架”。在美国书业“黄金时代”，爱泼斯坦被称为“魔鬼理发师”，可见其编辑功力之出色。他还是著名的《纽约书评》的创始人之一。2009 年 7 月 29 日，我在中国出版集团公司接待了他。 他已年逾八十，却主持了一项技术发明，即集成式按需印刷机，也就是此书前言里和第 213 页处提到的咖啡印书机。这项发明被《时代周刊》评为 2007 年最佳发明。中国出版集团公司正在引进这项技术，为全世界生产这款机器，爱泼斯坦先生便是为了与我们的合作，不远万里来到中国，与我谈判。谈判是友好而卓有成效的。在谈判过程中，我更多地是在窥视这位美国出版业大师级老前辈，充满了对他的好奇和尊敬。会谈后我在北京大董烤鸭店宴请他和夫人一行。在宴席上，我还得知他是一位烹饪高手，正如此书第 213 页中所写到的那样，别有一番情趣。

时过一年，在《黄金时代：美国书业风云录》一书里偶遇爱泼斯坦先生，颇有些“他乡遇故知”的惊喜。书中的讲述，帮助我对这位老前辈有了深入的认识。我不禁由此生出一番感慨：作为“黄金时代”的编辑大师，年近九旬的爱泼斯坦先生以他所主持的一项技术发明走进了新的世纪，迎来了数字化出版的时代，真是一件颇具象征意义的事情。“黄金时代”昔日的辉煌已经远去，在一些读者掩卷沉思不无神伤之际，无数的编辑和出版人却还在前行，继承与创新，这是出版业一脉相承的精神。正如美国大发明家拉尔夫·沃尔多·爱默生所指出的：“在什么时候，新时代与旧时代并肩而立，一较短长；在什么时候，所有人的精力都被恐惧和希望所驱动；在什么时候，旧时代的历史荣光与新纪元的美好前景交相辉映？和以往一样，这次也是一个很好的时代，问题是我们必须知道该如何去面对。”我们也可以这样来阅读理解这本书，特别是以此来理解此书中文简体本在中国的出版。我们必须知道该如何去面对今天这个很好的时代——像我所认识的美国著名出版人爱泼斯坦先生那样。

是为序。

2010 年 7 月

盛世中国笔墨情*

出版画册《正当代：盛世中国画——庆祝新中国成立六十周年当代名家作品集》，是中国出版集团公司举办的国庆六十周年的系列出版活动之一，由集团公司所属中国美术出版总社承担。这项出版活动的主要特点是，以向新中国六十华诞献礼为主题，由中国出版集团公司、中国美术出版总社邀约当代著名画家奉献新作，经编选后出版。此种出版有同于搞一次国庆主题的美术作品展览。然而，这个展览是永不闭幕的。艺术家、出版人向祖国献礼的美好心愿将以画册这种凝固的形式永存于世。

本画册征集作品及编选出版的设想得到了当代著名画家的热烈响应和鼎力支持。近百位当代颇具影响力的实力派艺术家热情奉献了新近创作的三百余幅心血之作，一时蔚为壮观。入选作品，内容涵纳天地万物，风格彰显无数心象，尺幅饱含爱国之心、民族之情，彩墨凝聚历史气息、时代韵律，可以称得上六十年新中国美术创作及美术出版的又一成果。

画册名为《正当代：盛世中国画》，这是出版社领导和编辑们的集体创意。画册名颇具磅礴大气，直抵出版宗旨，激扬当代精神，展现盛世气象。

当代中国正值盛世，这是亿万人民的深切感受。中华历史上曾有

---

* 该篇为画册《正当代：盛世中国画》序。《正当代：盛世中国画》，人民美术出版社，2009 年 10 月。

文景之治、贞观之治、盛唐气象、康乾盛世，其所处时代与世界大环境较少关联。而今之中华盛世，则是从一百余年积弱积贫、饱受列强凌辱的弱国通过革命抗争、改革发展而来，是在全球化、信息化时代激烈竞争、开拓创新而来，而且正与时俱进、可持续发展地前行。这是格外激动人心之处，也是既往盛世不可比拟的地方。一切具有爱国主义情怀的中国艺术家和出版人，应当为祖国的今天感到自豪，为祖国的明天充满信心。

盛世当有艺术佳作迭出，这既是时事造就之功，又是一个盛世应有的有力证明。盛世的国家政策应当有利于艺术创作活跃发展，盛世的艺术创作应当继往开来、开拓创新，盛世应当是艺术人才荟萃且人尽其才，不断推动艺术和出版事业又好又快发展。我们所处的改革开放时代，特别是文化体制改革以来的许多生动事实正在表明，当今的艺术活动正在显现盛世气象。这部画册就是盛世艺术的一个缩影。

为盛世增色添彩，向祖国献上美好祝福，这是所有参与这部画册创作、编辑出版的艺术家、出版人的共同心愿。

谨以为序。

2009 年 9 月

左编辑，右营销*

林阳同志的出版专业文集即将出版。他约我为书作序，这于我是必须接受下来的事情。理由很简单，他是我的同事。林阳同志是中国出版集团公司所属中国美术出版社的一位负责人，在集团公司这个大机构里，我们是同事，同事出书，而且书的内容正与我们所从事的业务密切相关，本人作为集团公司的总裁，当然要支持，当然要出力，当然要给予中肯的评价。

读者诸君大可不必以为我与作者有着如此这般的良好关系，这篇序言必定多有溢美之词。说实话，当这部文集的清样摆在我的案头，书名当即引起了我的兴趣。我想，大约不少从事过当代编辑出版工作的人士，都会注视这个书名，都会对此斟酌一番。编辑与营销，作为出版业的两大核心业务，它们之间的关系，在业内已经讨论、辩论、争论有年，此亦一是非，彼亦一是非，在出版社里还常常弄出人际矛盾来，现在让林阳轻轻点化，左右不可或缺，左右合为一体，也算是妙手偶得吧。单为这个比较妙的书名，送给我的这位同事一声称赞，想必不算过分。

称赞同事的新书，总归是一件可以理解的事情。我不单要为颇见深度和新意的书名称赞一番，更要为这部文集比较突出的两个特点说一番感想。

---

* 该篇《左编辑，右营销》序，篇名为本书编选时所加。《左编辑，右营销》，林阳著，东方出版社，2010年11月。

文集比较突出的第一个特点是注重实践。作者从事编辑出版工作近三十年，做过期刊编辑和主编，做过图书编辑室主任，也从事过出版社发行和经营方面的工作，在中国美术出版总社任副总编辑也有五年多时间，算是业内一步一步成长起来的出版人才。这样的人才，一旦做出版专业研究，也许格局、视野、思路有所局限，特别是在出版产业化如火如荼的今天，比起某些学术专家和产业“大腕”，也许少了一点宏阔气派，然而，我敢说，却要多一份真诚，多一份务实精神，多几分实践中的真切体会。出版业最终还要落实到编辑出版的实践上来。出版学是一门应用型学科，来不得半点虚假和吹嘘，虚张声势只会耽误工夫，而空谈只会误事。我们读林阳的这些文章，大都是为编辑出版实务而写，让我们看到了属于一个出版人的实践以及来自实践的认识与感悟。即便如一些比较宏大或比较常见的研究论题，作者并不就理论谈理论，而是努力让我们在文章里读到具有出版业特点的实例。注重实践这一特点，让我们感受到了作者的真情实感，为此，我作为他的同事，一个出版业中人，亲切的感觉油然而生。

文集比较突出的另一个特点是努力创新。专业研究及理论写作，只要坚持实践第一的观点，就具备了创新的原动力，因为实践总是在不断地在变化发展之中，新意便由此而生。而一个研究者，还必须具有与时俱进的品质和对创新自觉追求的精神，才可能在实践中敏锐地捕捉到具有创新内涵的真命题。林阳在这两个方面都有很好的素质。他实践，他与时俱进，他自觉追求，因而，文集所涉问题，多有新意。像《编辑期刊应当注意四个半拍原则》、《谈谈波士顿理论在报刊社的应用》、《谈谈如何设计市场化期刊封面》、《品牌战略：出版社可持续发展的战略》等一些文章，有的是对编辑出版规律有新的认识，有的是运用重要的管理学理论对编辑出版实践作新的理解，有的是在编辑出版实务中进行新的策略性思考。书中《出版社的企业文化及其影响》一篇，写于 2001 年，将企业文化的一些理论运用到出版社经营管理之中来，应当承认这在出版业内具有一定的前瞻性。

通览《左编辑，右营销》全书，还让我们感到作者的视野开阔而思考问题比较丰富，颇具出版人治学的特点。“出版者是出版业的专家，但他在知识方面又必须是一个博学多才的杂家”，从而能充分了解“读者的生机勃勃的多元的文化需求”（德索尔著《出版学概说》，中国书籍出版社，1988 年）。林阳正是在朝着这样的方向作努力。他是中文专业出身，在编辑出版工作中却读了在职的工商管理研究生；既从事过少儿读物出版业务，又潜心操持过期刊编辑业务，还很长时间从事美术出版工作；个人的书法修养正不断精进，却又在繁忙的工作之余著就这样一部兼具理论性和实践性的文集。要做到这些，没有良好的学习态度和不断进取的精神是难以想象的。我为中国出版集团公司有这样一位优秀的同事感到自豪。我也为我们出版业不断涌现这样勤奋并不断取得良好成绩的优秀出版人感到充满希望。

是为序。

2010 年 9 月 6 日

出版企业的文化建设*

20 世纪 80 年代，日本、美国一些成功企业把文化学的研究成果应用到企业经营管理活动中，提出一种全新的管理理念。这种管理理念突出以人为中心，充分发挥文化在企业经营管理中引导、协调、整合作用。作为与传统的科学管理、经验管理等方法相区别，管理学界将它称之为文化管理。企业文化的功能被越来越多的企业家看成是决定企业经营管理成败的关键。20 世纪 80 年代后期，我国管理学界也广泛认识到企业文化的重要性，普遍承认优秀的企业文化是一种能够促使企业实现全面协调发展的管理方法，应当受到高度重视和运用。

文化在管理中的重要作用并不是企业家们的独得之谜。只是企业作为以利润为中心的经济组织，居然能在企业文化管理中获得明显的效益，突出地显示了文化的威力。事实上，文化的作用已经受到越来越广泛深入的关注和研究。进入经济全球化时代后，文化被视为国家的软实力，在综合国力的竞争中发挥着不可或缺的重要作用。治企如治国。文化何尝又不是企业软实力之所在！正如美国 IBM 公司前董事长小托马斯·沃森所指出："一个组织与其他组织相比较取得何种成就，主要决定于它的基本哲学、精神和内在动力，这些比技术水平、经济资源及组织机构、革新和选择时机等重要得多。"实践表明，企业之间的竞争，最终也要体现在企业文化的竞争上。一个企业倘若没有

* 该篇为《中国出版集团企业文化核心理念征文集》序，篇名为本书编选时所加。《企业文化核心理念征文集》为中国出版集团公司编印的企业内部学习读本。

优秀的企业文化，将难以在激烈的市场竞争中占据最终优势，更遑论永葆青春、长盛不衰。

文化企业的企业文化更有其特殊价值和作用。文化企业的企业文化建设，既是提高管理科学化水平，提升企业软实力的需要，还直接关乎企业的选择安排，关乎企业的发展方向，关乎产品内容的生产经营，关乎企业的品牌形象塑造。故而我把企业文化建设称为文化企业管理的“务本之道”。正因为此，中国出版集团公司领导班子一直高度重视企业文化建设。

由于企业的历史、构成、地位、任务等方面的原因，中国出版集团公司在企业文化建设上存在着许多特殊性。集团公司由许多国家级著名出版发行企业组合而成。这些企业历史悠久、品牌响亮，有中国现代出版业举世闻名的百年老店老社，有为新中国出版事业作出过重大贡献的大社名社，有堪称改革开放新时期的标志性出版社。这些企业大都发育比较成熟，有着各具特色的企业文化传统。而集团公司才成立迄今不满十年，加快改革发展和推进集约化经营的任务却很重。在这样的历史和现实情形下，要建设覆盖全集团的企业文化，显然有着相当的难度。我们要建设的集团公司文化，既要继承和发扬各所属企业既有的优秀文化传统，又要与时俱进，以改革创新的精神对文化传统进行扬弃和创新，还要体现全集团的现实共识、共同愿景，具有尽可能大的包容性、同构性。集团公司文化，还要符合出版业“国家队”的身份和地位，要体现自身的特点和任务，要显示出比较高蹈的标准和追求。总之，通过集团公司的文化建设，我们要把全集团化成一个具有凝聚力、向心力的整体，使得所属企业和广大员工以共同的价值观和行为准则互相视为同道，为着一致的目标和理想而共同奋斗。

在文化体制改革不断深化和文化产业加快发展的新形势下，中国出版集团公司企业文化建设的必要性、紧迫性愈发突出。集团公司在新形势下提出了“创建国际一流出版传媒企业”的战略发展目标，并制订创建计划。一流企业必须拥有一流企业文化。文化强企战略也就纳入到集团公司创建计划中。2010 年初，集团公司专门出台企业文化建设三年规划，并根据规划要求，迅速推进各项文化建设工作，全集团形成了一股企业文化建设的热潮。集团公司企业文化建设进入全面落实的阶段。

在企业文化建设中，有一项带根本性的重要任务，就是确定企业的核心理念。成熟的企业，高水平的企业，有抱负的企业，无不高度重视核心理念的设计。许多企业为了确定核心理念，广泛发动，多方设计，可谓殚精竭虑、绞尽脑汁，甚至不惜重金征集，几有一字千金之慨。集团公司领导班子也是以很大的激情提出方案初稿，然后广泛听取意见，反复推敲斟酌，集思广益，最终提炼出四词八字："固本求新，弘文致远"。至此，成立九年有余的中国出版集团公司终于有了自己的核心理念。

"固本"，就是巩固企业发展之根本。"君子务本，本立而道生"。集团公司的"本"，有"道本"、"物本"和"人本"之分。"道本"就是坚持正确的出版方向和导向，建设传播先进文化，弘扬优秀的中华文化，继承优良的出版传统，坚持高尚的职业操守。"物本"就是坚持挺拔主业，实施品牌战略，为社会奉献精美的精神食粮。"人本"就是坚持以人为本，以读者为本，不断满足人民群众日益增长的精神文化需求；以作者为本，为作者提供诚实守信的服务；以员工为本，实现员工与企业的共同发展。

"求新"，就是坚持追求改革创新。改革创新乃是当今时代精神的主要特征。"周虽旧邦，其命维新。"集团公司脱胎于百年老店和数十年老社，由文化事业单位重组转制而成。过去许多单位一直在计划经济体制内运行，转企改制后则需按照现代企业制度要求，重塑市场主体，参与市场竞争。因而，最重要的任务就是改革创新。"求新"，一要思想观念求新，二要体制机制求新，三要经营方式求新，四要人才队伍建设求新，五是产品内容与传播手段求新。"求新"是一个企业永恒的主题。要保持企业的长盛不衰，通途只有一个，那就是"日日新，苟日新，又日新”，与时俱进，开拓创新，不断地取得新突破，实现新跨越。

“弘文”，就是要以弘扬先进文化为己任。这是作为国家级大型出版发行机构的使命之所在。文化担当、文化追求、文化品位、文化操守，国家文化企业必须经常考量的基本而主要的问题。处于改革发展关键时期的文化产业，在加快产业化发展的进程中，旗帜鲜明地提出“弘文”的主张，具有很强的现实针对性。在出版产业发展和竞争中，见利忘义者时常可见，见利忘文者乐在其中，见利而忘主业者甚至振振有词，中国出版集团公司对此一直有着高度的警觉。集团公司将坚持挺拔主业、内容为王的理念，坚持把内容建设作为产业使命，坚持实施精品战略，坚持通过内容创新和传播手段创新，实现有机统一的社会效益和经济效益。

“致远”，则表明我们决不故步自封，决不株守书斋而不思进取，而一定要把中国出版集团公司建设成为国际一流的出版传媒企业。在国内国际同行的相比较中，我们要看到集团公司存在的差距。在规模经营、投融资、产品创新、传播手段创新、国际化及多元化发展等方面，与国际一流出版传媒企业相比还存在较大差距。我们必须志存高远，抢抓机遇，加快发展，力争在不太长的时间里发展成为名副其实的出版业“国家队”，成为具有强大综合实力和竞争力的国际一流出版传媒企业。

“固本求新，弘文致远”，这是集团公司对历史经验的高度凝练、深刻反思，是对改革发展目标的清醒认识、切实把握，是对企业使命、企业责任和企业前途的勇敢担当和强烈追求。四词八字，环环相扣。“固本”与“求新”相反相成，“弘文”与“致远”依序递进，可谓辩证统一，独具境界。核心理念用辞取譬有文气、少陈词、多新意，辞约而理精，辞壮而旨深，易记易诵，易于传播。

为了让核心理念在集团公司深入人心，内化为广大员工的精神追求和行动准则，2010 年 9 月，集团公司开展“学习贯彻集团公司核心理念”征文活动。全集团各级领导干部率先垂范，广大员工积极参与，共收到征文121篇。经过专家评选，征文评出一等奖6篇，二等奖12篇，三等奖28篇，优秀奖55篇，特别奖8篇，共计109篇。许多作者能结合自己所在企业的改革发展实际，结合自己对出版企业文化的理解和实践，从不同侧面诠释了集团公司“固本求新，弘文致远”的核心理念，其中不乏见解独到、思想深刻、发人深省的好文章。现在将这些优秀征文编辑成书，既是集团公司企业文化建设成绩的一次集中展示，也是对广大征文作者认真思考和实践的热情褒扬，还是借以进一步扩大集团公司核心理念的影响，有力推动集团公司企业文化建设深入持续地开展下去。

企业文化建设是一项系统工程。确立核心理念之后，还有大量系统的工作要做。既需要全面、细致地抓好每一个环节、每一项指标的落实，完成好每一阶段的工作任务，更需要发扬持之以恒、常抓不懈的精神，把企业文化进行到底。我们要把核心理念的精神实质和丰富内涵贯彻到企业全面的管理之中，不仅要企业领导团队的倡导和身体力行，更要得到企业全体员工的响应和自觉参与，甚至需要整个行业乃至社会的反响和大声喝彩。我们衷心希望集团公司的各级领导干部和广大员工，拥护和热爱集团公司的核心理念，并以此为旗帜，以此为起点，踏上新的征程，为把集团公司创建成为国际一流出版传媒企业作出更大贡献。

2011年6月10日

编辑出版学的新进展*

我国出版业正进入一个快速改革发展的时期。体制改革，机制创新，市场运作，产品创新，联合重组，资本运营，规模扩张，多元化经营，科技融合，多媒体互动，人才汇聚，国际化发展……如此等等，一发而不可收。行业里充满了新理念新战略新规划，从业者心中充盈着热情激情豪情，新书刊新文库接踵而至，新举措新创意层出不穷，新技术出版令读者喜新却不厌旧，新锐人物与资深人士交相辉映。于此情势之下，作为行业改革发展的观察者、研究者的编辑出版学研究，必定血脉贲张、文思泉涌、灵感闪现、锦心绣口、妙语连珠。在我的印象里，似乎每月都有国内乃至国际的行业高层论坛，每月都有编辑出版学重要科研课题开题、论证和结题、验收，更无论令人目不暇接的大量编辑出版论文发表——完全击碎了我过去的一个歪论，即所谓"出版经营没有太多理论值得深究，主要还是做好与内容相关的编辑出版研究"一说，那是我信口开河之误。此刻，我就在重庆至宜昌的"世纪宝石号"江轮上，伴着"滚滚长江东逝水"，与国内外数十位出版界高层人士举行"香山论坛 · 重庆峰会"，讨论出版业的"科技、资本、创新"诸论题。论坛屡有高论宏论新论，大有"不尽长江滚滚来"之势。我国出版行业的学术研究也正进入一个快速发展繁荣的时期。

---

* 该篇为《编辑出版学研究进展 2009 年度报告》序，篇名为本书编选时所加。《编辑出版学研究进展 2009 年度报告》，王彦祥、朱宇主编，中国书籍出版社，2010 年 12 月。

我之所以发表以上感想，乃是想说明，北京印刷学院新闻出版学院王彦祥、朱宇两位研究生导师带领自己的研究生组成的“编辑出版学研究进展学术团队”，编写的这部《编辑出版学研究进展2009年度报告》（以下简称《研究进展报告》）就是在这样的形势背景下设计并完成的。行业快速发展，行业研究快速跟进，快速反映行业发展研究、学科发展及前沿成果就成为一项任务。为读者及时提供相关信息，客观记录出版业和编辑出版学研究的发展轨迹，量化专业研究成果和出版业发展指标，总结出版学各方面的学科前沿成果，并指明年度研究之短长，未来研究之方向，是这个项目的主要内容要求。这一研究课题所具有的实践意义、导向作用、时效价值、学术价值、文献价值是显而易见的。《研究进展报告》设置了政策解读、专题综述、新著评介、信息资料等四大部分，既有一次文献如行业新规、重要文件，也有二次文献如专业新书提要、博硕论文目录、学术会议索引，更有作为研究成果的三次文献即十几篇综述。本书通过多种多样的研究和写作形式，形成了学术研究参考、重要文献查询、专业新作导读、研究生学习指引等多重功能。这是我初一看到全书目录清样便心中为之一震的第一个原因。

提出这一课题设计已属不易，因为需要眼光和心胸，而报告的编写难度则是不难想见的，因为需要切实刻苦地去做。这不是一部某一个专题论著，更不是通常学术会议的论文汇编。前者可以由论者自主展开，后者则可做开放性选编，不必有周全安排。本书是年度报告，当有全面、准确、深入、切实的要求。书中收入的十几篇综述，内容涵盖编辑出版学理论、专业教育与培训、出版业转制与改革、出版法制建设与著作权、出版组织与管理、编辑与编辑工作、图书出版、期刊出版、新媒体出版、发行营销与版权贸易、国民阅读、出版历史与文化、国外出版研究等等方面。撰稿人没有比较广泛全面的阅读，对专业文献不作相当深入的研究，是不可能写下这样具有相当学术价值的文字的。《研究进展报告》刊登的年度内国家新颁布的法规文件及专家解读文字，年度重要专著的评介和简明提要，年度专业学术会议、博硕论文目录等大量参考文献资料和研究信息，自然需要研究团队对编辑出版学研究的长期关注与系统性梳理，需要用心、用力、用时，下一番“死工夫”，方可能做好这样的学术基础性工作。特别是，当报告被冠以“2009 年”之后，时间就益发显得紧迫。四十多万字的专业出版物，仅用 10 个月时间就编写完成并与读者见面，这需要主编者大量时间和精力的付出，也需要团队加班加点潜心工作且甘于奉献。主编者和整个团队体现出来的奋斗精神确实与出版业改革发展的时代精神形成呼应。当第一次看到全书清样时，我不由得对主编之一王彦祥先生发出了钦佩的感叹。

本书是由导师带领在校研究生组成团队来完成的，这种方式也引起了我很大兴趣。这样既发挥了大学教师在教学和专业研究方面的优势，也调动了研究生的学习和科研积极性，培养了他们的学术研究能力和编辑出版业务工作能力。教师和研究生密切配合，两方面的优势合理发挥，用实际行动探索了书刊编辑学方向研究生培养的新模式。本书的顺利出版，也印证了该模式的成功，实现了“学科建设与研究生培养”课题申报的承诺，即研究生导师和在校研究生组成学术团队，以项目研究带动教学和科研，将专业人才培养融合在课题研究和具体出版物的编写之中，有利于研究生实际能力的培养。据我所知，《研究进展报告》的编写出版，还充分发挥了该研究团队的编辑出版学专业优势。在整个过程中，研究生根据所学专业技能，对稿件相互进行编辑加工、校对修改，如期交出了“齐清定”的书稿。研究生导师作为本书的主编，也将专业教学和编辑出版专长充分发挥出来，不仅完成了全书的选题策划、框架设计和编审工作，还将本书的编写经验作为典型案例应用于课堂教学。特别是全书由研究生自己进行版式与装帧设计，自己完成排版制作，相互配合、集思广益、勇于创新，完全是一次实习教学。我作为一位业内人士，对此很是有亲切之感。

由此书的编写和出版实践的过程，想到编辑出版学的科研教育的实践性问题。清代学术中“颜李学派”的掌门人颜习斋提倡：“必有事焉，学之要也。心有事则存，身有事则修，家之齐，国之治，皆有事也。无事则治与道俱废……德、行、艺曰物，不征诸物，非德非行非艺也。”（李塨《习斋年谱》卷上）他以为，离开事物没有学问，离开事物谈学问则不是学问，在事物上求学问不实习是不行的。梁启超把“颜李学派”称为实践实用主义而予以基本肯定。我以为，扬弃其中的绝对实践主义的片面性，颜习斋的观点实在是值得我们记取的。我们的编辑出版学的科研、教育以及人才培养，应当尽可能贴近行业实际来开展。编辑出版学是一门实实在在的应用型学问。在这里，空洞调头要少唱，空话套话要少说，而代之以生动活泼的实践研究和对事物规律性的准确把握，以及由此生发出来的理论思考和前瞻性认识，方可使得我们的科研、教育以及人才培养有实用、见实效，从而与如火如荼的行业改革发展态势相适应，并反过来为行业的科学发展提供清醒冷静的科学研究支持。“编辑出版学研究进展学术团队”的教学与科研实践正是这么做的，值得我们称道。我们有理由希望，团队把这项工作做下去，做得更好，特别是要把综述文章写得更全面、更精当，更具研究者的判断力和思考力，为出版行业的科学发展作出重要贡献。与此同时，也衷心祝愿，团队最终实现教学相长、产学研互动的要求，特别是要实现既出书又出人的目的。

是为序。

2010 年 11 月香山论坛—三峡之旅

探索数字出版产业创新模式*

陈丹教授的专著《数字出版产业创新模式研究》即将面世。这是我期待中的重要事情。我之所以期待，原因有三：一是新世纪以来数字出版风起云涌，出版业数字化转型压力陡增，而数字出版产业创新模式的研究却很不足，出版产业亟须科研方面的支持和指引；二是陈丹教授长期从事数字出版的教学和研究，已有不少专题文章发表，近年来她十分专注于数字出版产业教学和实践研究，我们期待她奉献新的著述；三是出于我对陈丹教授的担心和祝愿。陈丹教授现为北京印刷学院新闻出版学院常务副院长，身陷繁忙的院务工作，尽管她充满激情地工作，时有创新之举，我却不免要替她有所担心，担心她在专业上的发展受到太大的影响。我是衷心希望她在院务和专业两个方面都可得兼，成就两全其美的事业人生。然而，不曾想，我的担心乃是一个杞忧，眼前就有一部专著如期而至。

《数字出版产业创新模式研究》是一部与数字出版产业同步向前探索的专著。 数字出版是对整个出版业生产方式和业务流程进行数字化的过程，从这个意义上说，数字出版将是出版业领域的一次重大变革，势必给出版业各个方面带来关键性的变化。在这场涉及诸多方面的变化中，产业层面的变化则尤其具有革命性。其中，传统出版产业数字化出版的嬗变，新兴数字出版机构的创立，数字出版产业要素的

---

* 该篇为《数字出版产业创新模式研究》序，篇名为本书编选时所加。《数字出版产业创新模式研究》，陈丹著，中国传媒大学出版社，2011 年 10 月。

创新，数字出版产业链的构建，以及产业政策预设，如此等等，无不具有“其命维新”的意义。本书即以此为主要对象，立足于产业创新模式的研究，令人有登高望远、总揽全局之感。全书从数字出版产业的发展状况和研究态势的归纳和综述开始，在数字出版产业发展现状及特点研究的基础上，迅速进入不同产业主体的创新案例分析，这些案例堪称我国数字出版领域目前具有典型意义的不同实例，由此提炼出构建数字出版产业创新体系的任务，即数字出版的创新要素、创新主体和创新类型，并在此基础上形成数字出版创新体系模型，并对未来的数字出版创新模式进行构想，对企业和政府相关部门提出若干重要建议。全书建立在扎实的实践基础之上，既对发展中的数字出版产业有着直接的观照和深致的把握，又能对企业和政府提出具有可行性价值的建议，颇为可贵。一位长期置身高校教学工作的研究者，倘无实践至上的科学精神和实事求是的科学态度，是难以达到这样的科研境界的。

《数字出版产业创新模式研究》也是一部具有较强理论价值的数字出版研究专著。我们说研究者具有实践至上的科学精神和实事求是的科学态度，并非是对其理论研究及其理论价值有所贬抑或者些微的轻视。恰恰相反。我以为，只有将实践与理论有机结合，特别是让个案研究搭乘可靠的理论之舟，方可能让这种对实践的研究得到深化，并上升到理论的层面。本书较好地运用了由美籍奥地利经济学家熊彼特（Joseph Alois Schumpeter）首次提出的“创新理论”（Innovation Theory），运用了当前国内外关于产业创新研究的各种理论成果，如技术创新、产品创新、流程创新、管理创新、服务创新、市场创新等方面的理论，创造性地提出创建数字出版创新体系模型的研究任务。其中蕴涵的理论逻辑是严密而可靠的。全书从数字出版创新生命周期的时间维度、数字出版创新过程中的创新程度、不同创新的类型维度等三个维度，勾勒数字出版产业的创新曲线，将创新理论与数字出版产业有机结合起来，创建了若干数字出版产业创新体系模型，在数字出版理论研究上有着独特的贡献。鉴于我国对数字出版的研究一直比较集中在“技术支持”、“赢利模式”、“版权保护”、“人才培养”等方面，而较少针对数字出版企业以及整个产业体系建设开展研究，益发显得本书的研究及其成果具有可贵的理论价值。

《数字出版产业创新模式研究》无疑还是一部具有较强创新精神的数字出版研究专著。如前所述，在数字出版研究中，本书将研究重点集中在数字出版企业以及整个产业体系建设上，确立了全书创新的起点。诚如书中所指出，在数字出版方面，并不是所有的传统出版单位都有胆量充当“第一个吃螃蟹的人”、“摸着石头过河”的角色，数字出版发展探索之路一直是崎岖不平的，因而研究的重点落在企业和产业体系上，也体现了研究者的勇气和敏锐。在数字出版创新模式的分析中，本书根据数字出版发展的实践，归纳出四种基于不同创新主体的创新模式，即内容提供商主导的产品创新模式、内容运营商主导的服务创新模式、技术服务商主导的技术创新模式、终端设备提供商主导的体验创新模式，并对未来数字出版的创新模式进行了构想，这是全书在本课题中最为重要的创新之处。这些典型案例和创新模式显然具有宣传推广价值，可以对全国相关数字出版的企业发展起到一定的引领作用，为经济发展方式转变和产业结构升级发挥一定的推动作用。而专著最后对企业和政府部门提出的具有可行性的若干建议，同样可以称得上是一种创建，体现了研究者的创新精神和责任感、使命感，值得称道。

在我强调指出了《数字出版产业创新模式研究》一书所具有的实践性、理论性和创新精神之后，我还要特别表达一个感受，那就是：这部专著对当前数字出版研究状况进行了比较全面的介绍和讨论，对数字出版生产过程的各个环节知识也作了比较详细的介绍和研究。这样一来，全书便显得更为完整、扎实、实用，更为有利于科研与教学的结合。而要把学问做到这个地步，显然需要研究者下一番硬工夫和死工夫，需要研究者长期的积累和深入细致的考察。想到陈丹教授虽然院务工作倥偬，专业研究和教学却不曾有所松懈乃至放弃，专著写作并不曾有所粗疏、敷衍，全书文字晓畅，表述准确全面，对她的敬意在我心中油然而生。

是为序。

2011 年 10 月

出版教育研究的新成果*

北京印刷学院新闻出版学院为了检阅和宣传教师们的学术成果，科研活动进一步开展，汇编成2011年教学科研论文集。论文集即将出版，正值新闻出版学院成立一周年，恰好成为院庆一周年很有意义的纪念。

学院既要教书育人，也要治学问道，育人者庄严恳挚，治学者动静相宜，方可能形成学院的可持续发展。北京印刷学院一直有着教学与科研紧密结合的良好传统。其中编辑出版及传播等专业学科，积极开展学术科研活动，北京出版产业与文化研究基地、北京市跨媒体出版重点实验室、期刊研究所、中国编辑研究资料中心、全国高校数字出版教育联盟等重要项目和机构相继落户于此，显示出专业学术科研较强的实力与后劲。近年来，北京印刷学院进一步解放思想、改革创新，加大力度调整院系专业结构，引进学术领军人才，充实教学科研队伍，加强国际、院际交流与合作，推进产学研结合，主动为新闻出版业改革发展作贡献，在社会上特别是在行业里的贡献力和影响力与日俱增。形势催人奋进。新闻出版学院学术科研的风气更是愈来愈浓，教师们一部部专著接踵而出，又有这部年度论文集面世，令人目不暇接、倍感振奋。

新闻出版学院2011年教学科研论文集《出版教育与研究：探索与

* 该篇为《出版教育与研究：探索与发展》前言。《出版教育与研究：探索与发展》，陈丹、张文红主编，知识产权出版社，2011年11月。

发展》的出版，可以看作是高等专业院校开展学术科研活动的一个有益实践，目的是立足学院教学和科研，服务行业改革发展，努力为我国新闻出版强国的建设尽一份绵薄之力。我国新闻出版业“十二五”发展规划确定了建设新闻出版强国的战略目标。建设新闻出版强国，需要学术科研的支撑。高等专业院校是专业学术科研一支不可或缺的重要力量。之所以说其不可或缺，理由有三：第一，高等专业院校是直接培养专业人才的摇篮，学术科研成果将直接影响到人才成长的质量。古人主张学习要“博学于文”(清·顾亭林)，就是提倡学习要下客观工夫，讲求事物条理，愈详博愈好。学院开展的学术科研活动将有助于学生养成“博学于文”的科学态度。第二，高等专业院校是多学科、多人才汇聚的教学和科研平台，可以形成多学科、多层次协同而又竞争的良好科研局面。伽利略指出：“科学不可能是一个人的事业。”高等专业院校开展学术科研活动的集中度和综合程度，是很多产业机构特别是专家学者个体难以达到的。第三，高等专业院校与行业的关联度既紧密又有所间离，有利于科研活动的独立科学地进行。关联度紧密，可以使得教学和科研更为符合行业发展实际的需要，但有时不免囿于行业眼前某些局部的利益和需要，使得科研活动难以深入，难以抵达事物的根本；而关系有所间离，则可以帮助科研活动适度地“跳出三界外”，较少受当下某种狭隘的功利主义的羁绊，较好地坚持实事求是的科学精神，为社会和行业更为健康、更为长远的发展服务。有人据此嘲笑这是“学院派”学术。我们认为，祛除“学院派”某些不切实际、耽于空谈的毛病，在学术空气不太健康的当下，高等专业院校的学术科研工作通常所具有的强调学理、坚持客观治学的特点应当予以提倡和坚持。本书所收选的六十余篇论文，正是从上述三个方面体现着各自的价值，发挥着相应的作用。如果说当中有些篇章尚嫌不足，在我看来，主要还在于学理有待提高，客观治学的精神有待强化。我相信，这些“有待”的提高和强化，在学院的学术科研风气愈来愈浓的环境里，肯定是“可待”实现的。

北京印刷学院新闻出版学院毕竟成立才满一年，包括教学和学术科研在内的各项事业正处于起步阶段，亟待通过实践不断总结、提高和完善。在这样的条件下，本书的汇编工作粗浅错讹之处当是在所难免，敬希各位专家和广大读者鉴谅并批评指正。

2011年11月18日

一枝一叶总关情*

南京是我的故乡，这是不少朋友都晓得的。可准确地说，隶属南京的江宁区才是我真正的故乡，却是不少朋友所不知晓的。倘若再深说下去，江宁的湖熟、湖熟的龙都、龙都的西北村才是我的老家所在，那就非故乡人而无法说得明白的了。

故乡是秦淮河流经的地方。在我的记忆里，故乡的秦淮河总是静静地流淌。岸边圩田成片，远处山峦绵亘，村落鸡声相闻，阡陌春绿秋黄。秦淮河两岸，还有一些高出水面许多的土墩，多呈椭圆形，间或也有圆形，远远望去一个个就像人工搭建的小土台，十分奇特。那就是著名的湖熟古文化遗址，距今在五千年以上。故乡悠久的历史和亲切的现实，令我时时感受到一种神秘的东西让我牵挂。我想，大约这就是乡恋。

尽管有着如许乡恋，为着少小离开故乡，数十年匆匆而过的缘故，至今我却不曾为故乡写下过文字，这是我一直引为愧疚的事情。故乡人许宏亮君，即将出版作品集《乡恋文韵》，约我以故乡人的身份写一篇序言，这颇让我感到高兴。因为如此这般也就让我得到一个为故乡写几句话的机会了，可以稍微减轻自己愧对故乡的心情。

许宏亮君是我的故乡友人。我们仅有过一面之交，平素的联系主要是电话和短信。他在湖熟街道工委里负责宣传工作，于是把我这个

---

* 该篇为《乡恋文韵》序。《乡恋文韵》，许宏亮著，江苏人民出版社，2010 年 11 月。

一直属于宣传工作系统的故乡人作为联系对象。他是作家协会会员，于是把我当作一位文友来交流。对于我而言，自然还为的是他可以帮助我与故乡联系得更为紧密。在我的印象里，宏亮是一位颇具儒雅风度的文化人，同时又是一位扎实工作的基层干部。《乡恋文韵》所收文章，既有抒情散文，也有思想随笔，还有通讯消息；既书写江宁特别是湖熟地方建设发展的成就，又介绍那里默默奉献、卓有成绩的优秀人物，还细数地方风物，描写人文景观，论述湖熟文化，进而研究当前文化产业发展。这当然不是一部文学作品集，而是作者近几年来写作、工作、思想的文字汇编。惟其如此，让我感到颇为亲切。透过这些文字，我们能够清晰地了解到一个在基层工作的作家大部分的工作内容和所思所想，看到一个真心热爱自己故乡和工作岗位的公务员形象。我为有这么一位朴实、勤恳、敬业并一直勤奋写作的故乡人感到高兴。

这部作品集一如书名《乡恋文韵》，乡恋是作者的根本，文韵是作者的追求。在这里，乡恋不是观光，乡恋不是怀想，乡恋更不是呻吟，这里的乡恋是一种热爱，一种对家乡热土的热爱，对家乡历史文化的热爱，对家乡一草一木、一人一事、一土一石的热爱。诚如作者在“自序”中所发的感想：“乡恋是一种德行。永恒的乡恋，不仅能体验博大，而且能珍藏底蕴。乡恋是一种操守。心中有清泉的人，才会让乡恋绿湖永不干涸。乡恋是一粒种子。谁播种乡恋，谁就能收获无限希望。”说得多么好！有了作者如此丰厚的乡恋感悟，他写人，人有人情味；他记事，事在情意在；记感悟见情理，写消息见情趣，即便写的是工作总结式的文章，那程式化的叙述里也浸润着作者的爱心，更无论那些本来就可以直抒胸臆的散文作品，他令我们想起了一句古诗：“一枝一叶总关情”。尤其是像《远近湖熟》、《湖熟，你早》、《金陵鸭馔甲天下》、《湖熟文化同商周》等作品，乡恋浸润文字，文字颇有韵味。从这些文字里，我们感受到一个作者对家乡的爱心。有着这样一颗爱心，我们相信，倘若宏亮能够在文学的视野上再有所拓展，在文学的修养上再有所成熟，那么，他可以在写作的道路上会走下去，会更多地写出既有乡恋又有文韵的质量更高的作品来。我们可以期待。

是为序。

2010 年 9 月 4 日于北京

出版业人士的文化感觉*

《岁月如歌》是黄健兄的第三本散文随笔集。先前出版的两本是《掠燕湖札记》和《岁月行思》。作者长期在出版行业工作，过去在出版社当编辑做社长，现在则负责省级新闻出版行政管理。他研究和写作的重点一直都在出版专业理论上，且已经取得不俗的成绩。散文随笔写作只是他本职工作和专业研究之余的事情，竟然也有不菲的收获。陈建功先生在为黄健的《岁月行思》一书所作的序言里，很是赞叹作者的“勤勉与执著”。我以为建功兄的赞誉是恰如其分的。面对勤勉而执著地从事文学写作的黄健兄，除了赞叹他的“勤勉与执著”，我们还能说什么呢？

其实，作为出版人的黄健，他的许多散文随笔作品也可以看成是其出版专业写作的一部分。出版学是一门实用型学科，其研究的内容有史、有论、有思想，更要有书、有人、有行为。之所以说“更要”，是因为作为实用型学科，研究对象每时每刻发生的专业行为，尤其具有认识价值和研究价值。这也正是这门学科的生命力之所在。出版人进行国内外交流和游历以及在生活工作中所见所闻、所思所想，当然与出版实务相关联，用散文随笔把它们记录下来，庶几可以成为后人研究当今出版活动的资料。一部《岁月如歌》，所选作品就有出版业务出访与交流的游记，还有出版专业问题讨论与思考的随笔，有一个当

---

* 该篇为散文集《岁月如歌》序，篇名为本书编选时所加。《岁月如歌》，黄健著，广西民族出版社，2012 年 2 月。

代出版人各种经历的回顾以及对国家发展、社会进步的感想。这些作品或多或少记录了当下的出版活动，或深或浅折射出当代出版人的精神风貌，然而，它们又是用文学的笔触写成，显得比较真实可感。我作为业内同好，自然感到熟悉而亲切。

尽管我要强调黄健的这些散文随笔作品对于出版活动的意义，但还是要说，这部散文随笔集主要还是黄健文学写作的成果。他是那么用心地观察生活，尽可能准确地把握事实。他认真地叙述描写，文辞并不铺张，大体是比较简约洗练的风格。作品大都有感而发，抒情也还节制。总之，看得出来他是认真地在搞文学创作。出版人能够搞一些本职工作以外的写作，这并没有什么不好。我一贯主张出版人要有所著述。写作是一种相对综合的文化活动。写作能引动我们思考，写作能推动我们进取，写作能激发我们创造的激情，写作能拉近人与人之间的距离。编辑出版专业人士倘若能有所著述，其文化修养会有所加深，业务能力会有所提高，事业的视野会有所拓展，还能为出版行业提升社会影响力。许多活跃于当代出版业的编辑出版专业人士，他们之所以受到人们尊敬，虽然首要原因在于他们的为人以及在专业上的贡献，但与他们的写作活动不是没有关系的，其中不乏受人尊敬的文章好手。古人把“立德、立功、立言”作为人生“三不朽”之事，写作便是一种“立言”，值得提倡。

当然，黄健兄当面向我表示他绝无“立言”的奢望。他说写作只是他的兴趣爱好，是情不自禁地想写，写作成了习惯。我说这就是文人习惯。他笑而不答。我以为，出版业只要还是内容产业，就需要拥有更多的文人。近些年来，由于出版市场竞争加剧，出版产业发展加快，出版行业一直高调呼唤经营管理人才。这当然是不错的。但出版行业更要高调呼唤文人。现在的感觉是，出版行业对文人呼唤得似乎不够了。什么是文人？文人要崇尚文化，文人要有文化修养，文人要有真性情，文人要追求真善美，文人要有理想主义，文人还要做到“君子爱财，取之有道”。如果说出色的经营管理人才是出版产业在市场经济条件下快速发展的必要条件，那么，优秀的文人则是确保出版行业植根文化、创新文化、坚守主业从而实现健康发展的根本保证。当人们在为出版产业加速扩张而欢呼雀跃的时候，这个出版产业一定要保有一个健康的文化之魂，一个中华民族先进文化之魂。文化之魂不是抽象的概念，这里包含着许多价值观和行为准则。行业内一大批优秀的文人以及具有文人气质的从业人员将成为文化之魂的主要承载者。为此，我们的编辑人员要强化文人的责任感与使命感，出版发行从业人员要坚守文人的意识和操守，出版行政管理者要保持应有的文人气质和人文情怀，全行业要形成崇尚文化的良好风气。在这样良好的风气下，出版行业去争取实现又好又快的发展。

由黄健兄第三本散文随笔集的出版，引发我上述一些感想。这也是我为黄健兄的“勤勉与执著”深表赞叹的缘由。他的勤勉固然难得，而一直以来他在出版专业理论上的执著钻研，在文学创作上的执著投入，一句话，他执著的文化兴趣和追求，则是我要特别表示赞叹的。

是为序。

2011 年 12 月 5 日于北京

耕耘与收获*

人到了一个成熟的年龄上，就会生出回顾人生的冲动。《刘耀仑文集》即将出版，这显然是耀仑兄一番动静不小的文学与人生的回顾。一个原本是文学刊物的编辑，十多年前又转行到了文学以外的政府部门，眼见得与文学创作渐行渐远，忽然间，他竟拿出了五卷本的文集来。耀仑兄这一回顾文学人生的冲动，自然有力地冲动了他的朋友们。

“只问耕耘，不问收获。”这是耀仑兄在二十多年前对我说过的一句话。那还是在未名湖畔求学的时候。这句话过去现在都有很多人说。话是一句，原因却各不相同。有的是以过程为美，有的是以淡泊为境界，有的则是为了审慎，有的干脆就是出于无奈。我不知道耀仑兄当时出于什么意思说出这话来。他说这话的时候，正是包括我在内的许多同学既问耕耘更问收获的时候。北京大学中文系首届作家班，一时青年作家，意气何等风发，竞相发表作品，不问收获更待何时！刘耀仑同学当时却真诚地表现出对一时的收获不急不躁的意思。宿舍里他也在伏案写作，只是默默地写，并不曾听闻他发表过诸如宇宙人生的见解、古往今来的哲思、中外文化的比较、文学风格的追求等等方面的宣言或雄辩。一面写作一面发表理论宣言是那个时期文坛的时髦。更多的时候刘耀仑同学是在认真而快乐地听课，认真而快乐地与

---

* 该篇为《刘耀仑文集》总序，篇名为本书编选时所加。《刘耀仑文集》，刘耀仑著，国际文化出版公司，2013年1月。

同学神聊以及更认真更快乐地与同学对弈。在写作上他实在不怎么张扬。然而，就在不怎么张扬的状态下，他居然写了这么多。耕耘者越是不问收获，收获越大，反之，收获可能越小，也许这就是这句名言所蕴含的悖论。

耕耘与收获，原本是一个再自然不过的逻辑关系。耕耘之后就应当是收获，天经地义。然而，一样的耕耘，收获却各有不同，这是谁也奈何不得的宿命。耕耘之后，颗粒无收，入歧途泣之而返，更是史不绝书的悲情故事。希腊神话悲剧人物西西弗斯终日反复推石上山竟无绝期，成了人类徒劳而无法解脱的原罪象征。如此情势之下，“不问收获”也许是最明智的选择。“不问收获”，可以遮挡、消解、抚慰人们求不得、爱别离、憎厌会一类的苦情，“不问收获”，可以帮助人们建立对事物因果关系复杂性的清醒认识，避免幼稚幻想。最为重要的是，“不问收获”在文学创作上可以帮助作家调适创作心态，引导作家一定程度地放下功利追求，独立、自由、洒脱、倾情地进入到生活与作品应有的情境中去，把写作当成精神的宣泄和享受。事实上，一个作家，怀揣博取文名或者稻粱谋的目的去写作，怀揣诺贝尔奖金或者国家级大奖的获奖梦想去写作，很容易落入“为了收获而耕耘”的人生思维模式，背离文学的真精神，失却创作的真快乐。在文学创作上，“为了收获而耕耘”，往往不是虚火上升，便是畏首畏尾，不是投人所好，便是凌空蹈虚，不是数典忘祖，便是瞻前顾后，极易演出耕耘与收获的悖论喜剧。

在我看来，耀仑兄的写作就颇为独立、自由、洒脱、快乐。他不怎么攀附文学门派。在创作上他有点儿独处，比较执著于一个人的写作。他自然地写，倾情地写，颇有些为想写而写、为有感而写乃至为写而写，一副轻松的姿态。一套文集，既不趋时，也不落伍，颇有笛卡尔“我思故我在”的气度和袁中郎只为性灵感觉信手而写的精神。他想做什么文章就采取什么文体，以至于小说、诗歌、散文、纪实文学、文学评论竟各成一卷。许多作家是不敢如此全套把式一起上的，因为这要写作的人敢于放下文名得失之虑才行的。他遇到什么题材就写什么作品，有什么感受就发表什么感想，从农村到城市，从街巷到学院，从民众到官员，从凡人到名人，从山里人到院士，天地君亲师友，笔下人物鲜活，文中气息清澄，故事叙述自然。文集中少不了遵命文章，遵命文章他也倾注感情，少不了文人唱酬，唱酬文字也写得实实在在。如此便要写作的人更多用心、用情、用力才行的。他觉得作品需要使用什么语言就操持什么腔调，小说能实写，散文会讲述，评论多辩词，诗歌重提炼，特别是新体诗旧体诗乃至楹联语言一起上，真正是文人形状，无拘无束。一部文集，犹如寻常人家，既有厅堂厢房书舍，更有竹篱后园，四时花草，有红有紫，随意开放。一句话，耀仑兄好不自得其乐！读《刘耀仑文集》，最强烈的感觉便是作者自得其乐的生活态度，自由活跃的思想情感，自由自在的文学感觉，自觉向上的精神状态。耕耘者只有不问收获，方可如此自由耕耘，从而乐在其中。

我们不是说由于一个作者自得其乐的良好写作状态，他的创作就必然达到怎样的高度。从状态到成果，从成果到品评，存在着极大的或然性，并没有一个现成的公式可供求解。倘若真有规律可以说明，其中一定潜藏着若干参数，细微的变量可以导致结局的大相径庭。我们欣赏耀仑兄在创作上的勤奋而快乐自由的状态，只是认为这对于文学和一个文学创作者都是有益的药石。至于刘耀仑作品孰高孰低、或优或劣，现在就摆在诸位读者面前，品评是每一位读者的事情。不幸而又有幸的是，我们是作者的朋友，既可能做出爱屋及乌的事情，也可以帮助某些读者增进对他作品的赏析，毕竟知人论世也是文学评论的一种重要方法。倘若有兴趣，读者可以浏览刘耀仑的几位友人为文集各卷所作的序言。序言里有对重点作品的点评，更多的还是谈了对作者的印象。李发模序中有一句描摹很是传神："耀仑其人其诗，可用'闭阁藏蓝天，开窗放明媚'而喻之。"高洪波序中的感慨亦庄亦谐，很是到位："耀仑重情义……骨子里仍是少年维特。"朱晶序中表白："我一直喜欢你的透明与耿直……感情如此丰富。”让人读罢顿时真心感觉到喜欢。聂鑫森序中把耀仑的性格爽直与为人诚笃放在一起品赏，这是一个冷静隽永的判断。高晓晖序中表示读到了耀仑为人与为文一以贯之的真性情，这是一份以人格的名义所作的证词。野莽的评点隽谐可喜，颇具穿透功力。他以“刘耀仑的散文和他这个散人”为题作序，很动感情地品评耀仑诸文体中成就最高的散文作品，让我们仿佛感受到“那车好炭，早已化成了灰……心中的友谊之火却一直在熊熊地燃烧着”。

不用说，在作者的为人与为文之间，大多数读者也许要看重其为文。作品一旦出版，便是一个客观真实的存在，喜恶是读者的权利。文本主义批评方法以及细读法支持读者这天赋的权利。但是，作为朋友，我们则更看重他的为人。知人论世终归不无裨益。在朋友们的眼里，作者倘舍弃求真、求善、求美之心，为文则无足观。耀仑兄一直是在对真善美的求索中努力写作，这便值得我们尊重和拥戴。

我们真诚地祝愿耀仑兄如此这般快乐自由而倾情地写下去，相信他虽然只问耕耘，不问收获，却能继续收获新的更好的作品。

是为序。

2011 年 11 月于京城无梦斋

不能忘记的另一种童年*

《苦乐童年》是一部苦难之书。书中有苦有乐，所谓之乐，只不过是苦中作乐，苦涩之乐，像地衣吸附岩石那么可怜卑微的生存之乐，有的也许还只是作者走过寒冬回忆严寒的回味之乐。苦难弥漫着全书，成为全书的主题，足以让今天的读者，特别是年轻的读者，在震撼、惊愕、恐惧、怜悯、痛苦的同时引发思考，从而丰富自己的社会人生体验，加深对社会人生的理解。因为苦难永远是人生的教科书。

苦难童年不谈久矣！最近读教育期刊，发表有学校老师的作文课件，题目是《写童年的故事》。老师给学生提示重点故事有三类：一是快乐的事情，举例如令人好奇的事，美好的幻想；二是烦恼的事情，举例如与父母的矛盾，同学间矛盾；三是可笑的事情。总之是远离苦难的童年，都是快乐学习而又有些微成长烦恼的童年。这大体是不错的。但我相信，当今中国社会，一定还有学生家庭生活处于困难境地，而孩子们的童年生活一定有困苦的事情发生，这些难道不也是童年的一种故事吗？老师是不是也可以引导学生去体认童年生活中某些困苦呢？这似乎是值得讨论的问题。

如今并非只是儿童教育不谈苦难，大众传媒许多时候致力于强化娱乐功能，也在有意无意地淡化对苦难的关注。尽管举目向世界各地望去，人类社会还有很大面积的贫穷与苦难并未消退。按照新的贫困

* 该篇为《苦乐童年》序，篇名为本书编选时所加。《苦乐童年》，蒙林坚著，广西接力出版社，2012 年 8 月。

标准，我国有将近1个亿的人口生活在贫困线下。但似乎这不是大众媒体需要关注的。前不久国际国内媒体载文纪念英国作家狄更斯诞辰二百年，有过一番热闹景象。狄更斯是一位以描写生活在英国社会底层“小人物”的苦难遭遇而名闻世界文坛的大作家，堪称“现实主义文学的苦难大师”。今天许多媒体却似乎不约而同地把视线都轻轻掠过了雾都孤儿和匹克威克，兴趣点或者重重地投向作家的成功之路，或者踟蹰于伦敦的历史文化遗迹，或者将他的七部名著连成伦敦地图，捎带上了一些人文旅游的意绪。这些都是可以理解的。历史总是一页一页地翻过去。每一页历史都有属于自己时代的主题。当今时代这一页世界性的主题有说是发展，有说是和谐，还有说是文明冲突与幸福感认同，等等，所以让狄更斯给今天的人们带来一些属于今天的人们所需要的快乐和认知内涵也无可厚非。只是，从今天大众媒体对狄更斯的解读，我们似乎可以感受得到社会审美趣味正远离苦难生活的趋势。

苦难是人类永恒的主题。苦难几乎是人类的一个宿命。我们可以轻而易举地从人类三大宗教中得到对这一论断的领悟。我们还可以从人类有史以来所有思想大师、哲学大师、文学大师、艺术大师的经典著作中找到关于这一论断的深刻论述。一个文明健康的社会，应当对苦难保持着高度的敏感和同情心。苦难教育应当成为社会教育和人的成长教育的必修课。生活在今天的人们，在为孩子营造幸福快乐童年的时候，不要忘记我们社会曾经有过另一种童年。理解它并且记住，我们的社会才会比较地文明健康起来。

这就是我为什么愿意为蒙林坚的《苦乐童年》一书作序的深层次原因。

我愿意为《苦乐童年》作序的直接原因还来自于作者给我的一封来信。来信是电子邮件，却写得文气隽永，并无匆忙之感。信中写道：

> 震宁兄：您我都是50后的人，我不知道您是不是跟我一样生在农家，长在农村，但您在广西河池插队对我们那里的农村会有

深刻的印象，相信您只要从我的故事标题中就能想象到故事的内容。写我童年的一百个故事意义不大，但童年给我的印象实在是太深刻。我很想看我童年时候的照片是什么样的，但我的第一张照片是读初中以后才有的。正是因为找不到童年的照片，我才想用文字的方式表达出来，也许能通过我们50后那一代人的童年生活与当今孩子们童年生活的强烈反差来达到唤起人们珍藏昨天、珍惜今天、珍爱明天的效果。

我有点儿被这封信感动了。实话说，感动我的不是信中强调写作这部书的教育意义。我同意作者的理性认识，甚至认为这些故事的教育意义要更加深刻。但谈不上感动。感动我的是，作者努力引发我与他的共同记忆。因为我也在那块贫瘠的土地上生活挣扎过。尤其感动我的是，作者此生第一张照片的叙述，轻易地说出，便轻轻地感动了我。我相信，这是真的。我不能对如此真实的作者的请求有任何推托。

我还敢说，全书100个故事都真有其事、真有其人。整本书真到什么程度呢？这么说吧，真到每一篇的题目都是真的，真到连原生态的粗糙尽在其中。我曾经想过，是不是建议作者在语言叙述上再打磨一下，譬如：题目的词语可以考究一点，平仄应当讲究一点，叙述可以调整一下节奏、层次，使用地方语言能否规范一些，等等。转念一想，如此一来，文章是圆润了，却一定会造成真实感的耗损。我太喜欢这部书的真实感了。真实到什么程度呢？拿古人的说法来说吧，有“如面谈”的感觉。连作者说话的腔调、气息都有如面之感，都是我曾经生活过的那个地方上的人——广西河池人所特有的。那个地方上的人把自己的腔调、气息自嘲为“玉米气”。读着书中文字，我真切地闻到了浓郁的玉米气味。

我为这部书作序，还出自一个原因。1999年，我初到北京供职于人民文学出版社。蒙林坚曾经专程来看望我，请我为他编选的一部多人散文集《美在广西》作序。时隔十三年，他给我发来邮件，请我为他的“苦难童年”故事作序。尽管我有很多俗事要忙，但还是应承下来这副重托。试想，既然曾经那么动情地为美丽的广西山水作过一篇美丽的序言，我有什么理由不为曾经在大山里苦苦挣扎的林坚兄以及他的父老乡亲们发表一些感想，说上几句暖心的话呢？于是，我怀着一副沉重、纷乱、复杂的心绪写下了这篇序言。

对于书中那些已经逝去的苦难，其实心里还有更多要说的话，更多要表达的意思，更多要宣泄的情绪，更多要发的追问，只是在此就免了吧。面对那么多活生生的苦难故事，说什么都显得多余。请读者诸君自己去读、去体会、去感受、去思考吧。我只有一个心愿，祈祷我们的民族从今以后永远告别这样的苦难。

2012 年 7 月 10 日于北京

景仰秦兆阳*

《编辑家秦兆阳研究》这样一本书，让我强烈地意识到这就是编辑出版学的“研究”。我们已经见惯了歌功颂德式的经验总结研究，更是被广告幌子式的宣传案例研究搞得很是腻歪，《编辑家秦兆阳研究》却与诸如此类的研究无关。在这本书里，以李频、王瑞为主编的一群编辑出版学研究者，面对新中国一代文学编辑家杰出代表秦兆阳的编辑生涯，以相当的历史性、客观性、绵密性、透彻性开展了若干学案研究和专题研究，并置被研究者的相关文选于前、年谱于后，让读者更为真切地了解研究对象生动的存在，感触他坎坷、跌宕的命运，做成了一个迄今为止尚不多见的编辑出版学研究成果。

秦兆阳作为新中国并不多见的多才全面、功勋卓著的文学编辑家，曾经在特定历史时期主持《人民文学》、《当代》等重要刊物的编辑工作，以其坚执的现实主义路向、纯正的奉献精神、奇崛的“板正”个性、超拔的专业慧眼，发现、选择、编辑了一大批优秀作品，其中有的已经并正在成为我国当代文学史上的经典。他在理论方面的建树对文学创作和编辑实践也具有重要指导意义。他于1956年执掌《人民文学》过程中对这份中国当代文学头号刊物当时及其后来的影响，他在新时期对《当代》这份大型文学名刊现实主义风格的深刻塑造，他对20世纪后半叶中国一批重要作家的指导和帮助，都是不可

* 该篇为《编辑家秦兆阳研究》序，篇名为本书编选时所加。《编辑家秦兆阳研究》，人民文学出版社，2012年12月。

磨灭的。秦兆阳的意义是多方面的，而他在文学编辑事业上的献身精神殊为难能可贵。他原本是一位优秀的作家，献身文学编辑工作却在波诡云谲的历史变迁中罹难，二十余年流放边地，命运多舛，九死一生后昭雪回京，原本可以潜心创作，却依然选择从事编辑事业，以一贯的专业态度开展工作直至生命的最后一息。他以自己干了一辈子编辑工作为自豪，有诗自叹："磨稿亿万言，多少悲欢泪。休云编者痴，我识其中味。"他把自己的包括看稿、改稿、退稿、编稿、谈稿、约稿在内的工作，称为"磨稿"。一生磨稿，义无反顾，亿万言稿件磨尽了他最后的心血。

面对秦兆阳这样一位杰出的编辑家，当下的编辑出版学最有可能做成那种众口一声、激情充盈乃至声泪俱下的纪念性研究。这位编辑家有的是可供研究者写作和归纳的成就与经验。研究者为了使读者对杰出者更为神圣崇敬，自然也需要隐去不利于杰出者神圣化的若干事实，这也是人之常情，事之常理。然而，作为一门学科，作为试图获得更为科学的结论，则需要剔爬到历史事实的深处和研究对象的灵魂，绵密地搜集材料，透彻地穿琢事实，客观地展现过程，历史地观察规律。研究者并不先入为主，尽管心情有着崇敬，但材料、事实却不能有所修改。他必须坦诚，却不鸡零狗碎。他需要绵密，但并不收回宽阔的视野。这需要应有的学养，更需要沉静、诚实的学人气度。本书的研究者是朝着这些研究境界去作努力的。

本书的研究文章大体可以分为三类。一类是学案研究，主要是李频的《组织部新来的青年人》的编辑学案，做得条分缕析，不以尊者讳，不为倾向所扞格，着力还原于历史真相，陈述事实供人思考。第二类是专题研究，有陈勤的《20世纪中国文人的一个标本》，李云雷的《秦兆阳：现实主义的"边界"》，李频的《编辑家秦兆阳研究中的四个问题》，张文红的《花开花落岂由之——论秦兆阳的文学传播观》，王瑞的《透视秦兆阳的编辑生涯及其悲剧命运：以文化心理为切入点》等，具有明显的问题意识，使用了多种理论工具，显示出较强的学理特色，弥漫着更多的学院气息。第三类是以事业成就、专业贡献总结为主的研究，有范继忠的《秦兆阳：最后的涅克拉索夫》，郭艳的《青年知识分子秦兆阳与1950年代文学》，周国清、谭纬纬的《是回望更是景仰——简论编辑家秦兆阳的多样人生》等，始终保持严肃的态度，作者心中有激情，落在笔墨上却尽力控制，力求做到持衡之论。文章虽分三类，有的成功于实证分析，有条不紊，曲径通幽，有的借重理论研究工具的使用，学理清晰，视野开阔，而全都不可或缺的是对历史轨迹的准确把握和实事求是的治学态度。这些研究文章中，尽管有的说事质疑还不够周全完整，有的使用某些理论工具不免有生硬感觉，有的还缺少独特的考据发现，然而，我依然要说研究者们做成了目前编辑出版学研究尚不多见的研究成果。因为，他们重实证，重理性。在人文社会学科里，没有比编辑出版研究更需要实证研究的，因为这本来就是一个实用型学科；也没有比编辑出版研究需要更多一些理性的，因为编辑出版涵盖着几乎所有理论性学科。研究者们的实证精神、学术理性乃至学术勇气，值得引起学界的重视。

在我们赞许研究者的同时，千万不能忽视了秦兆阳的家人对研究工作的首肯和帮助。这种首肯和帮助为研究工作提供了宽阔的天地。据我所知，书中辑入的资料，特别是“秦兆阳编辑文选”部分中相当多数文章是首次披露，秦兆阳的女儿秦晴为此做了大量工作。而《秦兆阳年谱》的发表，为秦兆阳这位“中国的涅克拉索夫”多舛的悲剧命运提供了清晰的轨迹和注脚，成了全书的压轴部分。读《年谱》不由得让我们发出深重的叹息。年谱大体是不动情感的，然而历史的年轮里流淌着血和泪。一位才华横溢、雄心勃勃、真诚助人的优秀作家、卓越编辑家，正值人生中年的大好年华，却在政治操作的吊诡之下，一夜之间被开除出党，贬出京城，以戴罪之身远赴唐代诗人柳宗元谪守过的广西柳州，在市郊的一家机械厂劳动改造。他所有被罗织的罪名，在今天的人们看来，不是常识性的见解就是真知卓见，不是正常履职便是卓越贡献，剩下的也就是直到今天也还可供讨论的，再正常不过的编辑工作的得与失。究竟是怎样的邪恶力量，可以将一位无私奉献的编辑家残忍地糟践到如此山河改色、人生破碎的地步？又是怎样的精神力量，支撑着这位伤痕累累的年逾六旬的风雪归人，重操旧业，乐此不疲，为编辑工作奋斗终生！

我没有询问本书的二位主编邀约我作序的原因。近来我已经很少接受作序的邀约，却没有婉拒这个邀约。这个邀约在我是不能拒绝的。因为我与老前辈秦兆阳有过些许交往，一直受到他精神的召唤。我自认为有责任为老人家写下一些文字。

20 世纪 70 年代末我在广西开始从事文学创作，后来又做文学编辑，那时秦兆阳的名字在广西可是一个具有特殊神秘感、紧张度的符号和象征。当时我还没来得及有机会见到他，就听说他平反回京了。1984 年春天，我到中国作协文学讲习所（现鲁迅文学院）上学，他来给我们上过一课，这才第一次见到他。那时他已经是人民文学出版社副总编辑，赫赫有名的《当代》主编。后来文讲所的杨觉老师领我到秦兆阳在东黄城根的四合院拜访，平生与他才有了唯一一回近距离的交流。杨觉老师说秦兆阳听他说班上有广西来的学员，便答应见一见。记得那天见面，他始终不曾笑过。我们的交流方式主要是他问我答，内容大体是广西文学界的人和事情，有点儿“客从故乡来，应知故乡事”的意味。看来他尽管落难广西，各种坎坷遭际不堪回首，却还时有对故地故人的温情回望或淡然一瞥。再后来，我创办《漓江》文学丛刊，致信请他为创刊号题词，他如约寄了一幅功力很深的书法作品来。1999 年初我奉命从广西调京，出任人民文学出版社社长。人民文学出版社名声很大，我原先认识的人却很少。在第一时间我想到了秦兆阳。我知道老人家已于 1994 年病逝，只是想，倘若老人家还健在，一定会给我教诲和支持，心中不禁有失落之感。后来我在出版社大张旗鼓地提出要继承发扬传统，而且一直坚持不懈为此努力，看上去我是针对出版市场化如火如荼的趋势发表了一点务本之见，其实很大程度是出于对包括秦兆阳在内的许多老编辑家、老出版家的业绩和精神的崇敬，诚可谓“高山仰止，景行行止，虽不能至，然心向往之”。现在，能在这部关于先贤的研究文集中得以走近他的人生，听取他的故事，温习他的精神，写下一点粗浅的文字，寄托崇仰之心，感慨世事沧桑，也算是命运赐予我的一个机缘吧。

自前年起我应邀兼任北京印刷学院新闻出版学院院长一职，本书两位主编以及大多数研究者都是北京印刷学院新闻出版学院的教授，与我便算是学院的同事。我在上任院长的演讲中与诸同事有过相约，相约在编辑出版专业研究中要尽力祛除当前出版界文章中的世俗功利气味，坚持有一份证据说一分话，哪怕为此被别人嘲笑为认死理的“学院派”，也总比世俗功利气味要好。不曾想，学院的同事们按照我们的学术相约，做出了颇富学院气质的研究，而他们研究的对象正好是我所景仰的秦兆阳，书又是由人民文学出版社出版，真让我有意外的多重快慰之感。

是为序。

2012 年 10 月 7 日于北京民旺园

出版群星闪耀时

《漓江》的职责与使命*

怎么办

——《漓江》发刊词

我们希望成功。

也许我们很有点儿不识时务，不自量力。我们存在于文学期刊其多如鲫、读者反应却渐趋平静的今天，存在于当代文坛各种沙龙之外以及一个又一个自然的与自诩的文学高度之下，却要创办一个大型文学丛刊，并希图引起众多读者寻索和阅读的兴趣，成为作家们一次乃至多次的话题，甚而希图获得在当代文学史上留下哪怕只言片语的荣耀。存在与希望在这里产生了显然的矛盾。

然而，我们决计与存在作一回抗衡。这是生命的最辉煌的意义，人类发展的力之激荡，文学事业创新的唯一出路。于是，1988 年新春伊始，我们创办了这个刊物，并保持着如上种种希望。

问题在于怎么办。

我们当然愿意承受改革这个大时代赋予一个文学刊物的使命。我们当然不会因为身处边地而自惭形秽，漓江之滨的独秀峰给了我们突破存在之困囿的艺术昭示和勇气。更为重要的是，我们窥见了密集的文学期刊之林尚有一块隙地可供开垦，我们自觉遥遥听到了

---

* 该篇为文学季刊《漓江》1986 年刊首语。

一种文学大潮之涛声且隐约看见了跳腾的潮头，为此而憧憬而兴奋而跃跃欲试。

那就是：长篇小说创作的大潮正在到来。

长篇小说创作必将成为新时期文学第二个十年的主攻目标。这是我们所处的改革的大时代必然造成，是一个伟大民族的文学的必然趋向，是当代文学高频率、高更迭的无序状态的必然归宿。当代中国文坛，鸿篇巨制的文学界碑正在远处云端之上犹抱琵琶，雄心勃勃的中国作家正倾其心力千呼万唤。时机是可贵的，能把握住时机则尤其可贵。于是，我们决定新创办的刊物以发表长篇小说为主。我们将为各种优秀的鸿篇巨制无偿奉献发表园地，将努力让《漓江》汇入这浩浩荡荡的长篇小说大潮中去。

当然，希望绝不会轻易地成为现实。我们只是画定了一块地盘，一块一无所有的地盘，耕耘刚刚开始。我们当然更倾心于紧扣时代的史诗性的鸿篇巨制，倾心于具有强烈现代意识和宏大的人类感的佳作，然而也以同样的热情迎接各种风格流派的作品，只要它们真正具有艺术价值。我们需要一切真诚而高尚的作品。我们诚挚地期待作家们和广大读者同我们一起耕耘这块文学新垦地。

至此，我们还不能说刊物怎么办的问题业已解决。事实上，每一期的设置每一篇作品的取舍都将面临一次选择。但是，我们毕竟进行了一次总体预测。未来学家们指出，预测一个实际需要的、有说服力的未来形象，对于提高信心、发挥能动性是至关重要的，必不可少的。我们的预测增强了我们的信心。

我们应当成功。

致作者

——《漓江》1986 年夏季号刊首语

本刊热忱欢迎中、长篇小说来稿。

实话说，敝刊并非缺稿，恰恰相反，敝刊积稿甚多，还真有些“积重难返”——时常要为退稿邮资的昂贵而发愁。

敝刊缺少好稿。

那么，怎样才算是好稿呢？文学创作发展到今天这“多元化”、“多层次”的地步，就是大文豪似乎也不敢硬说小说非怎样不行。倒是编刊物的偏偏要跑出来说几句，因为时常有人写信来问，因为各位的大作要经我们的手推给广大读者。

其实，敝刊收到的大量稿件，也大体上都符合当今文学作品评判的大前提，对于这，各位心里明白，笔下也拿捏得很准，不赘。我们要说的是，许多不晓得算不算得上是纯文学的非通俗性小说却俗不可耐，而通俗性小说又死活不肯通俗起来。

雅俗既不“共”又不“赏”，这是敝刊的困惑，也是中国当代文学由来已久的尴尬和困惑。看来，中国当代文学要上去，先得出现纯文学和通俗文学的二元发展。敝刊也就趁机把话说得明白一点：目前，不是耐看的纯文学作品，就得是好看的通俗小说，别的暂勿寄来。

立志于“走向世界”的纯文学作家们，愿你们“心灵的体操”优雅一点，“昼梦”做得超拔一些，深邃不让老庄，济世不落孔孟，激情不输李杜。尤其重要的是，多来点有意味的形式，造一套你自己的语言，在文学本体上多下点工夫。不必担心敝刊因为发表你们曲高和寡却真正有文学价值的大作而亏了本钱，我们当在所不惜。

有志于“走向大众”的通俗小说作家们，我们还真喜欢读到各位好看的小说。各位切莫眼睛只盯住武侠、言情、侦破。其实，社会纪实、政治变革、历史变迁同样也能写成很好看的通俗小说，只是长期以来有人自命清高贬通俗为庸俗而不愿和不敢承认罢了。文学发展到如今，我们反正是认了，各位就潇潇洒洒把小说写得真正好看一点，为更多的中国老百姓所喜闻乐见。一个作家能拥有大量的如痴如醉的读者，实在不是什么坏事情。

致读者

——《漓江》1986年秋季号刊首语

《圣经》中有一句训诫，看似普通，实则不易做到，那就是："爱你的邻居。"《漓江》创刊之初，我们也想模仿着给自己定下一条类似的训诫："爱我们的读者。"在文学刊物不甚景气的今天，强化文学刊物与读者之间的合作精神已成当务之急。

办刊物而忽视读者，这就有如做生意的人不理睬顾客，甚或讨厌顾客问津，当然十分可笑。问题还在于，办刊物不是做生意，不是逢迎顾客做成买卖便能完事的，这里面还包含着高尚的精神活动。于是便有"爱我们的读者"的训诫提出。

人生的经验告诉我们，你一旦真诚地爱上了一个人，便会努力了解他的好恶，理解他的忧乐。倘若我们能如爱我们的亲人一般去爱我们的读者，我们便有可能迅捷、深切而准确地感触到读者们的真情，体味到读者们高尚的艺术情趣，《漓江》的涛声便有可能与广大读者的心声形成共鸣。我们讨厌那种漠视读者的面孔。用虚无的表情以示清高只能归于自身的虚无。当然，爱我们的读者，我们还要奉献最好的作品来培养大家的鉴赏力。曲高和寡，是规律；随着时光迁延，曲高也能知音渐众，这也是规律。因此，我们想在文学本体上追求一些真正高明的哪怕暂时和者盖寡的艺术珍品。阳春白雪与故弄玄虚以至于不知所云完全是两回事。《皇帝的新衣》的笑话在自命不凡的先锋派艺术的沙龙里已经屡见不鲜。爱我们的读者，我们就要老老实实地杜绝此类笑话在刊物上重演。

当然，媚俗也是艺术的大敌。我们盼望有更多的读者喜爱《漓江》。当看到读者掏出两元人民币购买《漓江》，我们会感到这纸币沉甸甸的。这会警策我们增强职业道德感，加倍地爱我们的读者。如果某一天，当赚钱成了我们唯一或最高的目标，那就说明我们已经不爱我们的读者，社会责任感与文学兴趣也将付之阙如，那时，我们的脸上——我们的刊物上将浮荡着一种不洁的神情，也许我们会对读者加倍地热乎，但那不是爱，而是奸商的诈取、禄蠹的诱惑，我们也就成了无聊文人。

爱，不是一件轻松的事，爱我们的读者，真正做好则尤其不会轻松。但是，无论如何我们得努力去做。办好一个刊物，编辑－作家－读者三者同样举足轻重。审美对象的创造到审美主体的参与，这是创办一个刊物的全部过程。因此，我们爱读者，也盼望读者爱我们，盼望读者把《漓江》当作亲朋好友来关心，中意就叫一声好，不满就骂一声丑，而无论说好说丑，我们都会有被关心的感动，都会激励我们把刊物办得好一些，更好一些。

岁末自省

——《漓江》1986 年冬季号刊首语

《漓江》创刊，生长将足一岁。编者作者，通力合作，勤勉之意可察，拳拳之心可鉴。读者论者，褒贬不一，既可引作铮谏，更可视为关心。然而，春夏秋冬四期刊物，寒来暑往二百万言，未能惊世、未能骇俗、未能造成争相传阅、“洛阳纸贵”之美谈，不免令我们惶恐、怅惘、忧虑而为之深省。如此情势，自然不能用我行我素的清高、纯文学不与通俗趣味苟合的倨傲可以对付过去。同情者与宽厚之人对此多有“生不逢时”之论：通俗文学近年其势如潮，《漓江》既为纯文学为主的刊物，不便随波逐流，自然不能于当时讨好。乍一听来，这话中听且甚感宽慰，审时度势，乃成就事业之必须；时势造英雄，系今古天演之规律。然而，时势与英雄，绝非仅为春风与禾苗幼芽的依存关系，倘若仅限于此，大体要落入“猪圈”哲学中去。英雄当有强壮之体魄，方可能凭借时势提供的天地拼搏，做成事业成就。有报载：阿拉斯加自然养鹿场，原为鹿群安逸栖息的乐园，不久，发觉鹿群体质渐见衰弱，无以药救，后有专家提供良策，引进适量恶狼，恶狼逐鹿，鹿群拼搏，汰劣留良，鹿群反而生机勃勃。通俗文学非狼，纯文学却也不应再作乐园中安逸之鹿群。相互竞争，各自强壮起来才好。可见，《漓江》亦非生不逢时，既为纯文学为主的刊物，值此通俗文学势如潮涌之时，更应强化文学性，兼以借助于通俗性。过去一岁，因为幼稚，因为地僻，因为种种缘由，未能在文学本体上多所追求，未能在人类精神上多所贡献，未能在作品选择上多有新意，雅而未能真雅、高雅，严肃而未能深刻、深厚，实在办得不够漂亮，断不能推卸责任于时势。恰恰相反，而今竞争之时势，提供了强壮之可能，我们应当引以为幸事。今年不行，明年再来，雄心不减，事业便有希望。

以上为岁末自省。诸位明年再见！

敬贺五十周年*

一个国家级的文学出版社，拥有五十年的历史，一直被公众认为成就卓越，至今仍具有不断进取的强劲势头，人们不禁要探寻，究竟什么是这个出版社所赖以持续发展的优良传统。我以为，人民文学出版社的优良传统可以概括成四句话：一是坚持以国家文化建设为己任的出版宗旨，二是坚持以主流文化为主导兼容并包的文化态度，三是坚持精益求精、开拓创新的专业精神，四是坚持以高素质的人才队伍作为事业之本。五十年里我们的生活发生了多么巨大的变迁，然而这些优良传统却恒久不变，作为立社之基石、兴社之旗帜，导引着出版社继往开来，发展壮大。高扬着这面精神的旗帜，新中国文学出版事业从这里开始，这里筑成了我们永远的文学家园，人文版图书将走向新的世纪和更广大的世界。

2001 年 3 月

---

* 该篇为《人民文学出版社 50 周年纪念刊》的致辞。

建构“国际版权营销”新概念*

1

“国际版权贸易”这个大概念，我们说了许多年，并将继续这样说下去。然而似乎仅此是不够的。作为一种出版经济活动，在国际版权贸易的实施过程当中，还需要建立一些基本概念，以概括、反映并且指导这种活动的有效进行。譬如，我们可以建立“国际版权营销”这一概念。

2

贸易，即商业活动。这是一个关于“类”的概念，其含义显然过于综合，因而不免有些笼统。市场经济是贸易，计划经济也是贸易，人们需要进而知道的是哪一种贸易，以及是怎样进行的贸易。在“类”概念的基础上，人们更需要了解关于“种”的概念，细分的概念，具体的概念，亦即反映事物本身的性质、特点的概念。譬如，同样称之为国际版权贸易，同样符合发展先进生产力、建设先进文化和为最广大的人民服务的要求，却可以有生产观念指导下的版权贸易，那就是“以我为主”，“我生产什么，你就只能买什么”；可以有推

* 该篇为《出版参考》2002 年第 8 期刊首语。

销观念指导下的贸易，较之前者有所进步，是以推销为导向，但依然是“以产定销”，以生产为中心的贸易；还可以是营销观念指导下的版权贸易，亦即“以销定产”，生产在国际版权市场上可以销售的版权，销售实现是版权经营者的出发点和终点。营销观念无疑是属于市场经济的范畴，国际版权贸易就其本质而言，当然是属于市场行为，因此我们应当建立“国际版权营销”这一概念。

3

倘若我们建立了“国际版权营销”这一概念，那么，我们就必须研究国际版权市场，研究经济、政治、文化对市场的影响，关注市场的需求趋势和潜在要求，判断我们的出版资源在国际市场上销售的优势和弱势，等等。尤其需要注意的是，我们首先要选准自己的目标市场。以往一说到国际版权市场，我们常常失之于空泛，或者往往以欧美市场之偏概五大洲之全。我们很少注意对目标市场的选择，以及通过对自身出版资源状况的把握来确定自己的目标市场，进而组织版权的生产和销售。

目标市场当然因出版机构而异。对我国大多数出版机构来说，目前主要的版权目标市场应当是亚洲汉文化圈的国家和地区，其次则是广大亚太地区以及欧美国家中正日益发展的华人社区，再者则可以考虑向广大发展中国家和地区开展科技医学普及类版权营销，而向欧美国家可以加大销售艺术类、传统文化类以及一些长篇小说和纪实文学版权的力度。我们大可不必因为对欧美国家的版权输出量较少而过于惭愧，加大对上述其他目标市场的销售同样是有效益、有意义的。就市场营销的策略而言，必须是以市场实现为出发点和追求目标，必须从市场的实际出发。海尔冰箱能够打入欧美市场固然令国人感到欣慰，TCL 选择发展中国家开展营销攻势则无疑是务实之举，同样值得我们骄傲。当然，从长远来看，作为文化大国的版权输出，我们不能放弃欧美市场，正如人家始终不肯放弃我们一样，文化的交流和竞争无处不在，但文化产业的较量则只能遵循市场营销的法则相机行事，绝不在朝朝暮暮，不囿于一城一池之得失，不争一日之短长，不可做非非之想。

4

倘若我们建立了“国际版权营销”这一概念，那么，我们就必须在坚持中国出版业主体意识的前提之下，根据对目标市场状况的研究和判断，做好可用于国际版权贸易的产品设计、促销方式等生产经营的决策和实施。这一决策与实施的过程当然会有无数多的具体细节需要把握，这里不去一一细数。单说一点感觉。每当看到我们那些参加国际书展的许多版权实物上居然没有一点儿外语介绍文字，每当想到我们的国际版权促销人员呈送到大鼻子蓝眼睛们跟前的总是一册册中文书目，让人家如看天书一般，哪里有一点儿进行国际版权贸易的模样！回过头来我们自己又一味地埋怨版权输出量太少，义愤填膺地诅咒发达国家的文化沙文主义。长此以往，是不是感觉着我们有点儿像那只老鼠哼哼，它总是既想找到奶酪又不能走出固有的领域，怨天尤人只能是它永远的功课！

倘若我们建立了“国际版权营销”这一概念，那么，我们还必须组织起营销的专业化人才队伍，从版权产品的设计到制作，以及促销宣传、交易实务，都应当有他们的智慧融入其中。

倘若我们建立了“国际版权营销”这一概念，那么，我们还必须建立起出版机构内部的国际版权营销管理体系，从数据库的建立到决策程序的设置，从岗位职责预设到奖惩办法的制定，形成良性经营的保障系统。

谁都明白，还极少有哪一家出版机构是专门营销国际版权的，谁也不大可能组织版权只为了出口。一家出版机构，经营版权实物总是第一位的。然而，在我们经营版权实物的同时，如果同时融入“国际版权营销”这个经济增长点，使得出版机构和作者的收入具有更为多元的可能性，又何乐而不为呢？

5

在知识经济时代，出版机构营销的资源主要就是版权。出版活动的过程就是获得或创造版权资源，将其制作成出版物，尽可能多地销售出去，使之产生良好的社会效益和经济效益的过程，同时，包括国际版权营销在内的版权分销也是出版机构营销活动的重要组成部分。人尽其才，物尽其用，对出版资源，我们负有不断开发利用，使之产生的效益最大化的责任，既不应当浅尝辄止，不经意而为之，更没有放弃的理由。为此，我们必须建立“国际版权营销”这一概念，去争取我国出版业更大更全面的发展。

一本书主义与一本书运动*

“一本书主义”，如今已经难得有人提起；“一本书运动”则是本人的杜撰，拿来和各位编辑出版同仁讨论。

想起还在不更事的少年时代，很是谈“一本书主义”色变的。回想起来，既因为这是所谓“大右派作家”丁玲的“右派言论”，很吓人，也因为那时候社会出版量很少，一个人能出一本书，也是很吓人的。我们这个民族，自来是把文章当作千古事，当作经天纬地、经国纬业之事，把白纸黑字看成是铁证如山。其时，某人出版一本书，在普通人眼里那就是惊天动地的传奇故事了。所以，在我这个做着作家梦的少年人心里，竟然对“一本书主义”产生过十分谨慎的、暗暗的景仰。

现今大家都不怎么说“一本书主义”了，无非是出书已经成了平常之事，把一本书还当成一生追求的主义，说出来当心人家耻笑，小看你了。文化生产力极大提高，学术自由，文艺繁荣，教育兴旺，知识普及，出版事业和出版产业大发展，多出好书，首先总是社会进步的大好事；作者要生存，经济收入要改善，不能只指望一本书的稿费，自然要多写快出，也是没有办法的事；至于出版社，关乎到事业的发展壮大，几十人上百人的生计，总要保持相当的生产经营规模的。所以，一本书主义，似乎不太好强调了。

然而，许多书出得太容易、太轻易、太随意、太泛滥、太算不得

* 该篇为《中国编辑》2005 年第 5 期刊首语。

什么东西，又不免让人遗憾、厌倦。不少读书人不愿进书店了，害上了阅读厌食症。泥沙俱下，鱼龙混杂，良莠莫辨，真书假书难分，甚至劣币驱逐良币，黄钟毁弃，瓦釜雷鸣，大量的书速朽，如此情势之下，再说什么一本书，显得也过于不谙时世了，更不必说还撑成个什么主义。

但是，我加倍地怀念起“一本书主义”来。有时就突发奇想，可以在科研院所、高等学府、文联作协这些地方，发起一个“一本书运动”，即：原则上——很多事情都是原则上，一个专家、学者、作家，十年（绝不是一生！）只出一本书。理由是有“十年磨一剑”的古训，《红楼梦》就是“批阅十载”而成，有已故范文澜先生的那副对联“板凳要坐十年冷，文章不写一句空”的精神感召。圣人孔子一生也只有一部《论语》，亚圣孟子也只有一部《孟子》，庄子只有《庄子》，老子只有5000字《道德经》，司马迁只有《史记》，刘勰只有《文心雕龙》，等等。自然，我知道，此议一出，必被群起而攻之，以为这是痴人说梦。不说也罢。

可是，我倒觉着，一定要向编辑出版同仁提出一个建议，大家来开展一个“一本书运动”。所谓“一本书运动”，即指：一位编辑，十年编辑出版一本有长久价值的“在书架上留得下去的书”。所谓好书，标准自然是多方面的，要由读者和专家们来评价。我这里单指那种“在书架上留得下去的书”，也就是说，是功在当代、利在千秋的书。还是说圣人孔子罢，他算是咱编辑行当的祖师爷，老人家编辑的“在书架上留得下去的书”也就是六种，即《诗经》、《书经》（今仅存《尚书》）、《易经》、《礼记》、《春秋》、《乐经》，后一种并没有流传下来，今人还在努力搜寻考订。战国末期的秦相吕不韦集合众多门人共同编辑、撰写多年，也只留下了一部《吕氏春秋》。南朝梁代的昭明太子萧统虽然短命，以一部《文选》也就长存于世。康熙年间进士陈梦雷领衔编纂《古今图书集成》，还让位给雍正朝的户部尚书蒋廷锡署名。《四库全书》是乾隆皇帝的钦点工程，总纂官纪昀便以此书声名远播，被今人在戏文中大大地神话起来。还有，张元济主持编辑的《辞源》，陆费逵主持编辑的《辞海》，孙伏园编辑的鲁迅小说《阿 Q 正传》，等等。自然，这些编辑大师出版的好书远不止此，可是，一个编辑出版人，能有一部书能留得下来就算得上了不起。我等不才，就从一部书做起吧。试想，全国五百六十多家图书出版社，大约两万余编辑人员，平均起来，一年奉献 2000 种“在书架上留得下去的书”，那将是一个什么景象啊！

我知道，这依然是我的非分之想。但是，我不是在这里毫无新意、令人生厌、拾人牙慧地嘲讽图书品种增长的老掉牙的话题。图书品种增长过快，还不能一概而斥之为生产过剩或数量品种扩张低质低效。可以肯定，这个现象很大程度上的反映了出版单位的粗放性经营的弊病，反映了市场信息不对称的问题。然而，从社会进步发展的趋势来看，图书品种增长是必然的，文化科技创造力提高，读者需求呈多样化趋势，作者创作追求更强烈的个性化，反映到出版发行业来，首先就是品种增长。应当全面客观辩证地对待这个现象。但这不是本文要讨论的问题。我只是想到，作为一个有文化理想、有抱负的编辑出版人，多做一些有长久保留价值的图书，为国家的文化建设作一点有长久价值的贡献，应当成为我们的职业追求。我不敢把话说得太大，照着最小的数量——一本书去做，一个编辑，十年可以编辑出版很多书，但一定要去做一本留得下来的好书；倘若不行，就二十年做一本；索性，一生只做一本！如能是，到了我们告别职业、告别人生的时候，一定能少一些懊悔和羞愧，多一点自豪和欣慰的。

编辑起码*

2005 年的最后一期《中国编辑》，要开展“做一本比生命还要长的书”的专题讨论。大约是我为该刊上一期写过题为《一本书主义与一本书运动》的卷首语，在主张上彼此不谋而合的缘故，编者约我为此专题再写一篇东西，为“做一本比生命还要长的书”的讨论开头。出版业内同好，相敬不如相应，况且前一篇写罢，有些意犹未尽，于是应承下来。

讨论“做一本比生命还要长的书”，立意高蹈，志向远大，雄心万丈。业内凡有志者，莫不作如是观，莫不作如是想，莫不为此热血贲张，莫不“众里寻他千百度”。然而，倘若要追问：“比生命还要长的书”从何而来？如何做成一本“比生命还要长的书”？以我的经验和能力，还不敢回答。事情就是这样，发明一种发明的方法，比发明本身来得要困难得多，当然也重要得多。

问到“比生命还要长的书”从何而来，很有点像探讨传世名篇的来源，势必各师各法、莫衷一是。古往今来，文源之说多矣：“诗言志”，“发愤以抒情”，“圣贤发愤之所作”，“感悟吟志”，“文章者，原出五经”，“登高之旨，睹物兴情”，“文生于情，情生于境”，“政之感人，犹气之感物”，“不得其平则鸣”，“愤怒出诗人”，“模仿说”，“再现说”，“表现说”，“结构说”，“解构说”，“社会需求论”，“生活源泉论”，“主体论”，“主客体统一论”，如此等等，学说已成百家，理论蔚为大

* 该篇为《中国编辑》2005 年第 6 期专辑卷首语。

观，却仍有大量例外存在，让评论家大跌眼镜的意外屡屡发生，让无数后学“入歧途泣之而返”的故事未能穷已。文源之说既然如此，就不必说附丽于其上的编辑出版之事了。简言之，无数的好书产生了无数的经验，而无数的经验却产生不了相应的好书。有编辑靠执著做成了好书，有编辑执著一生，却只做成了一个好人，书却乏善可陈，还有人不时演出“饿鸟自有飞来食”的童话；有编辑才高八斗，做成好书传世，有编辑学富五车，却终生与平庸书结缘，还有那以平常才学撞上高格之书的编辑，顿时就成了江湖名士。事物的伪因果关系害得好为人师的我们屡屡受挫，多因果关系又使得“有一分耕耘就有一分收获”的教诲大受质疑，求因欲始终让诚实者心有不平。

既然“比生命还要长的书”从何而来如此难以说清，那么，如何做成一本“比生命还要长的书”就更其复杂了。经验告诉我们，复杂的事情或许用简单的方法能够解决。唐朝大诗人白居易，唐穆宗时，在杭州做刺史。一次，他去拜访著名的鸟巢禅师，请教佛法的精要。鸟巢禅师对他只说了八个字：“诸恶莫作，众善奉行。”大诗人不满意，说：“三岁儿童都懂得。”禅师答道：“八十老翁行不得。”大诗人当时便有顿悟。鸟巢禅师说的是佛家起码的要求，起码的要求三岁儿童都知道，可是到了八十岁也未必做得到，这就是佛法的精要。那么，要做成一本“比生命还要长的书”，似乎也可以先看看有哪些起码的要求。

一个编辑，一个出版社，要做出好书来，依我的浅见，起码要做到以下几点：

起码要有爱国精神。我们的出版，首先是中华民族的出版，体现的是中国人的精神，承载着中国的文化，服务于中国的读者，有利于中国的发展，同时也是人类文化的进步。一个中国编辑，爱国势必忧国忧民，爱国便会追求真理，爱国方能庄重自强，爱国自会服务社会，爱国才可能更多地重视“国产书稿”，爱国才可能努力推动“国产图书”走向世界。

起码要把社会效益放在首位。社会效益的内涵应当包括图书在思想、政治、经济、文化、学科专业以及社会各个方面近期和长期的价值，这是一个不断实现的过程。把社会效益放在首位，不应当只把它当成是社会对我们的规范，还应当成为我们出版人的职业精神和价值诉求。高度重视社会效益，我们的出版物才可能重视导向，才可能重视文化价值，才可能注重专业贡献，才可能有益于世道人心，才可能不被盲目的市场所裹胁。

起码要有责任心。起码要有社会责任心——作者、学者可以文责自负，出版者却要为社会、为读者把关，因为这是公众传播行为。起码要有专业责任心——"知之为知之，不知为不知"，凡有不知者，既不要轻判他人文稿的生死，也不要好为人师，指导作者走入歧途；既不要追星炒作、大言欺世，也不要成为一个个"绣花枕头"图书的绣花枕套。起码要有道德责任心——遇上污言秽事要有排异反应而不会生出嗜痂之癖，面对有悖道德伦理的书稿，无论多么畅销多么一夜暴富，也不会为之所动。起码要有职业责任心——订正文稿，疏通文句，这是编辑最基本的工作，我们不能视而不见，无所用心，更不能以讹传讹，让谬误流传，误人子弟。

起码要讲诚信。如今提到诚信，不少正派的编辑可能有"每个人被迫发出最后的吼声"的感受。社会诚信缺失，有识之士正在奋起拯救，然而，作为承载社会良心的编辑，有的竟然也去做欺诈之事，出伪书，造假货，报假信息，挂羊头而卖狗肉，挂名牌而卖思想垃圾，实在让同行汗颜，令世人侧目！

起码要有奉献精神。一部佳作问世，作者可能是在编辑的精心指导下才得以成功，也可能是编辑在中间立有点铁成金之功，还可能就是编辑沙里淘金，直接帮助作者完成或完善了书稿，那主角总是作者本人。往往是，作者一朝成名天下知，编辑的贡献却往往鲜为人知。更有一类编辑，满腹经纶，字字珠玑，却终日忙于成人之美，以助作者出书为乐，没有奉献精神何至于此。一个编辑没有奉献精神，再好的书稿也可能被弃若蔽履，更不必期望他能为别人的书稿奉献智慧和心血了。

起码要尊重作者。尊重作者，爱惜文稿，作者是出版社的衣食父母，文稿是出版社的雨露甘霖，这些话如今是很少说了，但并不说明它们不再是真理。“君子务本，本立而道生”，从出版之本末来看，作者与文稿就是出版之本。但是，我们不少时候却弄得本末倒置，或轻贱作者，或捧杀作者，不时还会驱使作者草草完稿，大行破坏他人精心写作之能事，眼中唯有利润，心中岂有他哉！

起码要尊重读者。有的编辑把读者看成就是市场，这话只对了一半。当掏钱买书时，可以把读者看成是市场，可是，当他读书时，那读者才显现出全部的“读者价值”。所谓“读者价值”，即指：读者从图书和服务中所能获得的总利益与所付出的代价的性价比。编辑理应让读者更多地感受到出版物带给他们的价值。读者将使得人类的知识传承，使得出版业继续存在和发展，有读者在就有编辑在，广大读者也是我们的衣食父母。

起码要有一点创新精神。重复出版没有创新精神，拾人牙慧没有创新精神，东拼西凑没有创新精神，“贵远而贱近者”没有创新精神。内容产业，内容产品，总以内容创新为王，持续改进创新为荣。而徒有其表却无其实者不是创新，徒有豪言壮语而无实际行动者不是创新，趋炎附势不是创新，花里胡哨不是创新，故为艰深托于古奥不是创新，刻意求大动辄规模不是创新，肆意求变标榜创新也不是创新。

起码还要有一点学习精神。一部书稿，意欲出版，最危险的事就是遇上无知的编辑，而最致命的则是编辑不仅无知而又自以为是。“以其惛惛，使人昭昭”，如此编辑，怎么得了！为了避免我们的无知，只有学习；为了避免我们不仅无知而又自以为是，只有学习学习再学习。干脆这么说，一个编辑要做“比生命还要长的书”，却不打算持续地学习，一个出版书的人却不爱读书，没有比这样的事情更滑稽的了。

上述种种编辑起码，说到底也还只是起码，绝不是说一旦做到，传世之作便在生产流水线上制作而成，一本“比生命还要长的书”就真的长命百岁了。事情肯定没有那么简单。但是，有一点也是肯定的，如果连这些起码的要求都达不到，那么，一切都将是空话，事情也就是这么简单。不知道各位编辑同行以为然否？

我们需要什么样的出版精神*

出版业内，市场、产业、集团，实力和竞争力，经营之道与市场运作，投资与资本经营，近几年来成了不折不扣的热门话题。中国加入世贸组织，经济纳入全球化轨道，出版产业必须做强做大，不讲实务当然不行。可是，出版精神讲得不够，却也是一个显而易见的事实。当资产和利润成了出版产业的刚性指标之后，关于出版的另一面，精神的那一面，推广思想、文学、艺术、文化、知识的使命，坚守良好的职业精神，保持高尚的职业道德，服务于作者和读者，这些属于出版精神方面的丰富内容，似乎通常被浓缩到“社会效益”一个语词里，被很多文章一笔带过。这不免令人担忧。

现在，做企业管理的要讲企业精神，做市场流通的要讲商业精神，搞第三产业的讲服务精神，搞艺术创作的讲艺术精神。出版业作为内容产业，首先就是一种高度的精神活动，能不多谈谈出版精神吗?

出版的精神内涵很丰富，包括文化精神、科学精神、服务精神、商业精神、学习精神、职业精神和职业道德等。一个出版机构，被学者、作家们乃至读者们看重的最终还是出版精神。这正是那些大社名社的“大”和“名”的原因之所在。

被毛泽东称为“新闻出版事业的模范”的邹韬奋，他把平常的出版工作看成是出版人职业的尊严，现代中国人生存的尊严，民族文化的尊严。他的经营理念和管理艺术，丝毫不亚于当今闻名世界的国际

---

* 该篇为《出版参考》2006 年第 4 期刊首语。

出版集团 CEO 们，但是，在经营活动中，他始终如一坚守的是文化至上的原则，两个效益统一的目标。 他写于六十多年前的名篇《事业性与商业性的问题》，对文化理想的弘扬和社会责任的强调，足以让今天的我们警醒、深思。

张元济以“开启民智，扶助教育”为宗旨，将商务印书馆从一个印刷作坊引领上现代出版之路，建设成为一座现代出版重镇。在那个黑暗、落后、腐朽的社会里，他有许多划时代的创举，编写新式教科书，翻译引进西学名著，凭借文化启蒙的精神和社会责任的支撑和烛照，开启了我国现代出版业的历史。

20 世纪 70 年代，钱锺书将《管锥编》书稿托付给中华书局资深编辑周振甫。因为周振甫编辑出版过钱著《谈艺录》，二人成了莫逆之交。周振甫一如既往，严谨认真地编辑书稿，付出巨大劳动。钱锺书在书的序言中感动地写道：“命笔之时，数请益于周君振甫，小扣则发大鸣，实归不负虚往，良朋佳惠，并志简端。”周振甫以其十分纯粹的职业精神和职业道德，写就了出版界的一段传奇。

文化理想、文化精神、社会责任，是出版精神的主干，具体到从业过程中，职业精神和职业道德，则是出版精神的外化和具体化。出版者职业精神和职业道德的核心，就是诚信和服务。

兰登书屋创始人塞尔夫的出版理念是，“称职的出版家”必须为人们的全面需求作出贡献，因此他不仅成功地出版文学畅销书，也精心地出版“亏本的诗歌”。他不喜欢著名诗人艾兹拉 · 庞德，并发下毒誓绝不出版庞德的作品。这当然是他作为一个老板的权利，无可厚非，可后来受到文学界批评时，他居然能坦诚认错，这就很难得了。他是把出版当作一项事业来对待，表现出一种文化至上的精神和非常端正的职业道德。

俄罗斯 19 世纪著名出版家绥青，与托尔斯泰等作家合作，长期为平民读者出版高质量、低售价的图书。他联络作家、组织编辑、选择插图、安排印制、四处推销，还要应付无理的处罚诉讼。但他一往无前，“把全部的热爱和精力一起献给了这一事业”。我国有八亿农民，可读之书甚少，是不是应当多出几个绥青呢？

美国出版界的编辑元老帕金斯永远把与作者一起完善作品看成是自己的天职。他最大的特点是毫无保留、毫不退让地帮助作者完善稿件。为了修改书稿，他经常和海明威等名作家争吵不休，自己戏称为“进行某种生死搏斗”。而我们的编辑呢，他们也是毫不退让，只不过是“毫不退让”地要作者抢时间、不改稿、争商机，主张粗制滥造，堪称“破坏创作”，相形之下，令人汗颜。

出版业在进行改革发展、做强做大的宏大叙事，在为市场、营销、效益、利润这些必要的成果欢欣鼓舞之时，还应当大张旗鼓地弘扬出版的精神。高尚的出版精神，是出版之本，是出版之魂，是出版之精要，是出版之所以能够受到高尚的人们尊重的缘由，是人类文明中最为宝贵的精神财富，是出版业得以健康发展的根本保证。

致俄罗斯读者*

中国图书商报是中国出版界最重要的报刊之一。在俄罗斯中国年活动中，中国图书商报在俄罗斯图书评论报的协助下，出版俄文专刊，很有意义。出版物是传播经济、政治、文化、社会信息的重要载体。正如对现代中国产生过影响的19世纪俄罗斯作家赫尔岑所指出的："书籍是和人类一起成长起来的，一切震撼智慧世界的学说，一切打动心灵的热情都在书籍里结晶形成。"中俄两国之间的战略合作，两国关系的健康发展，两国三百余年文化交流史的延续，两国人民友好情感的交流，需要通过多种途径和载体，出版物就是其中重要的一种。出版交流与合作甚至是两国交流与合作中比较稳定、恒长、深入、全面的一种形式。中国图书商报出版一份以介绍中国出版业的俄文专刊，可以为两国出版业的交流与合作提供一个窗口和一座桥梁。有兴趣了解中国图书的俄罗斯读者，可以借助这个窗口欣赏到中国图书斑斓的魅力一角；有兴趣与中国同行合作的俄罗斯出版人，可以通过这座美丽的彩虹般大桥找到满意的合作伙伴。

中国图书商报是中国出版集团旗下标志性的报刊。中国出版集团是中国出版业历史最悠久、品牌最响亮、出版物品种最丰富的国家级出版发行机构。中国出版集团旗下的出版社翻译出版过大量的俄罗斯作品，同时，也输送过许多中国作品到俄罗斯翻译出版。这种友好双向的合作，提升了国际出版合作的意义，亦即是两种文化相互了解、

---

* 该篇为《中国图书商报》2007年莫斯科书展俄文版刊首语。

相互辉映、相互交流、相互营养而又独立自主、发展壮大的意义。中国的先哲孔子在二千多年前曾经提出过一个著名的观点，即对事物看法不同的人也可以和谐地相处。这一观点至今仍很有意义。世界各种文化既和谐相处，又相互辉映，这应该成为人类文明发展的谐美之境。中俄两国出版业应当在这样的境界里发展双方的合作。

“身无彩凤双飞翼，心有灵犀一点通。”这是中国唐代诗歌的名句，大意是：人与人尽管被地理所阻隔，美好的心灵却是可以感应相通的。中俄两国文化虽然不同，可具有悠久传统友谊的两国读者心灵却是相通的，两国出版人也是心有灵犀的。开放在美好心灵之上的出版物之花必定艳丽芳香。值此俄罗斯莫斯科书展开幕之际，请接受我——一个中国出版人和作家的美好祝愿，祝愿中俄两国人民的友谊源远流长，两国出版业的合作不断结出丰硕的果实！

2008，《英语世界》辉映奥运之光*

每一个新年都有许多值得人们热切期待的事物。然而，2008 年，却是亿万中国人翘首以盼的新的一年。这一年，第 29 届奥林匹克运动会将在中国举行。东方文明国度，八方惠风拂煦，万国嘉宾云集，“同一个世界，同一个梦想”，更是圆了中国人的奥运之梦。奥运梦想成真之日，正是中华民族形象展现的时候。

每一个新年都有许多值得人们激情深思的意义。然而，2008 年，却是亿万中国人感慨万端的新的一年。这一年，中国改革开放正好三十周年。三十年艰难探索，三十年开拓创新，三十年成就举世瞩目，三十年中国人的面貌发生了历史性变化。新的一年回望征程，必将唤起实现中华民族伟大复兴的更大热情。

每一个新年都将有一些特别的关键词，2008 年中国首选关键词必将是“奥运会”和“改革开放”。可以说，正是三十年的改革开放，才为奥运会在中国举办提供了广阔的天地；而 2008 年在中国举办奥运会，则为中国的三十年改革开放画上了一只美丽的惊叹号。

这就是中国的 2008 年。这也就是《英语世界》所面对的 2008 年的中国。

《英语世界》是改革开放的产物，也是始终坚持改革创新的典型。我国改革开放刚刚起步，商务印书馆就解放思想，创办了这份英汉对照形式的双语期刊。在全国这是第一家英汉对照双语期刊。近三十年

---

* 该篇为《英语世界》2008 年第 1 期刊首语。

来，《英语世界》紧跟改革开放的步伐，从小到大，与时俱进，锐意创新，已经成为中国出版集团公司标志性优秀期刊，获得了国家期刊奖。在新的一年里，《英语世界》必将以更加坚定的态度、更加饱满的热情坚持改革创新。在内容形式上坚持创新，给读者奉献更多的优秀作品，不仅坚持思想性、艺术性和可读性的统一，还要坚持语言刊物的科学性和实用性。在传播手段上坚持创新，为读者提供更多学习的机会，不仅要改善传统订阅刊物的方式，使之更为人性化、更为便捷，还要进一步提升网络传输的效率，更加贴近学习的实际需要。为了实现内容形式和传播手段的创新，刊物编辑工作还要实现体制机制的进一步创新。在改革开放三十周年到来的时候，人们将在《英语世界》上感受到更为充盈的时代气息和更为强烈的勃勃生机。

2008年的《英语世界》，必将辉映奥运之光。奥运之光首先是人文之光，《英语世界》势必要把人文奥运的精神传扬。奥运之光是绿色之光，我们要把《英语世界》构建成一个和谐的社区。奥运之光还是科技之光，《英语世界》将有更多的体育知识与读者分享。尽管刊物的文章采撷自英语的世界，但这并不妨碍它们在这里开放出属于北京奥运会的绚丽花朵。透过一篇篇来自域外的美文，读者们同样可以看到一群中国编辑的美好灵魂和高尚趣味。何况，中国读者也需要从多元的世界里汲取更多的营养。文化从来是多元化的。任何一种文化都需要多元文化的交流和滋养。多元文化并存，才是良好的文化生态，中华文化在良好的文化生态中才可能得以健康发展。我们有理由希望，2008年，当各种刊物出现北京奥运村的时候，《英语世界》是得到中外人士广泛欢迎的一种。

当然，刊物要高扬改革创新的精神，却并不是说要把她办成改革的宣传品；刊物将辉映奥运之光，也并非说《英语世界》要变成奥运的世界。全方位地为广大读者服务，依然是《英语世界》的宗旨，是刊物永久性的关键词。编辑部的同仁们不曾忘记，2007年刊物所做的问卷调查结果，97%的读者认为刊物是上乘一流的，“捧书而读，茶伴之，乐之！”99%的读者认为刊物对于他们的学习有很大帮助，“帮助我顺利通过了考试！”两个极高的百分比，寄予了多少读者的高雅趣味和求知欲望。刊物自当以此为基点，继续竭诚为最广大的读者服务。有读者在问卷中寄语刊物：我们不能改变生命的长度，但我们可以拓宽生命的宽度。是的，我们要拓宽《英语世界》的宽度，拓宽刊物服务的广度。我们将以改革创新的精神，抓住奥运会的机遇，大力拓展刊物的广度。2008 年，将是《英语世界》继续拓展的一年。

读者朋友！当新年钟声敲响的时候，你们将读到这篇新年感言。那时，我们寄予希望的中国奥运之年和改革开放三十周年已经到来，《英语世界》新年拓展应当有了一些新的气象，这样，希望就不只是一种光荣和梦想，而更是一种不容得犹豫退却的追求，是一种责任和承诺。“为了伟大的目标，必须使用伟大的力量。”这是美国总统罗斯福的名言。我愿意替编辑部的同仁们作一次承诺：为了不平凡的 2008 年，为了所有关爱《英语世界》的读者，我们将使用自己的全部力量！

我们的园地*

办一份企业内部小报《中国出版集团》，自然将有助于中国出版集团的改革发展和各项工作。但这份小报的任务并不主要是指导工作。集团公司指导工作的主要载体应当是一系列文件、会议和公务活动。创办《中国出版集团》，我们的第一个愿望是她能表现出良好的精神状态从而对集团事业的各个方面产生积极的影响。精神状态是一个企业最重要的基础。良好的精神状态则是一个企业最重要的克敌制胜的法宝。一个兴旺的企业，需要正气、志气、勇气，需要信心、热情、希望，我们称之为兴奋状态。兴奋状态应当来自于广大员工科学精神与理想主义的有机结合。而企业建立在理性与理想基础上的兴奋状态，将给员工以力量，为企业增添无穷活力。

《中国出版集团》自然将有助于集团整体化发展水平的提升。但这份报纸的任务并不主要是集团整体化建设。企业集团的建设主要是在现代企业制度和产权制度等法理的基础上开展，进而在共同的价值目标追求下实现。创办《中国出版集团》，我们的第二个愿望是为全集团员工提供一个沟通情感、交流思想的企业文化园地。沟通与交流，可以把我们从纷繁琐碎的事务重压下解脱出来，重新审视职业的意义、工作的价值、团队的喜悦以及生活的美丽。一个以人为本的企业，在效益功利之上应当有精神交流，在价值规则之后应当有人文关怀，我们称之为团队状态。团队状态应当来自于广大员工对共同愿景的追求

---

* 该篇为《中国出版集团》报发刊词。

和自我实现的愉悦。而建立在对共同愿景和自我实现基础上的团队状态，将使得员工更加自尊自重，企业更加高尚起来。

《中国出版集团》自然将为我们提供一些有益的信息。但传递信息的渠道如今已经很多，添一份小报不多，缺一份小报不少。信息化时代已经使得人们的信息应接不暇，当务之急是海量信息的整理和利用。创办《中国出版集团》，我们的第三个愿望是激发广大员工创新的热情和创意的灵感，希望经常在这里掀起集体创造性活动的“头脑风暴”。创新是企业生命的源泉，而在巨大的社会文化消费需求与激烈的文化市场竞争环境下，创新就是企业的生命。“不创新，就死亡”，管理学大师彼得·德鲁克的预言已经在很多破产企业身上得到验证。一个全面协调可持续发展的企业，必须把创新奉为企业的圭臬，信息传递的目的应当更多指向创新，我们称之为创新状态。创新状态应当建立在知识、信息广为传播和广大员工以创新为荣的企业文化环境中。而由知识、信息广为传播和广大员工以创新为荣而形成的创新状态，将使得员工有所发明创造，企业的竞争力极大增强。

总之，为了让中国出版集团的庞大团队形成兴奋状态、团队状态、创新状态，建设成为一个学习型组织和广大员工共有精神家园，从而为社会主义文化大发展大繁荣作出更大贡献，我们创办了这份小报。希望集团广大员工关心、爱护、支持这份集团的小报，共同来办好这份属于自己的报纸。

2008 年 1 月

中华文明与中国出版*

在新中国成立六十周年之际,《六十甲子峥嵘岁月回眸——中国出版业的历史方位考察》的专题策划显得宏大而深沉。内容是根本。我希望内容能够如题所示，认真总结六十年来，特别是改革开放以来我国出版业改革发展的经验，认清当下中国出版业所处的历史方位，提高对加快改革发展的重要性、紧迫性的认识。为此，我愿意接受邀请在篇首写一点文字。

我想通过对中华文明与中国出版之间关系的粗浅考察，谈一点对我国出版业改革发展其历史必然性的认识。

钱宾四先生所著《国史大纲》指出中华文化举其特点有三：一是悠久，二是无间断，三是详密。五千年中华文明得以绵绵不绝，继继绳绳，长存于天地之间，中国文字记录及中国出版活动居功至伟。诚如美国学者钱存训在《书于竹帛》一书中指出：“中国文字记录的丰富、延续和普遍性是世界文化史上所独具的特色，没有其他民族或国家的文献可以相比。中国古代典籍在质和量方面的发展，更显示出古代中国在文化传播和学术研究上的辉煌成就。这些成果乃是中国文化的基石。因此要了解中国文化的起源、发展和承传的过程，主要便得从这些古代文字记录的遗产中去探索。”可以说，中华文明的传承，有赖于中国出版的发展。中国古代四大发明中有两项发明直接与出版紧密相关。我国版本学、辨伪学、校勘学、目录学等学科的在世界上

* 该篇为《出版广角》2009年第9期刊首语。

最早出现并较早成熟。直到15世纪末，中国图书的品种都比世界上各国书籍的总和还要丰富。可以说，中华文明以中国出版为载体，而中国出版以中华文明为魂魄。中国出版为中华文明传承与发展所作的贡献受到举世敬重。

中华文明与中国出版乃是一个整体，因而，中国出版保持着与中华文明一致的精神气质。中华文明浓重的历史意识一直体现在古代出版活动中。历代政府及出版机构都非常重视修史和抄刻史书，因而我国的历史记录也是世界上最连贯、最完备的。由于崇尚历史，故对出版物质量高度重视，叔孙豹的立德、立功、立言“三不朽”之说，曹丕“经国之大业、不朽之盛事”的论断，都是这种出版文化态度的具体反映。中华文明一直以来通过求新求变，不断赋予自身以鲜活的生命力。汤之《盘铭》曰：“苟日新，日日新，又日新。”《诗》曰：“周虽旧邦，其命维新。”中国出版也呈现出追求创新追求改革的显著特点。中国发明的纸、墨与印刷术，决定了世界文明文字记录的基本形式。在古代诸多科技文化成就中，没有一种发明可以与造纸术、印刷术的重要性相提并论。中国出版因之在世界文明中最为早熟，所取得的成就也最为丰富。中华文明对外来文明一向海纳百川，兼容并包，通过吸收融合不断丰富自身。汉代以降佛教的传入，就是中国历史上大规模吸收异域文化的典型史实。而中华文明与异域文化的融合，大都以出版物为媒介。这种文化氛围也赋予中国出版以自信开放、乐于交流的精神品质。中国图书广泛传播至世界各地，造纸术与印刷术的传播对世界文明的发展作出很大贡献。应当说，中国出版是灿烂的中华文明至为重要的组成部分。

新中国成立后，中华文明得以继承和创新。特别是在改革开放的新时期，中华文明获得伟大振兴。而中国出版则在继承优秀传统的基础上，不断改革创新，取得了令人瞩目的伟大成就。

新中国出版业继承和发展了中国出版对历史传统尊重的优秀品质。特别是新时期以来，对古代典籍进行了大规模的整理出版，对古代优秀文化进行了大规模的普及。通过传播中华优秀文化，民族凝聚力进一步增强，民族自豪感进一步提高，爱国主义教育取得显著成果。新中国出版业继承和发展了中国出版追求改革创新的优秀品质。特别是新时期以来，努力挣脱不合时宜的体制性束缚，文化体制改革取得历史突破性成果，大力推动公益性出版事业，大力发展出版产业，初步建立了适应社会主义市场经济体制的、充满活力的出版产业体制和机制，出版生产力不断地得到解放，好书、创新之书源源不断。积极吸纳和创新出版科学技术，打造新型出版业态，快速提高传播能力。新中国出版业表现出对文化交流更加强烈的愿望。特别是新时期以来，实施“引进来”、“走出去”战略，积极开展国际交流，吸收各国优秀文化成果，传播中华优秀文化，版权贸易逆差迅速缩小，出口图书品种成倍增加，海外出版机构逐步建立，中国出版在世界上的影响力愈来愈大。

在新中国成立六十年之际，我们可以自豪地说，中华民族在新的历史征程上，不断有值得自豪的文明成果奉献给人类社会，而中国出版在其中发挥了不可或缺的作用，而我们的明天，势将更加美好！

写于2009年9月

出版群星闪耀时*

庆祝新中国成立六十周年，全国评选出了22位杰出出版家和100名优秀出版人物。出版业可谓一时群星闪耀。无疑，其中最为明亮耀眼的是22位杰出出版家，他们是新中国出版事业的奠基者、开创人。令我感到格外振奋的是，里面竟有10位杰出出版家曾经是中国出版集团公司所属成员单位的创始人或领军人物。

评选活动所褒扬的不仅是每一位杰出出版家，他们的辉煌业绩和历史性贡献，更重要的是杰出出版家群体集中反映出来的非凡的精神。这精神之所以称得上非凡，因为这是传承与弘扬人类文明和民族文化的精神，是创新与传播优秀文化的精神，是服务社会和大众无私奉献的精神，是殚精竭虑，大力提高出版传播能力的精神。出版精神是出版事业之本，是出版人之魂，是出版业受到社会普遍尊重而为历史所永远铭记的深刻原因。

出版精神当然是丰富的。然而，集中到一个基本点上，还在于出版活动对于文化的贡献上。新中国成立不久，人民文学出版社创始人冯雪峰既大力出版新创作的现实题材优秀长篇小说，也大胆出版中外古典文学名著。出版中外古典文学名著还需要大胆吗？在当时确实需要胆识的，所以在当时堪称是开新中国先河的出版行为。冯雪峰一句“古今中外”的出版宗旨，与其说是在为出版社规划的出版格局，毋宁说是他为出版业奉献的闪光思想。商务印书馆的创始人张元济始

---

* 该篇为中国新闻出版报“新中国优秀出版人物”特刊寄语。

终坚持出版为昌明教育的宗旨，有人以为他只是主张做教育出版，其实他一直认定："出版之事，可以提携多数国民，似比教育少数英才尤要。"改革开放之初，商务印书馆领导陈翰伯、陈原等就提出要积极翻译出版世界学术名著，为解放思想，广泛吸收人类文明成果提供优秀的学术经典。同样在改革开放之初，姜椿芳同志四处奔走建言，吁请国家组织编纂出版中国的大百科全书，为建设先进文化提供更为广阔的科学文化知识。还有许多事例，在此不一一列数。总之，可以说，没有哪一位杰出出版家在文化上没有一番卓越的贡献。文化的贡献，是出版精神真的灵魂，是高尚的出版行为的出发点与归属。在文化体制改革不断深入、出版产业发展日新月异的今天，我以为有必要多谈一谈出版精神，因为这是我们出版人的灵魂。在市场经济大潮中，各种营销手段无所不用其极，经济效益时在念中，然而，我们仍然需要冰清玉洁的文化之魂，唯此方能促进出版产业更好更快、更加健康地发展。

我们坚信，文化建设，特别是传承优秀文化，建设先进文化，永远是我们的根，是我们的灵魂，是我们的精神归宿。前辈杰出出版家一直是我们的楷模。中国出版集团公司大厅里有一面墙，上面挂着数十位前贤的照片。集团公司9楼有一条历史长廊，长廊上矗立着一座座杰出出版家的铜像。我们每天都在大师们目光的注视下开始新的一天的工作，每天都流连于大师们凝聚过无数心血的商务印书馆、中华书局、三联书店、人民文学出版社等知名出版机构，因之每天都能感受到大师身上的出版精神和自己肩负的重大责任。

我们要坚持把以文化为宗旨的出版精神化入出版企业管理的过程中。出版企业首先是一个文化机构，要把健康的企业文化建设放在企业发展的重要地位。我们要帮助员工树立职业目标、找到发展方向，要为他们提供不断成长的阶梯，要使他们真切地感受到文化从业者的尊严与荣誉，使他们真切地享受到从事文化行业的乐趣和幸福，同时，要让全体员工清楚地认识到，成功经营文化产品并且获得丰厚的经济效益，那该是多么美好的事情。

我们尤其要坚持以先进的管理理念来推动企业的全面创新。今天的人们绝不可以认为老一辈出版家都是株守书斋的腐儒。事实上，杰出出版家都是一时创新的文化豪杰。暮气沉沉、墨守成规、自得其乐，如此种种行状，与杰出出版家无关。出版家必须时时在行动中。在文化改革发展过程中，我们埋怨老出版社的体制机制落后，领导思路阻塞，精神状态萎靡，企业没有活力，如此等等，都不是杰出出版家们所倡导的。冯雪峰率先出版中外古典文学名著，商务馆大张旗鼓出版“汉译世界学术名著丛书”，《中国大百科全书》的编纂工作几乎被怀疑是狄德罗“启蒙主义”的翻版，哪一个举措不需要创新与胆识！我们一直提倡建立鼓励创新、支持创新的企业文化，而只有这样才能够培养出具有优秀品质、高尚精神的优秀人才，也只有这样才能真正发挥一个文化企业的应有价值。

我们与前辈出版家事实上面对的具体问题也许并不是一回事。今天放言资本、股市、利润、多元化、战略等等，在他们那时也许以为是天方夜谭；而他们那时津津有味交流作品的创新，现在似乎也被今天的一些大出版企业家以为迂腐，以为来钱太慢。此一时者彼一时也，然而创新的意义是一致的。这时，人们要问，为什么今天还要来评选纪念这些先贤呢？很显然，我们要继承的是出版业最重要的精神内核——文化，因为近来太需要特别强调了；我们要发扬的是出版业必不可少的精神特征——创新，这在今天也还需要加大力度。总之，文化与创新，是杰出出版家不朽之精神，出版业不朽之盛事。

出版人与阅读文化*

《图书馆报》由中国出版集团所属新华书店总店《新华书目报》主办，中国图书馆学会协办。据说这是世界上唯一一份以“图书馆报”命名的专业媒体。我为此感到格外的高兴。中国出版集团就是要做行业第一和唯一的事情。长期以来，《新华书目报》的书目征订业务，为全国各级各类图书馆和新华书店采购图书提供了有力保障。《新华书目报》早已经是图书馆界不可或缺的工具报。现在报社又调整结构，增加投入，联合图书馆界，创办《图书馆报》，可以说是一个很重要的创举。希望《新华书目报》的同志们再接再厉，脚踏实地，努力打造图书馆、馆配商和出版社上、中、下游信息中盘，为构建书业产业链，服务图书馆工作作出新的贡献。希望中国图书馆学会更多地支持《图书馆报》的出版工作。中国出版集团公司也将尽最大的可能，为《图书馆报》的创办和可持续发展提供保障与支持。

《图书馆报》的宗旨是“立足出版产业，建设阅读文化”，这个宗旨非常好。出版社与图书馆，作为书业的上游和下游，有着天然的血缘联系。中国出版集团公司所属一些重要成员单位，像商务印书馆、中华书局等，历史上曾与图书馆界有着长达百余年的互助与合作，为我国现代图书馆事业的发展就作出过卓越的贡献，成为出版史和图书馆史上的佳话。1927 年 7 月，商务印书馆的函授学校开设了图书馆学科。1928 年，商务印书馆开办暑期图书馆讲习班，由东方图书馆（涵

* 该篇为《新华书目报 · 图书馆报》发刊寄语。

芬楼）邀请全国大中学校及公私立图书馆，各选派一人，赴该馆听讲并实习5周。由王云五、陈友松、沈丹尼等主讲图书馆及其他应用技术。实习指导则由东方图书馆职员担任，受训者达146人。1930年第二次开办，实习学员有二百余人。王云五先生曾长期担任中华图书馆协会执行委员，代表作有《中外图书统一分类法》，在图书馆界影响深远。1929—1937年，在他的主持下，商务印书馆策划推出了1721种、总计共4000册的《万有文库》，“使得任何一个个人或者家庭乃至新建的图书馆，都可以通过最经济、最系统的方式，方便地建立其基本收藏”。这一番雄心壮志，被美国《纽约时报》称赞为“为苦难的中国提供书本，而不是子弹”。

集团公司所属中华书局、中国图书进出口总公司等成员单位，也为图书馆界作出过独特贡献。中华书局出版的古籍总目提要一类的图书，是图书馆必备的工具书。中国图书进出口总公司一直是我国图书馆界最大的外文文献资源中盘商。《图书馆报》的创刊，无疑将极大提升中国出版集团公司与图书馆界合作的广度和深度。

《图书馆报》的服务对象是出版发行业和图书馆业，目的是为出版发行企业开拓馆配市场、寻找新的增长点作出独特的贡献。我真诚地希望所有出版发行单位都能够大力支持《图书馆报》，扶持《图书馆报》。各方通力合作，把这个业务合作与交流的平台打造好，让她发挥更大的作用。

《图书馆报》还要为开展全民阅读活动作出应有贡献。当前，全国各地都在大力倡导和推进全民阅读。在2008年全国图书博览会上，中国出版集团公司首创举办“读者大会”，引起很大反响。现在“读者大会”已经举办两届，参与者越来越多，越来越踊跃，成为全国图博会的重点活动之一。图书馆是开展全民阅读的最主要的场所。我们每一个人的成长都离不开图书馆的关爱、呵护与滋养，图书馆是一所永不关闭的社会大学，是人们健康灵魂的熔炉。诚如拉丁美洲大诗人博尔赫斯所说：“天堂应该就是图书馆的模样。”我们创办《图书馆报》的目的之一，就是要为推动全民阅读的深入开展提供一个优秀的传媒载体，希望报纸能在图书馆的读者中产生良好的影响。

预祝《图书馆报》发刊成功！

2010 年 1 月

把“秉持公正立场”写在旗帜上*

《中国美术》创刊，受到我国美术界、出版界和美术爱好者广泛而热切的关注。一个以“中国”命名的新生刊物，理应受到高度的关注。为此，我们有理由希望《中国美术》能够坚持正确的出版导向和艺术方向，有理由希望刊物能充分反映我国当代美术创作、研究、交流的整体风貌，有理由希望刊物能突出显示我国当代美术创作与研究的中国作风和中国气派。出版者的办刊理念中特别强调将努力反映我国美术创作与研究所具有的时代精神，也就是说，与时俱进、改革创新的精神，是以人为本、协调发展的理念和共建人类美好精神家园的理想，将在《中国美术》上得到强烈体现，这尤其值得我们寄予热切的厚望。

《中国美术》创刊，明确宣示要“为当代艺术立传”，显示了办刊者强烈的使命感和责任感。为艺术立传，就需要把握艺术鲜活的当下和历史的积淀，要有历史感和未来感，更需要刊物不竭的活力。一个高品质的刊物，最不能缺少的就是活力。为艺术立传，所立之传必须是真艺术。真艺术应当鲜活，真艺术当具深度，真艺术应有魅力，真艺术既是民族的又是世界的。总之，真艺术须得是真善美的。我们希望看到真善美的《中国美术》。

《中国美术》创刊，把“秉持公正立场”写在自己的旗帜上，让我

* 该篇为《中国美术》创刊寄语，篇名为本书编选时所加。《中国美术》杂志，中国美术出版总社主办，2010 年 7 月创刊。

们强烈地感受到刊物的一股凛然正气。祛除艺术与出版的不良风气，改善艺术与出版的秩序环境，成为艺术界和出版界人士的广泛共识和共同心声。然而，一个刊物要真正做到公正并非易事。办刊者既要有“铁肩担道义”的勇气，又要有“妙手著文章”的能力。办刊者既要出以公正之心，不迎合，不媚俗，不势利；又要有主持公正之力，能分艺术的高下，辨作品的良莠，道事物的短长。鲁迅先生曾指出：“指其所短，扬起所长”或“掩其所短，称其所长”均无不可，然而那一面一定得有“所长”，这一面一定得有明确的是非，热烈的好恶。我们真诚地希望《中国美术》至少能这样来秉持艺术的公正，为我国艺术和出版奉献一片蓝天、一块净土。如能是，《中国美术》的创刊就是美术界、出版界和美术爱好者值得寄予美好祝愿的重要事情。

衷心预祝《中国美术》创刊成功，越办越好！

2010 年 7 月 15 日

数字时代：我们怎样“走出去”*

刚从南非、阿联酋考察回来，带回了若干国际出版合作的项目计划和意向。此行重点考察的是南非纳斯帕斯传媒集团和阿联酋的阿尔尼出版集团，前者与我是老朋友重逢，后者则在考察结束时成了新朋友。回到北京一周，英国的托比·伊迪先生来访。他总是与我相约于北京国际图书博览会之前。他给我带来了很好的消息，于丹《〈论语〉心得》有二十多个语种版本出版，其中法文本连续25周登上法国翻译类图书销售榜，已经售出5.4万册。我们是更老的老朋友了，于是我们在晚宴上为成功干杯。今天的生活，即便互联网已经相当平坦，可是人与人、企业与企业、老朋友或新朋友，依然需要面对面地交谈，需要眼睛之间的凝视，需要快乐地干杯，在交谈、凝视和干杯之际，合作的氤氲渐次升起、弥漫，创新的激情油然而生，思维纵横捭阖。

数字时代，中国出版走出去，还是要讲以人为本，最终要走进国际合作者与受众的情感里。

然而，毕竟人类社会已经进入数字化时代。数字化浪潮正在席卷全球出版业。数字技术经由生产流程、产品营销、产品制作层层渗入出版产业的机体。数字技术不但提升传播速度，降低传播成本，增加传播容量，增强信息反馈，还正在有力地促进内容生产和交流，有力地支持国际出版的合作。人民文学出版社引进《哈利·波特》中文简体版，全部合作谈判都是通过互联网的伊妹儿完成的。德国的施普林

* 该篇为《出版广角》2010年第9期刊首语。

格公司拥有的一千四百多种期刊中，约25%的销售是以合作的方式和数字出版的形式在世界各大国进行的。2006年，德中双方联手发行36种学术期刊，并建立网上中国科技图书馆。数字产品按国际定价水平在全球范围内销售，收入由施普林格和合作方按照平等互利的原则分享。这一合作方式扩大了中国学术内容的传播范围，提高了科技著作的使用量、引用率以及被国际摘要机构和检索机构收录的几率。正如吉登斯所言：现代性与全球化联手改变了我们对时间和空间的认知。“时空压缩”在出版行业的体现表现在：一方面，在全球范围内同步发布信息、同步出版电子出版物、同步发行纸质出版物成为可能；另一方面，读者或受众可以第一时间在互联网中获取自己所需要的、跨地区的信息，也可以通过所在地区的代理机构或跨国公司的分公司近似同步获得其他国家地区的出版物。时间、空间的伸延缩短了人际交往所需的时间和空间距离，有助于大众出版物可以在世界范围内制造全球畅销出版物，也有助于学术性强、受众范围狭窄的专业期刊或学术书籍打开世界范围的读者群。

数字时代，中国走出去，要坚持以技术为动力，充分使用数字技术和网络传输系统。

然而，目前的情形是，传统出版机构在数字出版业务开展上好谋而寡断，更无论数字出版的国际化开拓，迄今鲜有中国出版运用数字技术走出去的成功案例。究其原因，自然复杂多样，有战略认识的原因，有决策能力的原因，有资本能力的原因，还有版权掌控的原因，这些分析已经见诸于报端和论坛。今天我要指出的是，数字出版产业链上的问题也需要指出。在数字出版产业中，技术提供商因为启动早，占据了产业链条中的强势环节，一次投入多次获利，网络经济的复制成本几乎为零，软件开发一旦成功，其下载边际成本越来越小，成为技术为主导、产业链利益分割不合理的出版方式，造成整个行业的不和谐、不稳定。出版业本来是内容产业，内容提供商却成了弱势环节。他们每一个创新版权都需要付出巨大劳动和代价，最后却所得甚微，原创积极性严重受挫。请问，一个内容匮乏的出版业，又怎样向着外部世界走出去呢？

数字时代，中国出版走出去，要以内容为王，最终是内容走出去，而不能总是技术称帝，没有内容怎么有出版呢？

数字时代，以人为本，以技术为动力，以内容为王，推动中国出版更好更快地走出去，这就是我们的主要理念和做法。

2010 年 8 月 23 日

一个十分重要的变化*

我们正处在一个改革的时代。改革时代最主要的特征就是常变常新。最近公布的第二届中国出版政府奖优秀出版人物奖的获奖名单，我们发现有明显的变化，即：上一届获此项奖励的是50人，本届是70人；而最重要的变化是本届在优秀出版人物项下增设了优秀编辑奖，有20人获得此项殊荣。

这是一个十分引人注目的变化。

自从20世纪80年代出版业开始从生产型向生产经营型转变起，特别是20世纪90年代我国确定由计划经济体制向市场经济体制转型的改革目标后，而尤其是新世纪我国出版产业发展、集团化建设如火如荼开展以来，出版业内对编辑工作的地位、作用和价值的看法一直有着很多的争论。出版业传统的编辑中心论受到严重的质疑和动摇。其中经常讨论的一个问题是，在出版社里，编辑和发行到底谁更重要，有的干脆说得很直白，那就是谁说了算。争论当中不少还动了肝火。争论乃至角逐的结果，发行一方不出两年就以市场回款真金白银占据上风，可过了几年，编辑一方终归挟好书与畅销书自鸣得意，难免托大。正在公理婆理莫衷一是之间，出版产业化又风起云涌，集团化建设一时席卷行业，董事长、总裁、战略投资者、资产经营者、多元化操盘手闪亮登场，成功者经营规模效益呈几何级数翻番再翻番，落伍者哪里还耐烦等得及一本本书地挣那一点血汗钱。于是乎，出版

* 该篇为《编辑之友》2011年第2期刊首语。

社里连同编辑、发行以及经营管理各色人等又都有一点使不上劲的样子。就在这关键时刻，中国出版政府奖在优秀出版人物奖项下突出了优秀编辑，对多年来的讨论不啻是一个表态。

这是一个旗帜鲜明的变化。

2010 年，胡锦涛总书记在主持中央政治局进行第二十二次集体学习时，就深化文化体制改革提出了“三加快一加强”的重要要求，即：加快文化体制机制改革创新，加快构建公共文化服务体系，加快发展文化产业，加强对文化产品创作生产的引导。我们的理解是，推动社会主义文化大发展大繁荣，加快文化体制机制改革是根本动力，加快公共文化服务体系构建是必备基础，加快文化产业发展是必要条件，加强对文化产品创作生产引导是根本要求。说到底，文化改革发展，最终还是要落到创作生产更多优秀文化产品、服务人民上来，从而达到引领各种文化思潮和文化追求，为社会的科学发展提供思想保证、精神支撑、道德基础和社会风尚的目的。在出版机构里，编辑就是好书好作品的主要生产人员，其地位、作用和价值的重要性自不待言。可见，“中国出版政府奖”突出奖励优秀编辑，正是对创作生产更多优秀文化产品的积极引导。

因而，这更是一个意义深刻的变化。

这还是一个正当其时的变化。

2010 年，中央就加快经济发展方式转变做出一系列重要部署。2011 年作为“十二五”开局之年，全国加快发展方式转变之风劲吹。2010 年的全国文化体制改革工作会议也及时提出加快文化发展方式转变的任务，出版业是不是也转变之风劲吹了呢？出版业尽管在体制改革方面已经走在文化体制改革的前列，在加快发展方面已经成为文化产业的主力军，却也同样面临着发展方式转变的任务。如何转变？总体要求当然是向落实“三加快一加强”转变，具体则应当有一系列的举措，其中突出编辑的地位、作用和价值，肯定是其中具有核心价值意义的转变。然而，恕我直言，出版业传统的编辑中心论也不能继续我行我素了。今夕是何年？乃市场经济条件是也。如此情势下，编辑工作的内涵一定要变。第二届中国出版政府奖优秀编辑获奖名单透露出来的全部信息都让我们看到了这些重要变化及其意义。让我们为这个及时到来的变化而欢欣鼓舞吧。

2011 年 2 月 11 日

提振出版走出去的推动力*

一个出版强国，应当具有国际出版市场相当的拓展和传播能力。因而，提高出版走出去水平，成为国家“十二五”新闻出版业发展规划中十分重要的部分。

“十二五”新闻出版业发展规划关于出版走出去的安排，认真总结吸收了我国出版业改革发展实践的许多宝贵经验，既全面周详，又与时俱进，因而颇具新意和可操作性。推动版权走出去，推动实物产品走出去，推动数字出版产品走出去，推动印刷服务走出去，推动新闻出版企业走出去，拓展走出去国际营销网络，构建走出去人才体系，优化走出去格局，从版权、产品、人才到企业、资本直至市场布局，较之于过去任何一个时期的出版业国际发展规划都要全面、科学、务实。这是一个建设出版强国的国际化发展规划。

有了上述一连串的“推动”，人们不禁要问，推动力在哪里？如何才能提振推动力？应当由谁来推动出版走出去？

是天下大势在推动出版走出去。经济全球化势必有力推动文化国际交流、交锋、交融。马克思、恩格斯在《共产党宣言》里指出，物质的世界市场形成是必然的，精神的世界文学（这是包括文学、艺术、哲学、科学等在内的文化概念）的形成也是必然的。当今时代，世界变平，文化竞争愈加激烈。我们的文化今天不走出去，就有可能明天走不出去、走不进去，这不以人的意志为转移。国家文化软实力

---

* 《出版广角》2011 年第 9 期刊首语。

竞争乃大势所趋，顺之者昌，逆之者亡。

是国家意志在推动出版走出去。文化软实力在综合国力竞争中的作用越来越重要。泱泱中华，世界大国，目前文化影响力、竞争力却与大国地位并不相称。经济能壮大我国之体格，文化则会强健我国之精神。国家要实现科学发展，必须以高度的文化自觉推进国际文化交流，推动中华文化走向世界。

是出版生产力发展在推动出版走出去。作为第一生产力的出版生产者（作者、编辑、出版人），为了生产价值的更大实现将不断产生强烈的国际拓展的诉求。为了综合利用和开发国内国际“两种资源、两种市场”，实现经营效益的最大化而走出去，这是出版产业集约化发展的需要。资本的力量正在出版产业显现，在国际出版市场寻求投资机会，实行本土化经营，推动出版走出去。

是国际市场需求在推动出版走出去。市场经济，需求至上。有什么样的合理需求，就会有什么样的产业发展。中国现象正在引起国际社会越来越强烈的关注。国际社会需要认识中国，解读中国，国际读者需要听取中国故事，感受中国文化。这就是市场最重要的社会需求基础，也就是通常所说的商机。中国出版产业有责任为满足如此重要的国际市场需求而走出去。

认清出版走出去的推动力，才能提高各方面的自觉性和责任感；而更重要的则是要大力提振推动力，才能使得“十二五”的宏伟规划得以真正实现。

提振推动力，首先有赖于包括出版产业在内的各方面对各种推动力认识的提高和深化，责任和任务的分解和落实。在天下大势面前，出版业要在政府宏观调控指导下制订有大视野、大抱负、大气象而又切实可行的发展规划。在体现国家意志时，政府有关部门应当提供更加优惠的政策和更加积极的财政支持，反之则空谈误国。而更多的任务还在于产业自身，在于企业、人才、产品、资本以及经营，等等。资源要更为有效地在走出去进程中进行配置。虽说资源配置的最终要求还在于市场，但国际市场对于我们只是一块需要培育的新垦地，我们既要遵照市场经济规律办事，又要加大力度，有重点地去培育一些具有战略意义的国际市场。

最后我们要说，出版走出去最不可或缺的推动力就是中国出版人的内在动力。我们有高度的文化自觉，才可能讲述好中国故事；我们有充分的文化自信，才能传播好中华文化。文化生产是精神生产，精神生产最终靠人。在欧美强势文化面前，中国出版人应当自觉肩负起传播中华文化的使命和担当。凭着这样的使命和担当，我们从每一个版权产品输出做起，从每一种书刊出口做起，从每一次资本输出做起……

2011 年 8 月于胜古家园

明朝胜今天

创造总是最美好的*

创造力是作为智慧生物的人类赖以顶立天地的决定性能力。创造性业绩是作为万物之灵长的人类最值得矜夸的骄傲。在人类的一切活动中，创造性劳动总是最美好的。

每每想到创造，我就感到气血涌动，精神为之一振。

然而，近来我却越来越为此感到惶惑，不禁要扪心自问：我们在出版工作中到底投入了多少创造性劳动？选集复选集，精选又自选，文库接宝库，古籍又重印，其中虽不无创造性成分，创造的余地终归有限。我们是不是做了过多的重复劳动？我们是不是太乐于文化积累而忽略了创造新的精神产品？

我总在想，在行将告别 20 世纪的时候，我们漓江出版社应当盘一下自己的书仓：我们推出过哪几部新颖、鲜活、扎实、有生命力的作品？我们对哪几位有出息的作家的成长做出过重要的帮助？哪几部优秀的外国文学作品是我们最先向国人译介的？哪几位优秀的外国作家是在我们的帮助下为中国读者所认识的？现在是得准备接受世纪清算了。

好在还有五年的时间容我们再做一番努力。“九五”规划的第一年，我们就要盯住“创造”不放松。我们将在这一年里推出刘醒龙、陈源斌、王祥夫、乔典运、杨东明、唐栋、王云高等一批实力派作家的长篇新作，期望值不高，但愿有一部算得上中国文坛本年度的佳作，五年下来便是五部，也算美妙了。我们将在这一年里继续组织当

---

* 该篇为作者 1996 年应《出版广角》杂志之邀作的新年献辞。

今名人对古典名著进行创造性评点。我们将在这一年里争取率先出版诺贝尔文学奖最新得主爱尔兰诗人希尼的诗选中文译本，“获诺贝尔文学奖作家丛书”将在这一年里推出10部以上新书，其中有几位对于中国文坛和广大读者还是陌生面孔。我们将坚持并强化出版外国文学现当代作品这一特点。我们的文化、旅游、艺术等门类也将以创造之姿出现在新的一年里。

出版工作绝不是替新娘做嫁衣。出版工作应当参与到作品的创造之中，应当为最新的科学文化信息的传播作出创造性的贡献。创造总是最美好的。

1995年12月

1999，一位新社长的几点感想*

1999年，就任人民文学出版社社长之职。任职前后，有三句话，我听得很多，很受震动，深以为诚哉斯言，不能须臾忘记。特命笔以记之。

其一为：“人民文学出版社是建国后首批成立的国家出版社。”神圣感由此生成，血流为此加快。近五十年来，出版社坚持以国家的文化建设和文学事业繁荣为己任，五十年后自当一如既往，继续为国家的发达兴旺竭尽绵薄。功不可以虚成。每一个出版行动都应当是一件实事，每一本图书的出版都要想到人民的利益、国家的需要和社会的进步。我们当追随共和国前进的步伐脚踏实地前行。

其二为：“你是第七任社长。”使命感顿时在胸，心情为之肃穆。仿佛有人猛然将一副重担置于我的肩头，有不能承受之重的紧张感，又有迎接挑战的跃跃欲试之感。出版社不仅万勿在自己手里中落，更期望事业有所中兴发展。名不可以虚设。当知前有诸任社长成绩斐然，更有当今知识经济、文化建设以及出版产业化战鼓催春。事业必须继往开来。我将何以担当之？

其三为：“你的前任可是冯雪峰、巴人呵！”说话者往往声调提高。在我者每每意气风发，历史感弥漫心头。藐予小子，如何同前贤相比！我必须以自己的渺小与他们的巨大作比较，从而必须接受我与前辈不成比例的结论。不知我者以为我必惭愧，知我者明白我愿发

* 该篇为作者任人民文学出版社社长一职后应《出版发行研究》杂志之邀所作致辞。

愤。我有幸运之感——我可以站在巨人的肩膀上为事业的大厦添砖加瓦，我有振奋之感——我或许能够作出21世纪一位中国出版人力所能及的奉献。

1999年3月

与巴尔扎克、斯坦因一起喝咖啡*

新的千年，新的世纪，理应有新的精神状态，新的开拓，新的作为，新的进取。为此我发表了过多的关于出版社改革、改造、重建、发展、经营、管理从而进一步现代企业化的思考，也没少谈对于WTO与我们、信息技术与出版之类问题的理解，更是一如既往地奢谈了一回诸如选题策划、选题优化、版权贸易、编校质量、整体设计之类的理论与实务。现在，该谈谈与巴尔扎克、斯坦因一起喝咖啡之类的话题了。

巴尔扎克喝咖啡是十分有名气的。这位自告奋勇地表示“法国社会将要作历史家，我只能当他的书记”的现实主义文学大师，是一位名闻世界的多产作家，仅收入《人间喜剧》的长、中、短篇小说就有九十多部。他从1829年发表《朱安党人》迈出走向现实主义的第一步开始，二十余年夜以继日地创作出一部又一部的作品。然而他债台高筑，终生不得解脱，直至1850年8月18日病逝于贫困之中。巴尔扎克依赖苦涩的咖啡的刺激，得以保持亢奋的写作状态，却严重地损害了自己的身体。有人做过计算，巴尔扎克的《人间喜剧》是近五万杯苦涩的咖啡换来的。仿照“吃的是草，挤出来的是牛奶”的说法，巴尔扎克喝进去的是苦咖啡，流出来的是传世佳作，消耗的则是他的心血。

斯坦因喝咖啡却是另一种意味。对于旅居巴黎的美国女作家葛曲露德·斯坦因，中国读者可能不太熟悉，即便在欧美她也只有少量的

---

* 该篇为作者应《中国图书商报》之邀所作新千年献辞。

读者。她却是因为舍伍德·安德森、海明威等名作家的存在而存在，是因为她对舍伍德·安德森、海明威等名作家的影响而存在，是因为她喝咖啡的“巴黎左岸”后来成为文学、艺术的胜地而享誉文坛。20世纪20年代，斯坦因在巴黎左岸福勒斯街27号的住所成了当时的文艺沙龙，她在那儿接待过毕加索、马蒂斯等艺术家，接待过美国作家庞德、舍伍德·安德森、海明威、菲茨杰拉德。当时海明威、菲茨杰拉德尚未成名，她和他们在左岸的咖啡馆流连，无拘无束地探讨文学艺术。她在文学上无保留地指点他们，帮助他们认识自己的才能，为他们命名“迷惘的一代”。她的后现代主义简约的叙事风格对海明威影响颇深。后来海明威请她做了自己长子的教母。巴黎左岸，特别是左岸的咖啡馆，至今仍是具有文学情趣的旅游观光者重要游览目标。从一定意义上说，斯坦因的咖啡浇灌了文学的园地，滋润了一代大师级作家。

不用说，我在巴尔扎克近五万杯苦咖啡里品尝到了作家的艰辛，品尝到了作为文学出版的第一生产者的可敬之处。同时，作为一个文学出版人，我还意识到一种责任，那就是，我们应当与巴尔扎克们一起喝咖啡，喝深夜苦涩的咖啡。且不去说出版利润如何更合理地分配，也暂不说如何更好地推广作品，这些都是自不待言的。文学出版人不应当是文学圈子以外的师爷、贵族或者商人。我们必须走进作家写作的斗室，伴随并且帮助他们进行每一部作品的创造。这种伴随并且帮助是精神的、思想的、人生的、文学本体的，是荣辱与共的。我始终不能满足被动式的出版工作。我希望，在新的世纪，人民文学出版社的文学主张仍能被真诚的作家们认同，希望人民文学出版社在新的世纪能得到最广大的作家们真诚的合作，共同去创造中国的《人间喜剧》。

我以为，还应当与斯坦因一起喝“巴黎左岸”的咖啡。那是别一样滋味的咖啡。那是以文会友的豪饮，那是相濡以沫的赠予，是诗人唱和时的互励，是点评天下才子书时的不亦快哉。文学出版人的职责不仅在于发现好作品，还在于发现并帮助文学人才，从可持续发展的战略来看，也许更有价值的是后者。诸如此类的事例并不在少数，譬如《新青年》对于鲁迅的识见，鲁迅对于萧红的扶掖，大学生曹禺通过巴金的编辑之手一鸣惊人，郁达夫将文学青年沈从文引领出困顿，等等，造成了文学事业的奇伟瑰怪非常之观。我提倡我们的编辑像斯坦因那样把咖啡喝出文学意味来。我始终不能满足见书不见人式的出版工作。我希望，在新的世纪，人民文学出版社能不断地发现文学新人，并能帮助他们发出黄钟大吕的绝响，希望人民文学出版社能够在新的世纪被最广大的作家当成自己的文学家园。

在新世纪的第一个元月里，我自然要去北京图书大厦的四楼咖啡座，与读者们喝喝咖啡，交流阅读的快感，这是近年来常常要做的。然而也还要去作家们的书房、生活基地或者沙龙，与他们沏上一壶浓酽的咖啡，一起品尝文学创作的苦涩与香浓，共同谋划新的创造。这是近年来做得不太够而在新的世纪我们必须去做的。

1999 年 12 月

创新才会赢*

1

并非因为要迎接新世纪才想起创新的话题。创新是一个出版人经常要面对的功课。创新是强者愈强的秘诀，创新是后来者居上的法宝。创新是百年老店五十年老社的驻颜术，创新是穷社置之死地而后生的救心丹。因为创新，世界上有了一个比尔·盖茨先生。因为创新，世界上又有了一个J. K. 罗琳小姐。中国的海尔因为创新被请去宣教于哈佛讲坛，商务印书馆因为创新而成为中国现代出版史的缩影和象征。创新可以让我们永远多跨一步。我们不害怕竞争对手强大就害怕自己不能创新。创新让我们有可能成为冠军，因创新而失败却虽败犹荣。而唯有创新，无论胜败起伏跌宕，希望总会像太阳一样明天照样升起。

创新才会赢。

2

对于一个出版企业，创新应当是一个全面的概念。出版物必须有所创新。但过去我们常常把创新的内涵片面化到出版物上，甚至缩小

* 该篇为作者应《出版广角》杂志之邀所作新世纪出版断想。

到一件出版物上。一句“内容决定形式”，一句“书好才好卖”，往往是攻其一点，不及其余，结果往往是差之毫厘，失之千里——何况差之不仅为毫厘，所失也就不止是千里万里了。

现在我们要说的出版企业创新，具体应当包括下列四种情况：出版物品种创新、出版方式创新、出版物市场创新和出版企业制度创新。必须全面追求创新。

创新才会赢。

3

关于出版物品种创新，谈起来我们似乎已经驾轻就熟。然而，实践起来往往满不是那么回事。且去看看店社书库里积压的图书，检讨有多少是由于重复出版造成的。当然还有许多在于出版方式、市场开发和经营管理制度等方面的原因，但是品种的独特价值总是出版物营销成败的第一要素。在正常情况下，你不可能强求一个读者同时买两种、三种乃至十种《红与黑》，可是我们的出版同行却不约而同地在同一个时期里出版了十种以上的《红与黑》。可见，品种创新即是非常浅显的道理，然而要真正做到又是多么的不容易。

中外古典名著重复出版热过了，留下一堆重复出版的中外古典名著；名家的结集变幻莫测，成就了一堆不用负任何经济责任的名家；名目繁多的类选、大选、大系、精选、精粹、典藏、珍藏，不一而足，如同一口口骗取你重复消费的陷阱，让你在藏书上架时对着两种内容重复的选本，丝毫感觉不出鱼和熊掌那样难以取舍的遗憾，更多的只是受骗后的无奈和愤怒。

市场这只看不见的手，给了我们文雅而又铜气十足的出版商们一连串的重拳，恰似温柔一刀，鸩酒一杯。温柔地散发着油墨和纸张气味的名著精品们挤爆了出版社本来就不大的仓库，使得后来的真正具有创新价值的新书不得而入。

当许多出版人哀叹出版这碗饭不好吃的时候，当许多出版人埋怨图书市场的变幻多端，读者兴趣的轴承太过灵动，不知道明天他会喜欢哪一本书的时候，我们却较少意识到我们的出版物到底具有多少读者们不曾见到过读到过的东西。如果我们能为读者提供有新意的、质量可靠而价格合理的出版物，我们的出版企业就具有了生命力和竞争力，拥有这样的出版物越多，我们的生命力和竞争力就越强。反之则可能是生产纸张垃圾的能力很强，而生命力和竞争力则越弱，直至难以为继。

2000 年 3 月，文学图书市场遏制住了多年同比下滑的趋势，显示出较好的增长势头，上半年全国文学畅销书综合排行榜前 10 名中，新出长篇小说数量占到 7 部之多。无论文化界的精英们对余秋雨先生持何种看法，他的散文新作常居全国畅销书综合排行榜，为散文书不好卖做了新的注释。王蒙先生的“季节”系列长篇小说由人民文学出版社在七年里分卷出版，今年四部小说一次出齐。小说书写的新中国几十年里知识分子的心灵史，充满了思辨和透彻的感悟，尤其是第四卷《狂欢的季节》，王蒙式的叙述和深刻达到了一种极致，却同样获得了市场良好的反响。事实正在告诉出版人，市场要创新的品种，读者要作家的新作，当市场逐步有序和读者变得比较理性之后，出版物的创新含量越大，越能为出版企业的创新和发展带来源头活水。一个出版企业不断推出具有创新价值的图书，也就获得了蓬勃盛旺的生命力，也才有可能不断地发展壮大起来。

创新才会赢。

4

关于出版方式的创新。出版方式也是出版物的一部分。由于原创作品的唯一性，组稿之争、版权之争将随时出现，有时还被成功者演化成图书先期炒作的热门话题，借此强调作品的重要性，加大其神秘性，早早地形成读者的追逐效应。出版业本质上经营的就是版权，获得优秀图书的版权乃是一个出版社的核心工程。要想在这项工程中居于主动的地位，出版社必须努力提高自身的信息化程度。信息就是金钱，效率就是生命的道理将在出版业得到不断的验证。

一个有作为的出版人，深入地与作者建立合作关系，在作者创作之初就能有所介入，并从多方面给予作者一定程度的帮助，甚至被作者引为良师益友，这当然是一种很高的境界。现在能达到这样的境界的出版社和编辑似乎不多了。不过，发扬出版企业的主体性，加强出版的策划含量，目前正日益成为出版界有识之士的努力方向。云南人民出版社策划并组织“走进西藏”丛书，中国青年出版社策划并组织的“走马黄河”丛书，以及由此形成的所谓“行走文学”，便是出版方式创新的典型案例。人民文学出版社与北京图书大厦共同策划并组织的“百年百种优秀中国文学图书”评选活动，以及他们与中国青年出版社、作家出版社、解放军文艺出版社、三联书店等几家出版机构联合出版评选出来的大型套书“百年百种优秀中国文学图书”，堪称文学出版界的世纪大行动。在新的世纪里，出版机构势必越来越多地介入专业学科的活动，并将以一种务实的精神和有效的操作，对各种专业学科的研究和写作发挥更大的影响。

关于出版方式的创新，还有一个趋势应当引起我们的重视，那就是：多种媒体多种介质交叉出版和相互促进，正在引起各种层次读者的兴趣。中文网络小说在网上鲜有成功者，然而一旦得到纸介质出版物的隆重推介，读者一时甚众。《第一次亲密接触》便是一个成功的例子。 相信过不了多久，出版物先网络后图书，或者两者同时上市，将成为一种常见的出版方式。再有，长篇小说《牵手》和《光荣之旅》的畅销，明显得益于电视剧的成功。这种先影视后小说的读物在美国非常流行。可以预见，影视与小说将在新世纪里经常“牵手”，共同创造新的出版奇迹。

5

出版物市场也有创新的任务。

要建立出版人全程责任的理念。所谓出版人责任，是指从出版资源的获得直到出版物作为商品与顾客完成交换的全过程，都是出版人的职责。用出版人全程责任的理念来审视出版人的职责，只要出版物未能到达顾客的手中，出版工作便不能算完成，出版人决不能就此高枕无忧。因为产品没有变为商品，知识和文化传播任务没有完成。令人尴尬的后果是书店退货没商量，更为严重的后果便是化浆销毁，血本无归。即使书店因判断失误而吞下包销积压的苦果，出版人也许可以事不关己只管尽数点钞，然而能感到心安理得者不会太多，能让书店老板再度包销的梦中之梦将难以重温。

要建立出版物市场需要培育的理念。任何市场都需要培育。可爱如导购小姐邀请顾客品尝新奇食品，可恨如毒贩子勾引意志薄弱者尝试吸毒，都是在培育自己的市场。健康的出版物是何等高尚的商品，出版人为此不惜呕心沥血、殚精竭虑、精雕细刻，如果不去接着做好市场的培育工作，不能让读者及时购取，“行百里者半九十”的古训将再次教训我们，只问耕耘不问收获的清高将导致我们的清贫。既出书便要广而告之是出版人的职责，既出书便要引导读者解囊购买是出版人的职责，既出书便要帮助读者读后有所得仍然是出版人的职责。创造绵延不绝的读书氛围更是出版人分内的事情。

建立在上述理念之上，我们的出版物市场创新的行为才可能顺理成章，操作起来方可能理直气壮。外研社斥巨资为《大学英语》培训英语教师人才愈发让我们敬佩，人文社为“中学生课外文学名著必读丛书”巡回举办“暑期课堂”自然大获回报，作家社为《新概念作文》架起了优秀中学生直通著名大学的桥梁，青少年读书活动、爱祖国读书活动成了中青社、中国大百科社的传统保留节目。

建立在上述理念之上，北京图书大厦创造性地设计并与数家在京文艺出版社联合举办百年中国文学图书展销活动，浙江省店的“名社好书进浙江”的活动持续了近十年，北京春季图书订货会终于从骡马大会式的交易会登堂入室进入国际展览中心，过去一度陷入鸡肋境地的全国书市而今成为举办城市的盛大节日。

我们的出版物推销大军正在形成——当然，这支队伍的专业化程度仍需提高。我们的广告正趋于成熟——当然，目前仍大都囿于业内媒体而较少在消费大众的媒体强势登场。还有图书品种与多种媒体运作共同营造的销售良机——当然，目前仍大都是书业采取跟踪战术，而成熟的市场运作应当在项目运作之前设定媒体互动的一揽子行动方案。还有，一些出版社重新审视本版图书的市场定位，细分品种，细分市场，瞄准重点市场，譬如建工出版社，大体计算出了建筑工程读物的市场容量，得出了市场容量与本版销量之间的差，从而设定了今后与同类出版社比拼的空间。每一位出版人都不能因为自己是市场领先者就像小兔子一般去睡大觉，而市场后来者也并不意味着将失去所有盈利的机会。恒久不变的不是谁家的市场份额，恒久不变的是花开花落、冬去春来、挑战与机遇并存，因而唯创新方可能强者愈强，唯创新方可能后来居上。

创新才会赢。

6

创新需要动力。谁能为我们的出版社的持续创新提供动力？创新需要持续。谁能保证我们的出版社永葆创新精神？经济界能够持续发展的万年青式的企业屈指可数，而明日黄花、昙花一现的明星企业不在少数，想来令人痛心，让企业家们大发人生无常之嗟叹。出版业内虽然至今还不曾有谁家盛极而衰，更还不曾有人破产倒闭（这当然也就说明真正的市场竞争还不曾形成，离真正意义上的市场化还有距离)，但强弱变迁转换的故事还是经常演出。经济界的悲欢离合也好，出版业内的强弱升降也好，原因固然总是具体的，不可能只是一种因果关系，甚至有的还仅仅是由于一两个纯属偶然的事故。然而，既然我们要做规律性的探讨，自然要尽可能排除偶然君临的幸运女神和天灾人祸，径直去探求前因后果。

7

于是，我们要说，如果一个出版企业要在出版物品种、出版方式和出版物市场等方面持续创新、屡创佳绩，那么，一个基本的先决条件便是这个出版企业必须做到制度创新。因为一个人学习的能力比现有的知识更重要，因为一个企业的核心能力比企业的产品更重要，制度创新便是企业的核心能力。

那么，怎样才算是制度创新呢？这当然是一个很大的命题，绝不是这样一篇短短的、鸡零狗碎的断想文章可以解决得了的。事实上，外研社模式、法律社模式、大百科社模式、作家社模式，各师各法，各有成绩，难以说项依刘，评判高低。非要我饶舌几句，那么，我只能先问，无论哪一种管理模式，其科学性、合理性的标准大体在于是否建立了行之有效的激励机制、竞争机制、决策机制、约束机制和人才成长机制。稍微再上升一点标准，则还要考察它的秩序是否建立，灵活性是否存在，秩序与灵活性是否得当。而最高的标准则又是最基本的，那就是要依据体制状况、业务性质、员工文化、财力厚薄以至经济大环境状况才能裁夺。据说，若干年前，曾有人把科学管理鼻祖泰勒（Taylor）译成裁缝（Tailor)，有人认为此误译饶具深意，因为衣服剪裁讲求合身得体，企业管理正好同理可证。

但是，无论如何，中国的出版企业必须认真探讨企业的制度创新问题。这是投入一场战争之前军队的组建和命令的预设，这是一支足球队尽管球星如云却必须进行的位置调配、战术部署和教练思想的贯彻，这是工欲善其事必先利其器。我们必须以创新的精神来对待出版社内部经营管理制度的调整和建设。

创新才会赢。

8

事物具有普遍联系性，企业创新行为自当相互联系。为此，对待出版行业创新的认识和实践必须综合进行。且问：一个出版企业，有了创新的出版物就一定能赢得想要的效益吗？好书就一定好卖吗？实践中显然许多时候并不是那么回事。又问：有了新颖的出版方式和市场运作就能获得理想的市场份额吗？没有好书的过度策划只会导致读者的厌恶。再问：制度创新之后便能立于不败之地吗？似乎都不尽然。形势对于所有人都具有致命的制约力。

在这个意义上，本文的题目似过于绝对。然而，不创新我们的出路又在哪里？还是换一种说法吧，那就是：创新不一定能赢，不创新却肯定迟早会输。我们出版人的最后选择只能创新。

创新才会赢。

2000 年 12 月

在雪地里稳健前行*

再过七天就是又一个新年的元日。新千年肇始之前那一派满世界的热闹还余音绕梁，新世纪开元之初那一通前瞻远眺似乎意犹未尽。2002年又要过去。雪落京城静无声，人们在雪地里必须稳健前行。

2003年正以稳健的气质朝我们走来。聚精会神搞建设，一心一意谋发展——好一派稳健的气质！广大人民为此而感动。对于一个处在转型时期的大国，稳健将关乎国运盛衰。而对于一个处在激烈竞争的市场环境中的出版企业，稳健则更是性命攸关。

新的一年，出版产业的建设和发展将在落实出版社企业化管理的基石上加快速度，稳健进取而苦练内功者终将长盛不衰。

新的一年，出版物市场必将竞争加剧，稳健地向读者打出全项质量牌者将进一步占取上风——内容质量依然称王，制作手段赏心悦目，版本更新常能出奇制胜，读者服务将有深入拓展之势。

新的一年，各家出版机构必将高唱优化结构主调，稳健地打造和经营品牌者将身心两健——中国出版集团参展“2003年图书订货会”打出主题广告词“书业无限，品牌为王”，与其说是自誉，不如说是自勉自励。

新的一年，各家出版发行集团必将加大资源整合、结构调整的力度，稳健地统一思想、与时俱进者方能有所成功，而遵循集团化经营规律实行化学反应者将是集团建设的拓荒英雄。

---

* 该篇为2003年的新年致辞。

新的一年，无论出版发行企业如何创意求新，稳健地抓住两个效益不放的领导者才是真正与时俱进、开拓创新的出版人，而坚定不移地朝着建设现代出版企业的目标努力者将在每一部社史上留名。

瑞雪喜人，却也愁人，为此古人有诗曰：“雪拥蓝关马不前。”然而，毕竟大雪未拥蓝关，我们终须前行。但是，新的一年，尤其需要记取的是：在市场经济中进取，必须要像在雪地里前行，既要稳健，又要向前，唯有这样方可能成功。有道是：狭路相逢勇者胜，勇者相逢强者胜，强者相逢稳健者胜。

2002 年 12 月

从哪里来，到哪里去*

2004年可以称得上是文化体制改革的元年。因为，刚刚过去的一年，中央就文化体制改革试点工作召开了重要会议，作出了重要部署。在一年的最后一天，中央发布了关于文化体制改革的重要文件。一切，都将在新的一年展开并落实。

新的一年我们将去往哪里？这是文化体制改革试点单位必须思考并做出回答的问题。

凡事若问要到哪里去，自然要先问从哪里来。所有触碰这类哲学式追问的人，都习惯这样来思考。从逻辑学来说，这是问题的逻辑起点。

最直接的回答似乎是，文化体制改革从中央重要的会议和文件的精神而来。这自然是不错的，但仅此又是不够的。仅此认识，不利于我们把握新的一年我们将去往哪里。现在社会在提倡求真务实的作风，提倡鼓实劲，讲实话，求实效。老一辈领导人早就有名言：不唯上，不唯书，只唯实。追问哪里来、哪里去，便是一次唯实式的思考。这样的思考对改革和发展能够起到理清思路、明确方向的作用，能起到鼓舞士气和切实推进的作用。

以我浅见，文化体制改革是从改革开放大局而来。我们处在一个改革创新的时代，国家推进经济、政治、文化、社会的建设，势必要开展这四个方面的改革，时间只在早晚，启动只在先后。经济改革发展了，政治就要改革创新；经济、政治有了新的高度，文化就要加快

---

* 该篇为2004年的新年致辞。

改革发展步伐。如此种种关系，历史唯物主义和政治经济学都有过论述。中央已经明确提出国家进入全面建设小康社会的新任务，文化建设任务的必要性、紧迫性也就凸显。为了加快文化发展步伐，自然要借助改革的动力。二十多年的改革开放正是这样走过来并取得举世瞩目的成绩的。

从文化自身的发展来看，我国文化事业也到了一个需要在体制上有所突破的阶段。1979 年以来，随着国家改革开放事业推进，文化事业改革不可谓没有，甚至举措不断。就出版业而言，就有地方出版社改革、专业出版社建设、事业单位企业管理、向生产经营型转变、发行体制改革等等，一直到 20 世纪 90 年代以来的向质量效益为主转变和“三项制度改革”。已经发生的改革既为后续的改革做了铺垫和准备，也为后续更大的改革提出了要求。不通过体制改革突破体制性障碍，出版业将难以适应我国全面实行的市场经济体制，难以在新的国内外环境中有更大发展，难以在新的社会进程中满足人民群众日益增长的精神文化生活需求。

说到底，中华文化发展的进程又到了一个需要更加开放、更加创新、更加繁荣的历史时期。我们的文化事业和文化产业，只能去顺应这一历史发展的规律，借此加快自身的发展。

这便是眼下文化体制改革试点工作的大体来历，也同时是中国出版集团诞生的主要原因。

问题还是要回到现实的问题上来：2004 年我们将到哪里去？

新的一年，转制要有较大推进，改革要有很大突破，管理要上一个层次，效益更上一个台阶。要进一步强化改革发展的紧迫感和责任感，要进一步明确中国出版集团的战略目标，要进一步在经营上发展取得新的更大业绩，出版业国家队要有更大市场份额，要有更大的经营总量和资产规模。还要进一步抓好人才队伍建设，出版业国家队要有更多一流的出版领军人才和编辑出版人才。

因为是体制改革，必将牵一发动全身。为此，新的一年，我们要正确处理好一系列重要关系。

要正确处理好出版产业两重属性、两个效益的关系。既要强调意识形态属性，又要注重产业属性，既要坚持社会效益第一，又要实现社会效益和经济效益相统一。

要正确处理改革、发展、稳定的关系。改革是动力，发展是目的，稳定是前提，三者互为因果。中国出版集团的各成员单位，大都历史悠久、品牌响亮，集团自身也是影响巨大，没有一个稳定的局面，各项改革、发展的措施将难以实施。故而凡涉及企业体制机制和群众利益的改革举措和新开拓的生产经营业务，均务必稳妥有序进行。这并不意味着我们不敢改革，不再加快发展，不敢开拓进取。改革和发展，必然会对原有的模式有所改变，对利益格局有所调整，由此造成的一些反应，可能会对领导班子形成压力和冲击，我们要出以公心，勇于面对，正确对待，关键还是要正确处理好这三者之间的关系。

要正确处理加快发展和科学发展的关系。发展是第一要务。但是，这里说的是科学发展。十六届三中全会强调要“以人为本，树立全面、协调、可持续的发展观，促进经济社会和人的全面发展”。集团和所属各单位要按照科学发展观的要求，既要快速发展，更要全面、协调、可持续发展，争取做到体制有创新、机制有转变、社会效益好、经济效益高、经管出经验、品牌更响亮、队伍建设强、企业面貌新。

新的一年，还要正确处理集团利益和成员单位利益的关系。经过资产授权和转制，集团的资产关系将进一步明确，利益权责将进一步明确。但是，改革肯定不是一劳永逸的，我们仍然要重视处理好集团利益和成员单位利益的关系。要树立这样的观点，集团是成员单位的集团，成员单位是集团的一部分，整体利益是不可分割的，集团的荣辱是密不可分的，要在各单位、各个部分做强做大的基础上，把集团整体做强做大。我们要在观念、思路、心态上，在体制机制和实际工作中处理好这个关系到集团科学有序发展的重大关系。

2003 年前夕逢京城大雪，我曾写下题为“在雪地里稳健前行”的新年感言。现在已经记不清当时的稳健之想如何得来。2004 年前夕京城无雪，可我却有雪地前行，战战兢兢、如履薄冰之感。改革开始了攻坚阶段，集团化建设到了关键时刻，紧迫感和使命感空前陡增。这是形势和市场竞争所迫，是我们自身生存发展的急需，是我们的光荣和使命所在。我们不能寄希望不变革，也不能寄希望一个早上醒来全都变好，只有寄希望脚踏实际地努力，义无反顾地向前努力。

2003 年 12 月

出版集团在探索中前行*

我们还算顺利地送走了文化体制改革试点工作元年，正迎来转企改制启动后加快发展的2005年。

当今中国出版业，一谈加快发展，必谈集团化，大有“开卷不谈集团化，虽做出版亦枉然”的意味。以至于有外国某大牌出版公司来交流，我们的提问者就要人家谈“被集团化”的情况，请教如何应对上级。被问及的外国出版人大不以为然，答曰：那个集团只是我们的大股东，但我们的业务还是自己的传统。中国出版人听了均不得要领，窃以为那是上级，上级还不说了算？

出版集团建设，事业之成败，其表在政，其里在学。应当平心静气地理性讨论其中的科学规律。

组建出版集团公司，是我国文化体制改革的一个新事物。出版集团公司大有上级“捏合”之虞，上下气有诸多不顺，其组织架构建设与经营管理运营，更要设计一套比较科学的基本思路和切实有效的办法。这个思路和办法，既要符合国家文化建设的要求，又要市场经济的规律，还要符合我国出版产业和集团公司的实际。目前在这方面没有现成的经验，可资借鉴的办法也不多，还得靠业内人士解放思想，实事求是，开拓进取，大胆实践，大胆探索，不断总结和提高。

2005年，将是中国出版业集团建设的重要年份。因为随着转企改制，出资人权利明确，出资人与经营者的博弈大戏由此开演。

---

* 该篇为2005年的新年致辞。

然而，无论怎么演，都必须摆事实——讲出版工作实际，讲道理——符合科学规律。

同样是出版业务的管理主体，集团公司总部却不是出版行政机关。对于出版业务的管理，两者的职责、目标和工作内涵，有着许多相同点和不同点。同样是出版企业，集团公司总部与所属出版单位，在出版业务的经营管理方面，各自的职责任务重点以及运作着力点，也有许多异同。在中国，所有出版机构相同之处在于，都要坚持正确的出版方向和导向，坚持社会效益第一的原则，要遵守国家关于出版活动的各项法规纪律，要加强出版物全面质量管理。可出版行政机关，只要根据这些要求来开展工作，管理、检查、督促出版业务，严格依法行政，就是履行职责，基本完成任务。出版集团公司仅此则不够。作为行使出资人权利的企业集团，集团公司还负有组织生产经营的任务，承担着国有资产保值增值的责任，衔着多出优秀出版物的使命。为此，我们还要实现在出版过程中做到上述种种要求，实现多出优秀出版物，满足广大读者精神文化生活的需求，实现社会效益和经济效益的有机统一乃至最大化。可见，通常所说“行政管理无过便是功，企业管理无功便是过”，有其合理的意思。出版集团公司的管理便是一种企业管理，切勿以为“只问耕耘，不问收获”，而是要为全集团经营结果负总责的管理。

在出版集团公司内部，在生产经营的全过程，集团公司总部与所属出版企业，在承担职责、任务的重点以及运作的着力点，也有许多异同。我为此提出了集团公司与所直属企业“三个中心”对“三个中心”之说，即集团公司所属出版企业是产品生产经营中心、研发中心和利润中心，集团公司总部则是全集团公司的管理中心、战略中心和资产中心。在生产经营的过程中，集团公司总部主要扮演两类角色，一类是产品生产经营过程的管理监督者、改进指导者和效益考评者的角色，一类是战略规划的设计者、集约经营的调控者和重大项目的主持者的角色。“三个中心”和“两类角色”的定位，构成了集团公司总部经营业务管理的基本职责和任务。各所属企业的经营管理均属总部授权下的自主经营，一般情况下总部不要直接干预。有的出版集团强调“能集中的尽量集中”，以我浅见，应当是：需要集中的一定要集中，不需要集中的一定不要集中。提高集中度，终归有个度。母子公司也要分清母子，两个积极性总归比一个积极性的力量要大得多。

新的一年，是中国出版集团成立三周年。作为庞大的企业组织，集团公司要大力开展业务研究和战略发展规划研究，要大力加强各类人才队伍的建设，要组织开展一系列的重要经营项目。一是要帮助各所属企业理清发展思路，明确发展目标，确立主营业务，制定挺拔主业的措施，增强核心竞争力。在突出主业的基础上，还要丰富品种，优化结构，提高综合实力。中国出版集团要确保有十个以上出版板块在全国出版行业中的领先优势，从而形成集团的强势产品集群和多层次框架式结构，实现集团的规模优势，获取更大的市场份额。在人民出版社单列之后，集团在社科、法律方面的优势减弱，还必须尽快采取措施弥补。二是要大力发展全集团数字出版业务。集团公司要积极争取政策支持，要采取集约经营的办法，加强数据库建设，启动大格局的数字出版工程。在数字时代，我们要坚定不移地走纸质载体与多媒体互动发展的道路。三是要大力抓好集团公司承担的国家重点出版项目。《鲁迅全集》修订本将于10月出版。《中国大百科全书》第二版全部发稿付印。今年是抗日战争胜利暨世界反法西斯战争胜利六十周年，红军长征胜利七十周年，届时集团公司要策划、组织出版纪念活动和营销活动。《中国文库》第三辑要做好出版营销，在提高质量、扩大影响上多下工夫。集团公司还要组织实施外向型出版项目和海外网点建设，积极有效地实施“走出去”战略。四是要大力推动优秀畅销书的出版经营。集团公司所属出版企业每年都有一些受到读者广泛欢迎的畅销图书和报刊，不仅成为整个书业的兴奋点，而且从另一个侧面传达出集团的品牌和形象。集团公司要把优秀畅销书和优秀畅销报刊当作影响书业市场的“先头部队”来予以推动，今后各种出版物评奖都要设立优秀畅销奖，各出版企业都要立足于专业优势，努力打造优秀畅销书和优秀畅销报刊。五是要组织制定中长期出版发展规划。2005 年是国家制定“十一五”发展规划的一年，集团公司要认真组织制定五年出版业务发展规划，按照出版产业“国家队”的高标准和高起点要求，认真构思未来五年的发展规模和水平。六是要建立集团公司业务信息平台。信息时代，战场靠情报先行，市场靠信息先导，知己知彼，方能百战不殆。出版产业快速发展，出版市场激烈竞争，信息情报的作用迅速凸显，集团公司要实行集约化经营，就从信息集约共享开始。

俗话说“三岁看老”。走过了三年历程的中国出版集团公司，现在能不能看出她的未来前景呢？回答应当是肯定的。因为我们终于在探索中找到了一条前行的思路和做法，这思路和做法将给我们以信心和力量！

2005 年 1 月

文化创新的核心在原创*

2008年，我们将隆重纪念改革开放三十周年。在这纪念改革开放的热潮里，我们将更加自觉、更加主动地推动文化大发展大繁荣。

要推动文化大发展大繁荣，关键还在于推动文化创新。文化发展需要继承民族文化传统，进行国际文化交流，更需要与时俱进，站在时代的高起点上实现文化创新。文化发展的本质就在于创新，在于体现时代精神，丰富文化内涵，增强创造活力，奉献新的文化产品。可以说，提高国家文化软实力，首先要提高国家文化创新能力。

要实现文化创新，核心则在于提高文化生产的原创性。在中华民族发展史上，每一个文化发展繁荣时期，往往是既要回到历史的元典，从元典中寻求文化营养，又要留下属于自己时代的标志性原创作品，奉献出新的经典。倘若一个时代只有元典注疏，只有“我注六经，六经注我”，就不可能被称为文化的繁荣时期。一个时代只有做到既有传承又有原创，既有继往又有开来，而且主要是生产出标志性的优秀原创作品，其文化景象才可能受到后世的敬仰。就拿唐宋文学来说，如果唐代的文人们一味继承，一味好古，一味以出版“大全”、“选萃”、“四库”为能事，那就只能永远匍匐在齐梁形式主义诗风之下，哪里还有全唐诗歌五万余首、传世诗人五六十人、盛唐诗歌后世难及的繁荣景象！如果宋代的诗人和散文家又只知吟诵辉煌的唐诗与唐文，只会言必称盛唐，而没有开展“诗文革新”运动，哪里还生得

---

* 该篇为2008年的新年致辞。

出苏轼、黄庭坚等传世大家，哪里还有后来的宋词盛况！我国将要兴起文化建设的新高潮。既然是文化新高潮时期，包括出版业在内的文化产业，就必须生产出属于我们这个时代的标志性优秀原创作品。

2008 年，是纪念改革开放的重要年份。不用说，出版业势必会出现以纪念改革开放伟大历程和业绩的出版热潮，这是理所应当的。改革开放给中华民族带来了强大的生机和活力，可歌可泣。但是，我们在这一系列的出版活动中，能不能更加体现改革开放的精神呢？这又是需要认真思考并付诸实践的。改革开放的精神就是创新的精神。如果我们在出版物选题上人云亦云，内容上照搬照抄，规模上贪多求量，艺术上无所追求，又是“文库”、“大全”，运动式的大呼隆追风出版造成读者的审美疲劳和市场滞涨，如此等等。实在与被我们所纪念和宣传的改革开放伟大事业创新的精神相去甚远。

2008 年，我们以改革开放的名义，再一次呼唤原创出版物。呼唤作者，更呼唤出版者。作者是自由的个体，通常难以强求，出版者却应有自己的把握能力。因为产业的某些做法一旦形成热潮，对社会的影响将是规模性、覆盖性、弥漫性的。我们知道，国际上通行将文化产业归为创意产业。创意产业应当最强调原创。特别是文化产品内容的原创，往往具有不可复制性，因而就更具有创意价值。由此我们可以进一步认识到原创在文化产业中的重要价值。让我们出版产业，在改革开放三十年里，多一些、再多一些优秀的原创出版物。

我们正处在一个伟大的变革时代。思想文化冲撞激荡，人们的精神生活瞬息多变，一个文化改革发展的高潮正在兴起。出版产业理当出版更多的标志性优秀出版物，特别是更多的标志性优秀原创出版物，为中华文明留下属于这个时代的宝贵精神财富，为国家民族留下更多新的文化艺术瑰宝。

2008 年 1 月

以中国 2008 精神，前进*

2009 年是新中国成立六十周年，作为出版业的“国家队”，理当隆重献出厚礼，这是中国出版集团公司的使命和责任所在。

新的一年我们打算在文化普及、理论普及等大众类出版方面投入更大力量。2009 年是国内外经济形势非常复杂多变的一年，作为全国图书零售市场份额一直居于首位的出版集团，贴近实际、贴近生活、贴近群众做好市场营销，也是中国出版集团公司的使命和责任所在。

新的一年我们打算在原创性出版物方面投入更大的力量。出版业快速发展，出版市场迅速繁荣，原创出版物却相形见少，相形乏善可陈。不断奉献高质量的原创出版物，还是中国出版集团公司的使命和责任所在。

我们的使命和责任还包括又好又快发展出版产业的规模。2009 年是新一轮文化体制改革的第二个年头，中国出版集团公司将以战略重组为改革发展的突破口，深化内部体制机制创新和结构优化。同时，还要抓住机遇，通过多种途径寻求资产总量和经营规模的扩张。集团公司还将加快走出去的步伐，继续在产品走出去、版权走出去、资本走出去这三条路径上运作。2009 年，我们还将制订“创建国际一流出版传媒企业计划”并付诸实施。

我们将以中国 2008 精神，前进在 2009 年。2008 年的中国经历了很多大事难事，但终于令人感动地走过。中国 2008 精神是同心同德、

---

* 该篇为 2009 年的新年致辞。

顽强拼搏的精神，是抗震救灾精神、奥运精神、“神七”载人航天精神，是在隆重纪念改革开放三十年，在科学总结经验基础上继续推进改革开放的精神。2008 年，中国出版集团公司在国家许多大事难事中努力发挥了应有的作用，企业在这个过程中也得到新的发展。可以相信，无论在前进的道路上还会遇到怎样的艰难险阻，只要我们继续发扬中国 2008 精神，胜利终将属于我们。

2009 年 1 月

来鸿胜去雁，明朝胜今天*

21世纪还在被人们称作新世纪，第一个十年却已经过去。新世纪不只是一个时间概念，而是人们对当下和未来寄予强烈创新愿望的生动表达。

新世纪的第一个十年，是我国出版业三十年来发展变化最快的时期。中国出版集团正是在这个时期组建的。文化体制改革、产业化发展、集团化建设、转企改制、股改上市、战略投资、跨地区跨行业跨媒体跨所有制合作、数字出版、逆势上扬、多元化经营、产业链延伸、企业文化管理、海外并购、国际化发展……出版业提出了多少过去不曾甚至是不敢接触的新理念、新任务、新要求，几有层出不穷、目不暇接之感。中国出版集团公司也走过了转企改制和产业化发展的不平凡的历程。集团组建不久，便有转企改制任务下达，转企改制尚在艰难推进，又有加快产业发展的号令发出。于此情势之下，没有开拓进取的精神不行，没有“三步并作两步走”的干劲不行，没有科学发展的思想更不行。于是，2007年成为集团公司的改革年，集团公司领导班子上下奔走，在过去工作的基础上，为保障职工权益争取到了政策和资金支持，为改革发展打下了坚实基础。2008年是集团公司的规划年，确定了发展目标和“12345”的发展思路之后，便制订了未来五年发展规划。刚刚过去的2009年则是集团公司的布局年。集团公司确定股改上市方案，在联合重组、优化结构、整合发行业务、推进数字化发展

---

* 该篇为2010年的新年致辞。

等方面，进行了全面布局。刚刚过去的八年，真正称得上是集团公司一个开拓创新的时期。

那么，在第二个十年里，出版业又将如何继续开拓创新呢？作为产业的发展，从来就是一步实际行动胜过一打纲领。我国出版业在第一个十年提出来一系列创新任务和要求，必须在后十年里实现其应有成果。中国出版集团公司在2008年、2009年作出的战略规划和一系列布局，必须在第二个十年特别是2010年里得到落实。因此，2010年将是集团公司狠抓规划落实、实现较快发展的发展年。在新世纪的第二个十年特别是2010年，我们将更加坚定、更加自觉地坚持出版产业的正确方向，切实抓好精品战略和“双推计划”，不断扩大市场份额。将更加科学、更加有效地进行结构优化和资源整合，切实推动由粗放式经营向集约化经营的转变。将更加积极、更加主动地实施规模扩张战略，切实做好股改上市、联合重组和多元化发展。将更加开放、更加大胆地推进改革创新，切实提高经营管理科学化水平。将更加敏锐、更加紧迫地应对新技术的快速发展，切实加强信息化建设，重点推出数字化出版产品。将更加扎实、更加有效地实施出版“走出去”战略，进一步增强国际传播能力。将更加热情、更加有力地落实人才战略，切实加强各级领导班子建设和人才队伍建设。将更加全面、更加深入地落实企业文化建设战略，切实推进学习型组织建设。总之，中国出版集团公司将向着“创建国际一流出版传媒企业”的宏伟目标大步迈进，为文化大发展大繁荣作出应有的更大贡献。

新年有短信佳句：“来鸿胜去雁，明朝胜今天。”新世纪文化改革发展确实提供了良好机遇，中国出版集团公司八年历程确实提供了足够自信，倘若我们能锲而不舍地坚持下去，坚持以人为本，坚持以发展为第一要务，坚持以文化为出版产业的灵魂，统筹兼顾，扎实工作，则集团公司的明天必定更加灿烂辉煌。

2009年12月26日

以三种状态驶入快车道*

刚刚过去的2010年，用一个社会热词来描述集团公司的状态，这是十分“给力”的一年。我们曾把2010年命名为“发展年”。意指在2007年“改革年”、2008年“规划年”、2009年“布局年”之后，一定要落实到多出发展成果上。我们做到了。这一年里，中国出版集团公司获国家级大奖十分“给力”，获中华优秀出版物奖25项，刚刚公示的第二届中国出版政府奖有39项上榜。这一年里，图书零售市场份额持续第一，多元化发展取得成效，销售收入两位数增长，战略重组持续运作，股份制改造扎实推进，企业品牌愈发响亮，确立了“固本求新、弘文致远”的企业文化核心理念，企业文化基本形成，全集团处处显得十分“给力”。

2011年则是中国出版集团公司的“创新年”。

为什么是创新年？是因为，我们正站在结束“十一五”、开启“十二五”的历史新起点上。“十二五”时期，新闻出版业将迎来前所未有的发展机遇。国家将文化发展看作提供精神动力的重要途径。出版产业将迎来新一轮产业升级和产业变革。资本运作能力将成为出版企业的核心竞争力之一。多元化与产业链建设将成为出版产业发展的重要趋势。国际化将成为出版产业发展的重要路径。称为创新年，是因为能不能开好局、起好步，很大程度上取决于我们的创新意识、创新勇气、创新方式和创新成效。我们要大力推动产品和传播

---

* 该篇为2011年的新年致辞。

手段创新、体制机制创新、管理方式创新、科技创新、出版“走出去”创新、人才队伍创新和党的基层组织建设创新、企业文化建设创新。

把2011年称为创新年，还因为，中国出版传媒股份公司即将挂牌，一个新的市场主体将以更加创新的体制机制开展全新的运营。让我们也用一个热词描述新的一年吧，那就是“元年”。现在大家都喜欢用这个词来描述行业的创新进程。在“十二五”的元年里，中国出版集团公司将开启股份公司运营的“元年”。

于是，前不久有媒体称：出版业国家队改革发展驶入快车道。

新年之初，对改革发展速度又有了一些新的认识。

常言道：狭路相逢勇者胜。2003年新年我对这句话曾经作过一个延伸，改成：狭路相逢勇者胜，勇者相逢强者胜，强者相逢稳健者胜。现在，我要把最后一句改成：强者相逢快者胜。君不见，常有大牌企业家感叹：市场竞争，以往是大鱼吃小鱼，现在则是快鱼吃慢鱼。中国出版集团公司不仅是我国出版业的一条大鱼，还要成为一条快鱼，否则不知道什么时候会被什么样的快鱼吃掉。

驶入快车道的中国出版集团公司，最为重要的是调整好自己的状态。一切竞争，无论团体还是个人，精神状态最重要。集团公司一直在努力形成三种状态——团队状态、创新状态、兴奋状态。唯有团队，企业才可能在快车道上整体行驶；唯有创新，企业才可能在快车道上有效行驶；唯有兴奋，企业才可能在快车道上快速行驶。而又因为我们已经确立了正确积极的企业文化理念，将保证这一切的正确运行。

2011年终于来临。我愿意这样想象，2011年之后的中国出版集团公司，继续给人们留下的深刻印象，既是好书好产品，也是资产规模和利润，还会有新的业务大楼和国际化发展的新形象，而最重要的，应当是精神状态。应当是集团公司乃至每一个企业、每一位员工的精神状态。是“固本求新，弘文致远”的思想状态，是鲜明的“团队、创新、兴奋”的精神状态。总之，是十分“给力”的出版和经营状态。这是集团公司的百年基业。在企业的第一个十年里，我们作为开拓者，为确立这一基业做出了很“给力”的努力。

2010 年 12 月

新年之老生新谈*

2012年新年来临前夕，书业的情形与往年没有多大的不同。故而，要我再发感言，担心随着年龄增长而成老生常谈。

天不变，道亦不变；人在变，事情也就要变。为此，虽是老生常谈，却也不免有些新的意味，可以戏称“老生新谈”。

新年前夕的书业景象，较之往年，有一点不同，那就是媒体对书业的关注更多地集中在年终新书盘点和评选上，更多地关注与书最直接相关的面临危机的实体书店。以至于出版传媒新股创下融资新高，也没有引起更多的热议。随着文化改革发展第十个年头的到来，转企改制门槛初步跨过，资本经营禁锢逐渐放开，新技术支撑出版业又有新的气象，国际化出版正在全面推进，改革的广场热情渐趋理性审视，这时有识之士就会更多地来检验出版改革发展最直接的成果——产品。于是，在许多满意之后，就有不够满意的表示。有人特别指出文化产品创作生产和传播能力的不足。有识之士们的心情可以理解，他们只是希望出版业好上加好。

看来，新的一年可能要多说说出好书的事情。其实，这是说不尽的但又常谈常新的事情。

做出版三十年了。有时就会思忖，每天忙碌，冥昭瞢暗，青灯黄卷，斗转星移，最终能够留下什么呢？有些事，有些人，一时风生水起，一时响遏行云，一时雄顾左右，一时盆满钵满，以为行业本当如

---

* 该篇为2012年的新年致辞。

此，却又转瞬不见踪影。如果有好书，则书还在。看来，做出版这个营生，留存于世永远是好书，有传播和传承价值的内容。做别的营生，也有产品留存于世，可是似乎没有什么产品比好书留存得久远。数千年前的铜车马能发掘出来就算奇迹，重见天日也只能是一件宝物，可供研究、观赏、仿制。数千年典籍今天却还可以一印再印，一传再传，深入人心。秦始皇焚书坑儒，虽然毁掉了一些被认为不端的邪说，那是采取特殊的强制手段才制止了那些书的留存，但依然有孔子后人筑"儒壁"存书的故事发生。使得焚书毁经得逞的一个重要原因，则是当时的竹简手抄还不可能使那些内容得到真正的出版和传播，倘若纸和印刷术发明得再早一些，哪里用得着后代学人一点点去寻找《尚书》的残片。及至有清一代的"文字狱"，只是留下骂名和笑话，因为其时印刷术已经能够抵御对出版物彻底的禁毁，只要是好书，日后终究要见天日。

再说多出好书。书比人长寿。这是老生常谈。然而好道理不妨常谈。纵观出版业，上下数千年，留下来的就是书。一个重要的道理要"年年讲，月月讲，天天讲"，中国历来有此传统。如此常谈，就会把手上、心头许多东西有所放下或者放平。倘若坚持年讲月讲天讲，出版业的事情一定会做得更好。刚刚闭幕的十七届六中全会决定非常明确地把加强文化产品创作生产的任务提到很高地位。这就具有明显的创新意义。

出版业的事情究竟怎样才算做得更好？十七届六中全会对文化建设做出的部署当然已经全面回答了这一问题。具体到出版业，衡量的指标也很全面。可是，整个指标体系中，其中不可或缺甚至是首要的标准，就是要有一批在国际国内有影响的标志性优秀出版物。农业强国要多打优质粮食，工业强国要多产优质产品，建设出版强国，其核心标准当然是多出好书了。

书多好的少。当然这也成了近些年的老生常谈。书多自然好书相形见少。为此有人说其实好书并不少。我也赞同此说，但又以为不能止于此说。在改革开放和经济全球化，国际文化交流交融交锋的大背景下，一个国家出版业止于有好书还不行，好书还要在国际国内产生影响。否则建设出版强国放在家里说说可以，拿到国际上说人家就不服气了。

要实现多出好书，依我看，最重要的是，要有更多的编辑出版人员潜心做书、精心出书、用心营销才是。说来还是老生常谈。问题常在，故而老生要常谈。试想，新闻热炒战略举措，传媒热议资本经营，排名重在经营规模，出版业各种人士哪里静得下心来做书出书搞营销呢？

为此，还是要谈体制改革发展。出版业需要改革再改革，要确立足以产生优秀出版物而不只是快速敛财的体制机制，要有足以保证优秀出版物生产而不只是支撑多元化发展的经济实力，更要有活跃在出版业主流舞台上的一大批优秀的编辑出版人才。

一说到人才问题就感觉还是老生常谈。甚至这几乎是各行各业的老生常谈。但是，窃以为算得上老生新谈的是，我们主张要让一大批优秀的编辑出版人才成为这个行业的主角。他们将举着理想主义的旗帜，乘着文化创新的罡风，为着优秀作品的诞生，做着杜鹃啼血一般的事情。他们这些活动要成为行业的主流，要让新闻传媒关注他们的好书好效果，要更多吸引官方和民众的眼球。实在做不到，那么，至少在我们这个行当里大家坚定地认为他们是主角，而不是默多克他们。就像眼下书再多，也有各种层级领导人甚至是国家级领导人亲口对我说过他们喜欢北京三联书店的书，眼下北京书店大卖场多家，这些领导人也亲口同我说过，他们有闲暇喜欢悄悄地到三联韬奋书店看书买书。这让我们对北京三联书店就有了主角的感觉，尽管这家出版机构的经营规模在首都出版业还进不到前30名。

说到出版业的主角，想起了前些时看到的一则消息。美国著名作家乌苏拉·勒奎恩在美国《哈泼》杂志上呼吁："放我们一把吧。"作家对着所有掌控出版社命运的默多克们发出的这番呼吁。读到这句话时，我作为曾经是一个编辑，后来又做了掌控出版社命运的出版集团总裁，不禁心有触动。出版业的历史表明，真正能够“放作家一把”，还得是张元济、陆费逵、邹韬奋、胡愈之、叶圣陶那种坚持文化革新精神的出版家，是冯雪峰、陈翰伯、姜椿芳、王益、许立以那种坚持先进文化方向的出版家，当然也还是当今正在驰骋文化产业的出版业领军人才们。他们的价值观与终极目标与作家编辑一致。他们在出版业内发挥的是精神旗帜、思想先锋、民族良心的作用。他们不仅可以“放作家一把”、“放编辑一把”，还会“帮作家一把”、“帮编辑一把”。出版业有了这样的出版家和领军人才来引领，一大批优秀的编辑出版人才才可能成为这个行业的主角，出版行业才有希望，建设出版强国也才有真正的希望。

新的一年，我们理当对此保有强烈的希望。

新的一年，转企改制后的中国出版业，人力资源将成为空前引人注目的核心问题。内容产业的核心竞争力是人力资源。当人们寻求优秀出版物而不得的时候，肯定要转而探究并改善人力资源的状况。得人心者得天下。得人才者得好书。出版业第一等大事就是人才。

在结束出版集团的十年奋斗之后，我有机会进入中国新闻出版业唯一公益性基金会——韬奋基金会从事新的工作，实在又是机遇难得的事情。韬奋基金会正是要致力于人才事业。我们将继承弘扬韬奋精神而重在研究传播，培养表彰出版业高端人才而重在人才培养，扶持高等院校新闻出版专业和优秀学生而重在人才发现。基金会最终要做成优秀编辑出版人才之家。为此，新的一年，韬奋基金会将联合出版业举办首届韬奋出版人才高层论坛，与业内有识之士们一起来呼唤人才，讨论人才问题。

有朋友戏称我终于挂靴去办足球学校。这个比喻不无道理，也还使人愉快。尽管充其量只是一名二流球星，可挂靴后能够不远离绿茵场，为培养“绿茵”人才做些实实在在的事情，总是让人愉快的。能从一个出版企业总裁转身而成培养出版人才的基金会理事长，真是命运的眷顾。我将如同当初做社长、做总裁那样，“倾全力以赴之”——这是 1999 年出任人民文学出版社社长时一句感言，现在竟不期然涌上心头。 想来真是老生常谈，但做的是一份新事情。

新的一年，让大家一起来关心出版业多出好书、多出人才的事情。要多出好书，就要多出人才；要多出好书和人才，就要改革创新体制机制。这是一连串的因果关系，将因与果连接在一起，就形成一个事业的整体。这个事业就是具有中国文化精神和中国文化风格的出版事业。事业正继往开来，发展亦未有穷期，尚需我们不断地老生常谈或老生新谈下去。

2011 年 12 月

我记住：是我写！

寻找自己*

编辑同志：

亏了您朋友式的鼓励和督促，亏了您老师般的信任和宽容，我的第一部短篇小说集稿子终于编选出来了。时值赴京前夜。明天一大早，我将郑重地把它交寄邮局，然后，大约还带着些沉重感，登上火车，去北京上学。以这本单薄的小书为标志，我的小说创作的第一个五年结束了，其间的成绩，亦如这本小书一样单薄。第二个五年（权且如此计划）开始了，但愿，去北京上学是此五年的开元小吉。您可以想见，此刻，我的心情是如何的不平静。屋外，初春的夜风拨弄着芒果树叶和柿子树叶，正发出簌簌的响声。

为了记住我曾经走过的路（哪怕是弯路），也为了让读者知道我从哪里走来，我把作品按照写作的先后顺序编排。同时还因为，这里面，我不晓得该选哪一篇作“横空出世”的头条，索性就任其自然吧。您知道的，我对“头条”从来是有些看法的。自己的集子，何必厚此薄彼，不选也罢。

除了错字病句非改不可，作品仍保留在刊物发表时的原貌（只《心之祭》补回被刊物编辑删去的第三节）。这绝非知错不改，只是不想“遮丑”，不想装出从来就十分美妙的面孔。因为，文学的道路是那么曲折，探索总是失大于得的。

---

* 该篇为小说集《去温泉之路》自序，篇名为本书编选时所加。《去温泉之路》，聂震宁著，漓江出版社，1985 年 8 月。

我这么做，似乎有点儿洒脱超然。其实，恰恰相反，我此时的心境，是很有些怅惘，有些茫茫然的。

刚才，当把稿子从头至尾看了一遍之后，我忽然疑惑起来：“我”是谁?

我不知道“我”是谁!

并非因为老朋友了，跟你开这种近乎司芬克斯式的玩笑。希腊神话中人面狮身的怪物司芬克斯问路人：早上四只脚，中午两只脚，晚上三只脚的东西是什么？答案是人。但是很多人却答不上，便被他吃掉。这个故事给我的启示是：人要认识自身，是极困难的。或许这并非故事的本意，只是我的引申。权且不去管它。只是，我要认识自身。我真正在思考着这问题，而且在不断为之苦恼。

我要认识的“我”，当然不是由履历表、政审表加上体检表确定的那种社会存在和自然存在，而是：在文学创作中，“我”究竟具有什么哪些独特的、镂心刻骨的生活体验，又究竟具有怎样的艺术气质、情趣和敏感点？也就是，我的艺术存在。

去年 10 月，我和您都参加了一个笔会。还记得吗？在会上，有这样一个议题：我们广西的小说创作要上去，是大力反映独特的少数民族当代生活呢，还是大力抒写城市的时代风貌。会上各执一说，争得不相上下。当时我正忙于复习赶考，未有闲暇就此议题发表意见，但却一直萦绕于怀。现在想来，这有点像讨论商业行情（罪过罪过）。我以为，即便是当代很重要的社会问题，倘若你对此并无深切、真诚的感触，倘若那问题与你的整个艺术个性不能统一和谐起来，硬去写它，结果会怎样呢？也许，走红了，在社会的功名市场上赚得了一点利益（也只能用“利益”这个词)。然而，这对文学事业的发展又能意味着什么呢？文学要求于我们的，是真诚，是独特，是真诚和独特基础上的深刻，是真诚、独特和深刻表现出来的人民性。而上面提到的“利益”，与此基本上是风马牛不相关的。因而，我痛切地感到，必须按照这个要求认识自己，否则（也许是杞人忧天），文学规律将如司芬克斯怪物一样，会把我们吃掉的。

说到这里，十分愧怍，十分悚惧，我至今还不很清楚“我”与其他作家的主要区别何在，也就是说还不认识“我”。因为，我的作品面貌变化很大，很截然。有时候，我忽然心慌起来，觉得它们简直像一群士气不振、高矮参差的士兵，胡乱排成了一队，有的缺腿，有的少胳膊，帽子东歪西斜，衣襟左高右低，让人看了忍不住要发笑。这当中，有《砍牛》、《春风》、《岗波老爹》、《驯猴人的悲剧》一类如山里老农民一样土气的作品，又有《去温泉之路》、《心之祭》、《玩鸟者》、《魔鞋》一类有点青年知识分子情调的作品，还有《绣球里有一颗槟榔》、《老同古歌》、《猎人之死》一类富于传奇色彩的作品。这是就作品的整体风格而言。如果依语言特色来区分，有些作品基本采用的是广西桂（林）柳（州）地方语言，有些作品又基本是采用普通话书面语言，还有那么几篇是这两种语言的杂交，如《魔鞋》、《绣球里有一颗槟榔》。题材虽主要以广西西北部山区生活为范围，但也写了一些那以外的生活。甚至寓言式小说也试写了一组（《天界山森林随感录》）。至于结构、叙述角度等艺术手法，更无定规。写的时候，想到怎么写能尽意，能不十分雷同于别人，就怎么写。我总想同自己较量，每写一篇都力求与自己过去的写法不尽相同。生命的形式是新陈代谢，艺术生命的形式也理应如此。艺术生命的常在赖于常变。有了这样的想法和实践，就造成了我这面貌高低如此各各不同的作品系列。我要从里面寻找出完全（至少基本上）属于我的有艺术价值的内核来，当然是困难的，要花上很大的气力的。

可是，无论如何，我还是应当找到一个统一而独立“我”！

当然，认识自己并不容易。这需要自我肯定和自我否定的勇气。需要借鉴。鉴者，镜子也。猫在镜子面前，不认识镜子里的自己，反而会扑上去抓它。我们是否也会犯这样的错误呢？是否也会把本来属于自己的艺术个性当作异物排斥掉呢？这很可怕。我们应当在文学作品的“鉴”——古往今来的文学经验，真诚的评论家和天然真诚的读者面前，仔细地识别自己。

您读了这些稿子，或者日后读者、评论家和文友们看了这本书后，如果认出了那个文学中的聂震宁具有什么个性，告诉我，我将会以获得新生的心情感激您和大家的。

夜深沉了。院子里响起了昂扬的头遍鸡叫。远处传来火车的汽笛声，令人思绪飘忽悠远。我该就此打住，一切放松地去睡一觉。明天，将开始数千里的奔驰，去北京，去文讲所，仍然是为了——寻找“我”！

用自己的喉咙，唱一支自己的歌，即使不是绝唱，只是野唱，但是能得到人民的欢迎，历史法官的首肯，此生足矣！

书不尽意。余后叙。

谨颂

春祺！

聂震宁

我记住：是我写！*

一切真实的存在都蕴藏着艺术，只是我所未觉。

一切真正的艺术都表现着个性，只是我所未悟。

一切真诚的个性都昭示着道路，只是我所未见。

一切真确的道路都能通向人世，只是我所未知。

因而：

我写繁华的大都市，也写蛮荒的大山林；我写历史，也写现实；我写一切我所感知的存在，我写一切存在中我的感知。

我记住：是我写！

因而：

我希望走自己的道路，竭力于有独特的发现和表现，既不与别人抢道，也不想给别人让道。否则，我不如去经商，或者去办一个漂漂亮亮的印刷厂。

---

* 该篇为小说集《暗河》自序，篇名为本书编选时所加。《暗河》，聂震宁著，广西民族出版社，1990 年 1 月。

人生唯有长乐*

只谈为什么一本自选集取了一个并不大气的书名《长乐》。

快要编完这本集子，南方的第二阵秋风吹来。与许多稍稍读过一些古诗词的中国人雷同，忽然就想起了辛弃疾著名的咏叹："却道天凉好个秋。"切莫以为我在这里接着要说明自己"而今识尽愁滋味"。我还不至于如此矫情，如此小布尔乔亚。此时想起辛词，实在只是一个识尽南方酷暑滋味的人迎接凉爽秋风时的欢悦和慨叹。在南方，我由衷地喜欢秋天。这里的夏天酷热而且漫长，冬天又太过短促而且不像冬天，因而春天也显示不出它的鲜活来。于是秋天愈见其可爱。该绿的一切依然丰富地绿，枫叶渐次点染出冷静的寒意，稻田成片地黄了，凝重而圆融，秋水微澜平静但不瑟缩，鸟雀雍容大度且有些智慧。几天前我去了一处大山深处的温泉，深深体会到秋天里的温泉才最是温泉，它的不温不火，它的融洽适度，称得上是秋意的一部分。南方之秋，丰富，平静，凝重，圆融，冷静，智慧，雍容大度，不温不火，融洽适度，快乐之秋！于是，在高朗的秋夜，在惬意的秋风里，我忽然决定就用《长乐》做书名。

我不讳言我喜欢自己的《长乐》。主要的原因并不在于这篇作品为我赢得过荣誉和读者。我过于长久地享受这篇不足六千字的作品所带来的快乐，几乎可以写成又一篇长乐式的幽默故事，同时也从另一个

---

* 该篇为《聂震宁小说选——长乐》后记，篇名为本书编选时所加。《聂震宁小说选——长乐》，聂震宁著，广西师范大学出版社，1998 年 10 月。

侧面暴露出《长乐》之后我的小说创作长进不大的事实。当然我也可以说自己更喜欢后来的某篇作品，以此来抗争所谓长进不大的判决，顺便同评论家们做一回游戏。然而这纯属自说自话，读者心中有秤，作品不容我多嘴。何况文章千古事，耍这种小滑头没用。我之喜欢《长乐》，坦言之，主要的原因在于我现在特别为自己曾经平和过幽默过而感到高兴。不知道从什么时候开始，我发现自己的幽默感与平和感俱减，紧张感与干巴感俱增，时不时义正词严，久不久急火攻心，闹腾之后又要懊悔好一阵子。进而感到文化圈里平和气息幽默情调也日见其少。本来是兴致所致随机而来的幽默，却要当心别人较真，弄得你脸干干的也就罢了，弄出麻烦吃起官司来才讨厌。时有“近期灭谁”一类险情传来，时有“文革”语言见诸文艺批评，文艺批评见诸帮派圈子。平和者常有滑头之贬紧随其后，幽默者定有贫嘴之名不离其身。相声没人笑了，小品没人叫好，都说幽默笑料今不如昔。近期我看了一些传统相声名作的录像，老实说许多就是不如现今的高妙。想想恐怕不是菜肴不好，乃是食客胃口欠佳吧。

不独我们中国人如此，欧美人也好不到哪儿去。据报载，前不久国际幽默大会在瑞士闭幕，大会发表声明指出，幽默在我们的生活里正在成为越来越困难的事情，人们越来越不会笑了，英国人在经济并不景气的50年代，平均每天笑18分钟，到了经济高度繁荣的90年代，每天笑的时间剧减至只有可怜的6分钟。参加幽默大会的德国精神病治疗专家迈克·蒂兹分析道：“我们似乎创造了这样一个社会，人们都拼命地表现，期望获得成功。达不到这些标准，心里就不痛快，便产生耻辱感。许多人因此认为，他们没有理由笑。”剧作家们抱怨：“现在创作一部能把人逗乐的喜剧比五十年前难多了。”这情况是不是与我们相类似？

中国人应当是推崇快乐的。“学而时习之，不亦说乎。有朋自远方来，不亦乐乎。人不知而不愠，不亦君子乎。”《论语》开篇就谈愉悦快乐，提倡君子不愠，可以想见，伟大的教育家孔子讲课一定态度平和、幽默到家。先秦诸子大都提倡幽默，否则断然写不出那么多寓言杂谈来。至于后来我们的幽默怎么就渐渐稀少了，道学家的嘴脸装死相的官人怎么就日见其多，快乐怎么就有了虚假性、盲目性、保守性，几千年的历史一言难尽。然而，人健康地活着，快乐是不应该没有的。而要快乐，幽默是不能没有的。我们可以揭穿谎言，摒弃愚昧，抨击保守，提倡实话实说。但不能放弃快乐的天性和权利。其实实话实说也有幽默趣味，中央电视台的节目《实话实说》就笑声不断。合乎道德的现代化理应给人类带来更多的快乐。譬如网上漫游就给我们带来了无比多的乐趣，网上常有大小幽默故事，这是人所共知的。

说这么些，就一个意思，我希望自己为人为文能够逐渐地平和快乐起来，逐渐地幽默下去。为此集过去并非都是幽默风格的作品以《长乐》命名之。尽管我知道这只是表明我的风格爱好，并不保证今后就能做得到。因为这将要求你丰富，平静，凝重，圆融，冷静，智慧，雍容大度，不温不火，融洽适度。谈何容易！这是南方之秋的境界。在我的很多友人当中，迄今只有我敬重的一两位长辈作家到达了这等境界。至于我，过去是少年气盛，现在是杂务缠手，毁誉缠身，明知乃匹夫之勇，仍要拍案而起，树欲静而风不止，心欲幽而口难默，看来，要达到这等境界，用北京话说：慢慢练吧。

然而，有一点我自信能够做到：无论如何，保证平均每天笑的时间要大大超过英国人的6分钟的指标。

然而，还是要长乐——无论当南方的最后一阵秋风吹来时，我已经去到了什么地方。

只是我的出版思维*

信息爆炸响遏行云，皇皇巨著汗牛充栋，值此书多为患之际，我不知道再添上我这么一本小书究竟意味着什么。如果有人来问，我将无言以对。书中收选的文字，既非高头讲章能启人心智，也非探赜索隐可洞幽发微，原是为了各种各样的缘故所写，并不曾有过积跬步以致千里，日后结集出版的谋划。某日，有长辈师友说是应当结集出版，河北教育出版社的同行好友说希望出版，我才开始审慎地考虑起此事来。我一边很感谢他们的厚爱与美意，一边有点犹疑，怀疑这些文字到底有无集合起来让别人欣赏或者挑剔的必要。不过，犹疑归犹疑，能有书出版，总归是一件令人快乐的事。于是，我应承了下来。然而收集整理文稿，又花了很长时间——这是我犹疑的佐证，社长和责任编辑知道。

对于我来说，关于出版理论与实务的研究从来没有丧失过它的魅力和吸引力。每当我觉得在出版实务中有所收获而认识上有所提高的时候，我就感到一种激动，同时也就会有写作的灵感躁动于心中。有一位英国批评家说过这样的话：左拉因为要做小说，才去经验人生；托尔斯泰则是经验了人生以后才来做小说。比照这个说法，我做出版理论与实务一类的文章，可能比较地接近于后者，即经验了出版实务之后才来做文章。抑或说，我是一边经验着出版实务，一边做着文

---

* 该篇为《我的出版思维》自序，篇名为本书编选时所加。《我的出版思维》，聂震宁著，河北教育出版社，2004 年 1 月。

章。文章集合起来的这本小书，也就可以看成是还在进行中的工作。它记载着我在工作中的思维，因而将它们统一命名为《我的出版思维》。理论要求观点鲜明且相对稳定、周到，思维则可以是动态的，是进行时态的，是环境的产物，是实践的启示，是一事之旨趣、一时之精神。为此，我把写作的时间标注于文章的开篇处，也就是请读者明鉴，文章记载的多是我在彼时彼地一时一事的思维，也许有所过时，也许有所冒失，望勿求全责备，尤其是不足为训。

坦言为“我的”思维，是想说明，其中有许多是一己之念、一孔之见、一时之胜绩或憾事，谈不上一家之言，也不一定具有普适性、规律性和不可证伪性。出版界高人如云，前可见师长，后又见新秀，我的这些文章既经不起那些成体系的理论来扞格，也经不得别处事实的验证。我只是想表示，我的所思所想是真诚的。观点是真诚认识到的，事例是真实发生过的，业绩和憾事是真确存在着的，感想发自内心，思维来自现实。我素来认为，论及实务的文章，首要的品格就是真诚。书稿编选完成时，我曾想过要把其中一些比较重要的文章送请一些专家把关，后来觉得这样做有点矫情，不就是一本个人的小书吗？不值得如此谨小慎微，谦谦恭恭的，让人牙酸。随即打消了这个念头。总之，正确者真诚，错谬者也真诚，辨别知罪的权利主要在读者，请读者指正罢。

坦言是“我的”思维，还想说明，其中一些识见，对于我和我的出版社同事们大体是管用的。我以为，与出版实务紧密相关联的思维所得，重要的不在于它们是否完善，评价它的最重要、最可靠的标准是，它们是否来自于实践，实践中是否有效果，又是否为一定面积的同行乐于接受。我这样说，并不是企图否认理论的价值，恰恰相反，出版业还是很需要理论指导的。理论的升华曾经让我们登高望远，形而上的归纳和推演经常让我们心明眼亮。可是，生在改革开放的今天，我们已经见到过很有一些人士，谈国际经济眉飞色舞，谈市场规律头头是道，却解决不了太多的实际问题。就像唐代诗人李白在《嘲鲁儒》一诗中描绘的那样："鲁叟谈五经，白发寻章句。问以经济策，茫如坠烟雾。"出版理论的归宿点不在于如何滔滔不绝，在于管用。当然，管用者还有用处大小之别。用较高的标准来衡量我的这本小书，其用处自然不大，也不一定为更广大时空的同行所乐于接受，甚而想到可能在别人看来基本上是扯淡。没有办法，差异总是普遍存在，不必有愤愤不平之意气。为此，我必须谨慎地表示，有些思维只是"我的"，乃是从我和同事们的实践中生发，倘有一点用处，工夫就算没有白费。

坦言是"我的"思维，还包含着我的一点追求，即努力形成自己的论说类文章的写作风格。还在八年前，应《出版广角》杂志之邀开始撰写"聂震宁断想"专栏文章，我就琢磨着要写得轻松活泼一点，思绪灵动一点，文体别致一点，语言丰富有趣一点，一句话，写得自由自在一点。后来，那一组文章得到了一些读者的好评，给了我很大的鼓舞。我一直以来认为古人说的"文似看山不喜平"是一句至理名言，并且愿意力行之。凡个人作文，力避千人一面与平铺直叙，见解、事实、写法、语言总要有些特点才好。当然，要做到这一点并不容易。南朝著名文论家陆机的《文赋》那篇谈写作心得的短序，有几句话最能说明作文者追求的痛苦："夫放言遣辞，良多变矣。妍媸好恶，可得而言。每自属文，尤见其情。恒患意不称物，文不逮意，盖非知之难，能之难也。"古今文人的"能之难"，我更是不能幸免。写作风格的形成，本来就不易，论说类文章的写作风格的形成，由于自己先天才情不足，又有后天客观因素的制约，就更其难。所以，追求归追求，成功总是一个未能到达的彼岸。

经过了上述一番自白，我益发感到自己的心中充满了感激之情。首先应当感谢实践，感谢和我一起从事出版实践的同事们。我和大家一起演出过的一些激动人心的故事，那故事里包孕着的智慧与精神，极大地丰富了我原本比较苍白贫血的思维。还应当感谢学习。由于有了理论、专业以及出版经验交流在内全方位的不断学习，方使得自己从一个耽于想象的作家，渐渐蜕变成一个经营出版实务的出版人，逐步地从出版人的自在状态上升到自为状态。我经常想起北宋诗人黄庭坚那句比较刻薄比较厚重的名言：“三日不读书，便觉语言乏味，面目可憎。”时时感到学习的不可或缺和紧迫。尤其重要的是，应当感谢时代，有了解放思想、实事求是、与时俱进的思想路线的指引，有了开拓创新、宽松和谐的时代氛围，才能够让我这个出版界的后学，敢于不揣简陋，奢谈思维、妄谈见解而无因言获罪之虞。这对希望真诚写作的人来说，又是多么可贵啊！

最后，仍要感谢出版社。年出好书数百种，再加上我的一种小册子，在他们也许算不得什么，在我却是“文章千古事”，自当珍重的。还要感谢长辈师友。他们对我的写作时有瞩望，在他们也许只是轻轻一声发问，在我则是“一识韩荆州”的感动和“少壮真当努力”的激励，推动着我，在人生和事业的路上不敢懈怠，时有进取，进取所得，便是这个集子。

谢谢大家！

跨过千年门槛之后*

就这样，在太平洋群岛国家基里巴斯和汤加率人类之先跨过千年门槛之后，地球的每一个时点都相继开始了2000年计时。我们便生活在21世纪了。我们有非常的激动，我们有隐隐的不安，我们有较之以往强烈得多的奋发进取的欲望，还有一些不吐不快的话要说。

我最想对作家朋友们说：跨过千年门槛之后，我们依然要安心去写作，去创造，用电脑、用笔都行。数字化也许将要取代许多门类的文字写作，但绝不能最终取代作为人们心灵体操的文学创作，而且文字的丰富意韵也不是电影、电视、音像、电脑、网络等所能表达尽至的。仓颉造字而有鬼夜哭，岂有人类创造的现代化反使我人类放弃文字之理。当林黛玉称奇香为“群芳髓”，我们一时似有香沁心髓之感，又见骷髅之状的时候；当贾宝玉喝“千红一窟”茶，我们忽然想起“西山一哭鬼”的时候，你不觉得如此这般微妙文字，绝非它物所能吗？我坚信，便是到了3000年时，人类也少不了文学作品，IBM“更深的蓝”战胜得了象棋特级大师，却永远战胜不了真正的作家。

我也要对文学读者们说：跨过千年门槛之后，曾经是朋友的我们，依然是朋友，不管你是否下过不再买文学书的决心，文学将无所不至地纠缠你。也许你已经移情别恋，迷恋于影视，发烧于音像，只愿读图看画，颇似返老还童。可是，别忘了，你只享受了空间的艺术而错过了时

* 该篇为《广西作家·聂震宁卷》代后记。《广西作家·聂震宁卷》，聂震宁著，漓江出版社，2004年5月。

间的美妙，你只看到了美的物体而错过理解世界内在外在一切微妙的机会，你将因简化鉴赏而弱化以文字为符号的思维能力。文学是一切艺术的艺术，文学是智者的艺术，文学必将与人类同在。绝不是吓唬你，完全与文学绝交，当心自己变傻了。

我是不是也要同文学出版同仁们说些什么？跨过千年门槛之后，我冀望大家少一点竞争，多一点交流合作，共建我们的文学家园。我绝不是撺掇大家拥挤在文学出版的小路上。数字化将给予人们商机无限，大家满可以想干什么就干什么去。真正的文学出版没有商机，这只是愚人的事业一件。

就这样，我们将在 21 世纪把这件愚人的事业进行下去。

2000 年 1 月

出版需要文化观*

编辑出版“出版文化丛书”，是中国出版科学研究所2007年学术研究和出版的重点项目之一。丛书旨在研究古今中外出版文化现象，弘扬正确的出版文化观，建设中国特色的出版文化学。这一项目具有很强的针对性和现实意义。我相信，丛书的出版，会对我国出版业的健康发展产生好的影响。丛书编辑委员会邀约我把自己有关出版的演讲、访谈录汇编成集，收入丛书的个人文集系列。对于他们的抬爱，我心存感激。

我关于出版的演讲和访谈，整理成文稿发表的数量并不多。所以，凡搜寻得到文稿的，几乎悉数收入本书。这颇有点儿敝帚自珍的心态，也有点儿“以创作丰富自娱”的嫌疑。不过，对此我自有道理。

道理与文化现象和文化研究相关。

道理之一，文化首先是一种自在状态，拙著作为“出版文化丛书”之一种，应当尽量体现出文化的原生态。蔡元培先生认为“文化是人生发展的状况”（《何谓文化》），钱穆先生认为“文化只是人生，只是人类的生活”（《文化学大义》），贺麟先生也认为“文化就是经过人类精神陶铸过的自然”（《文化与人生》）。文化首先是人们物质与精神的客观存在。文化研究的基础是对文化客观状态的研究，然后才是对有价值的文化的弘扬和传承。既然编委会把我这些言论当作“出版

* 该篇为《我们的出版文化观》自序，篇名为本书编选时所加。《我们的出版文化观》，聂震宁著，中国书籍出版社，2008年9月。

文化丛书”的一部分，那么，也就是说，这些言论，无论是回顾出版实践，还是探讨出版规律，即便是研究出版文化，都可以看成是一个时期出版文化现象之一斑。这正应了一首诗歌所描绘的：你站在桥上看风景，看风景的人在楼上看你。我们在研究出版文化的同时，也将成为别人研究的对象。无论价值高低与否，所有与出版业相关的存在都是出版文化风景的一部分。我之关于出版的演讲和访谈，论题未必都从文化出发，结论也未必归纳出文化概念，而且必定有所参差，甚至有所抵牾，可这本小书还是难逃被人当作风景来看的命运。既然如此，也就坦荡些罢，尽量做到有文照收，让人把风景看得真切一些。

道理之二，文化研究是人们众多认识交流碰撞的过程，杂多的研究方法有利于认识的趋同和全面的观照。梁启超先生说：“文化者，人类心能所开积出来之有价值的共业也。易言之，凡人类心能所开创，历代积累起来，有助于正德、利用、厚生之物质的和精神的一切共同的业绩，都叫做文化。”（《什么是文化》）英国人爱德华·泰勒在《原始文化》一书中则指出文化“乃是包括知识、信仰、艺术、道德、法律、习俗和任何人作为一名社会成员而获得的能力和习惯在内的复杂整体”。研究出版文化，需要对出版业发展状况的全面观察，需要对出版活动的价值理念、道德规范、审美情趣和行为准则等种种情形的深入考察。这种观察和考察，既要有宏观视野，更要洞幽烛微，见微知著，微言而大义。我之关于出版文化研究的大小文章，虽然都是比较初步的尝试，不成熟在所难免，但小大由之，龙虫并雕，把收集面扩大一些，供人参考，对于促进研究和交流也许不无裨益。

道理之三，目的决定行为，行为反映目的。编选此书的目的，首先是把它当作出版文化现象之一种，供人们研究用，其次才是交流在出版文化研究方面的一些成果。这本小书是拿来让人了解，进而用来交流的，并不是（至少并不主要是）拿来供人学习的。既然没有好为人师的企图，也就没有为人师表的谋划，更无乔装打扮“秀”一把的意思。所以，在编选过程中，我比较顺其自然，望专家和读者万勿见怪。

当然，对于出书，我从来不敢随意。就拿为本书确定书名这件事来说，就有一点周折。起首，我拟了一个书名是《出版与价值》。编委会一致认为有些生硬，其实我也觉得生硬，而且认为并不能概括书中内容。尽管价值问题是文化研究的主要内容，但并非其全部。后来又拟了一个书名：《一个出版人的出版文化观》。这书名似乎有点灵气，还有一点悬念，但稍嫌啰唆。再后来，听取了一位出版前辈的意见，赫然命名为《我的出版文化观》，理由是应当旗帜鲜明，还能与我的前一本小书《我的出版思维》形成呼应。我心下有些激动，于是采纳了这个书名。书名递交编委会议讨论，获得一致好评，认为大气而响亮，甚至有人认为将为丛书开一个好头。事情似乎就这样定了下来。然而，会后，我心下却有惴惴之感。我这个人做事的特点是，偶有灵感闪现，却不能立刻形成完整方案，往往是反三复四，否定之否定，才渐渐靠谱。倘若心下有惴惴之感，往往说明方案尚未周全，同志仍需努力。对于这个诸位专家一致叫好的书名，我心下却有这样的感觉，经验告诉我那就不能贸然出手。于是书稿迟迟不肯交付出版。别人并不知道是书名造成的坎坷。事情搁置下来，让诸位专家有些费解。

记得当初把我的第一本小书命名为《我的出版思维》，我就很费过一番踌躇，生怕招致物议。于是在书的自序里表白道："坦言为'我的'思维，是想说明，其中有许多是一己之念、一孔之见、一时之胜绩或憾事，谈不上一家之言，也不一定具有普适性、规律性和不可证伪性。"请看，多么小心。如此我还不够放心，接着又解释道："我只是想表示，我的所思所想是真诚的。观点是真诚认识到的，事例是真实发生过的，业绩和憾事是真确存在着的，感想发自内心，思维来自现实。"思维者，人的一种精神活动也，坦言"我的"似也无妨。而出版文化观，事情可就大了。观者，乃人的一种认识或理论也，这就要有所当心。一些理论要强调是"我的"，就需要问问，是否为个人独树的一帜，能否成一家之言。如此等等，是要经得起别人挑剔的。

可是毕竟诸位专家已经一致认为要称“我的出版文化观”才好，我也不想拂了大家的热情。于是，那次会后，斟酌拙著的书名一时便成了我有空就要做的功课。不说是辗转反侧，寤寐求之，却也说得上时有挂牵，时在寻觅。挂牵寻觅之间，某一日忽然就有了灵感：何不把“我”扩大为“我们”！文化本来就具有整体性特点，“是指集体的大群的人类生活”(钱穆语)。我的那些演讲和访谈，许多认识原本就是业内共识，不少观点原本就是众多出版同仁在传承与创新中形成，我所做的主要是一些归纳或演绎，至多也就是通过当前的实践有过一些升华或创新，并非个人独得之秘。拙著所讨论的出版文化观，乃是我所赞成和提倡的“我们的出版文化观”，总体上依然属于“我们”。于是书名《我们的出版文化观》就这么定了下来。这书名真让我欢喜。放言遣词，竟能称物逮意，一时不亦快哉！我又一次经历了“吟安一个字，捻断数根须”的苦吟状态。

谈书名虽然不免有点儿得意忘形，可是，对书稿却断然不敢自鸣得意。所收文章几经权衡斟酌。一些文章的时间距离较大，觉今是而昨非的感觉时有发生，我还是大体保持原来的模样，所作的斟酌主要是原则和文法方面的问题。文章的排列组合则有好一阵子的翻三覆四。因为是演讲和访谈，不免随意、感性一些，不免左右逢源，访谈者往往是全面设问，文章内容也就不免庞杂，分类就成了难事。还好，到底还是排列成了六辑，各辑都有主要内容，第一辑是出版概述，第二辑是出版产业建设，第三辑是出版企业管理，第四辑是出版物评析，第五辑是出版业与读者，第六辑是出版人才与培养。自然，这只是一个大体的分类，阅读时可以完全略过不计。选集还是以所选的文章为本，文章才是最主要的。我历来认为，文章千古事，得失天下知，而不是古人所说的只是“得失寸心知”。仅从一个书名的由来，相信诸位专家和读者就能注意到我对出版这项事业所葆有的敬畏之情和认真态度。敬惜字纸，敬重读者，敬畏历史，这是我们的出版文化观的基点。想必诸位专家、读者也是赞同的。我们坚信，从这个基点出发，中国当代出版人方可能在社会的大舞台上演出生动活泼、有声有色、有血有肉、风云际会、以人为本的活剧来。

是为自序。

2008 年 3 月

面对永存的书籍*

本书是我在出版专业上的第三个专集。书中收入的文章主要分成两类：第一类是我关于编辑出版研究的随笔札记，第二类则是为一些书籍所写的前言与后记。在这些随笔札记里，我的身份主要是一个出版人。尽管早些时候是出版社总编辑，后来是社长，近些年则是出版集团公司总裁，注意力各有侧重，研究自然就各有专攻，但都是出版这个行当的有关方面。可在前言、后记里，我则有时候是一个出版人，而在不少时候是一个作家，因为我曾经有过作家的经历和身份，常常以这样的身份接受邀请替别人的书作序。总而言之，所选文字都是关于书籍的事。我一直坚持认为，在编辑出版这个学科的研究上，一定不能脱离对出版物内容的研究。即便在研究出版体制改革、产业发展和经营管理的过程中，也不能脱离一定的出版内容。脱离了既定出版内容的编辑出版学研究，往往流于简单、粗疏、空洞，难免有无的放矢或隔靴搔痒之虞。这也就是当北京首都师范大学出版社竖起“书林守望丛书”大旗时，我愿意被招募于这杆旗下的主要原因。他们把编辑出版研究集中到书籍上来，把出版的精神比喻为守望书林，这是我所赞成的。一切书籍的出版，其主要价值无非或在社会效益，或在经济效益，或是二者的有机统一，然而，最终必归结为具体的书籍在一定历史时期的经济、政治、文化、社会以及专业学科上的

---

* 该篇为《书林漫步》自序，篇名为本书编选时所加。《书林漫步》，聂震宁著，首都师范大学出版社，2009 年 9 月。

价值和作用。书籍的价值和作用，有的功在当代，有的则利在千秋，当然最理想的结果是既功在当代又利在千秋。而这些良好愿望的实现，需要很多条件，需要推进出版业的改革发展，需要精益化出版业的经营管理，而最终还有赖于内容。内容产业必以内容为王，我是始终谨记的。

我在英国剑桥大学写作这篇自序。参加剑桥大学中国企业管理高级研修班学习，不曾想竟然还遇上一次与出版密切相关的经历。到剑桥的第二天下午，剑桥大学三一学院院长举行大型宴会欢迎中国企业管理高级研修班全体学员。那天来了不少教授和有关方面的人士，让我们感受到剑桥大学主人对中国企业家们的尊重和好意。宴会前主人安排中国学员们参观学院著名的雷恩图书馆。参观图书馆常常是国外大学的迎宾节目，也是作为一所高水准的大学最应该拿出来展示给客人的设施。一所大学的图书馆往往象征着教育资源的厚度，凝聚着历史积淀的深度，展现着学府的生机与活力。当时我感到亲切而激动，因为作为一个出版人，自然会把图书馆看成神圣的地方。而在欢迎一群企业家的活动中，在见面就谈金融危机且谈危机色变的当下，主人仍然热情地引领客人观赏他们有了三百多年历史的图书馆，更让我感到亲切而激动。而我的同学们，一群著名大型国企的老总，可谓商务繁忙、戎马倥偬，却在那座古老的图书馆里无不兴趣盎然，无不盘桓赞叹，无不指点名著，就特别让我感到亲切而激动。可以说，为此我感到自豪，尽管那些书架上并没有我所出版的书籍，我是为自己所从事的出版业自豪。

我们在图书馆大厅里漫步。图书馆是三百多年前一位叫雷恩的建筑大师所建造的巴洛克式建筑。大厅长 46 米，高 12 米，宽 12 米，全部馆藏共有二十多万册图书，而核心部分则是 1820 年前出版的近 5.5 万册图书。图书馆内布置得气宇轩昂，两侧是高大的古色古香的书橱，每两个书橱之间是橡木制作的阅读台。主持参观的三一学院教授麦基特里克先生告诉我们，阅读台桌椅都是三百年前制作的。书橱上方安放着一尊尊大理石人物胸像，其中有苏格拉底、西塞罗、莎士比亚这些人类文化名人，更有牛顿、培根、本特利等三一学院的著名校友。这所学院出的名人太多，迄今已经产生了三十多位诺贝尔奖获得者，这里也就只能展出一些古典人物了。大厅中央摆放着一个人物的全身坐像，请教后得知竟然是大诗人拜伦。拜伦也是三一学院校友中的佼佼者。在通道两边还有一些玻璃罩着的陈列柜。一个陈列柜里展示着莎士比亚作品的早期版本，另一个陈列柜里则存放着牛顿使用过的书籍和手杖、怀表，还有一只小银盒里存放着一缕褐色的头发，教授告诉我们这是牛顿的头发。真是匪夷所思！面对着这一处处人类文化景观，参观的人群里不时发出啧啧赞叹。

而我在赞叹之余，更多地想到了书籍对于人类文化传承所具有的不可或缺的作用，又一次认真思考自己所从事的出版事业的核心价值，想起了美国罗斯福总统 1942 年在美国书商协会那著名的演讲，他说："我们都知道书可以燃烧，但我们更知道书不可能被火毁灭。人会死，书却永存。"面对永存的书籍，人们将感激写作它们的思想文化、科学教育大师们，也会感激出版它们的出版人。

《书林漫步》是我还在北京时所拟的几个书名中的一个。来到剑桥大学后，才把这书名定下。研修班课程安排得很满很紧，作为异国小住，三周时间不免让人觉得日子长了一些，于是黄昏漫步，三五同学结伴在剑桥校区的历史和风景里探寻，也就成了每天的功课。漫步时，我们忽而对周遭风景有所惊喜，忽而对远处目标有所向往，有时在一片花木、一口池塘边上捉摸，有时又朝着一个既定目标疾走，而更多的时候，我们会议论刚刚上过的课程，感慨那些著名跨国公司的董事长和首席执行官的心得，评点那些著名教授和政府要员的讲座，讨论我们的现实问题，三言两语，大都是心得感悟。我忽然想到，我的这部小书所收文章，大体也像紧张学习后的漫步吧，有探寻，有惊喜，有向往，有捉摸，有疾走，更有学习的心得感悟和讨论，所有这些都是在书林里漫步的收获。一如剑桥漫步，往往是在不经意间所做的功课。现在把它们集合起来，既当作风景留念，更冀望就教于各位前辈和同行。

是为自序。

2009年7月22日清晨于剑桥大学穆勒中心